SOUVENIRS

DU

GÉNÉRAL JARRAS

CHEF D'ÉTAT-MAJOR GÉNÉRAL

DE L'ARMÉE DU RHIN

(1870)

Publiés par Madame JARRAS

PARIS

LIBRAIRIE PLON

E. PLON, NOURRIT et Cie, IMPRIMEURS-ÉDITEURS

RUE GARANCIÈRE, 10

—

1892

Tous droits réservés

SOUVENIRS

DU

GÉNÉRAL JARRAS

L'auteur et les éditeurs déclarent réserver leurs droits de reproduction et de traduction en France et à l'étranger.

Ce volume a été déposé au ministère de l'intérieur (section de la librairie) en mai 1892.

PARIS. — TYP. DE E. PLON, NOURRIT ET Cie, RUE GARANCIÈRE, 8.

SOUVENIRS

DU

GÉNÉRAL JARRAS

CHEF D'ÉTAT-MAJOR GÉNÉRAL

DE L'ARMÉE DU RHIN

(1870)

Publiés par Madame JARRAS

PARIS

LIBRAIRIE PLON

E. PLON, NOURRIT et Cie, IMPRIMEURS-ÉDITEURS

RUE GARANCIÈRE, 10

—

1892

Tous droits réservés

LE GÉNÉRAL JARRAS A MADAME JARRAS.

Chère amie,

Vous savez dans quel but a été écrit le travail que je confie à votre tendresse. Il peut arriver qu'il ne soit pas publié de mon vivant; je crois donc devoir vous faire connaître les motifs de cet ajournement et, par suite, le moment où cette publication devra être faite.

Les notes qui ont servi de base à mon récit ont été complétées dans la première semaine de mon séjour forcé en Allemagne. Dès ce moment, en effet, je compris que, dans l'état de trouble où nos malheurs avaient jeté les esprits, les relations les moins consciencieuses seraient publiées sous le prétexte spécieux d'éclairer le public, mais en réalité au profit de quelques ambitions malsaines ou dans le but de flatter les passions soulevées à la suite des grands événements qui venaient de s'accomplir. Ces récits, acceptés avec empresse-

ment par les masses, ne sauraient servir de base à l'histoire; leur durée est marquée par celle des passions qui les ont fait naître, et l'heure ne peut manquer de venir où le public n'acceptera comme véridiques que les relations consciencieuses émanant des personnes qui ont été le mieux en situation de voir et d'apprécier les événements et les hommes. — Il me parut dès lors utile de montrer sous leur véritable jour les faits qui me sont connus, et je pris la résolution de dire avec une sincérité dégagée de toute passion ce que j'avais vu, entendu et appris de source certaine. — J'avais l'intention de publier ce travail dès ma rentrée en France; mais je dus y renoncer par suite de l'impossibilité d'obtenir du ministre de la guerre l'autorisation qui m'était indispensable. C'est à peine, vous le savez, s'il m'a été permis à deux reprises différentes de réfuter dans les journaux des insinuations de mauvaise foi que je ne devais pas laisser passer sans réponse. — Il ne m'eût donc été possible de publier qu'un travail mutilé, et, ne pouvant pas tout dire, j'ai préféré ne rien dire et attendre le moment où je pourrais laisser à mon récit toute son indépendance. — J'aurais pu, il est vrai, échapper à cette censure en acceptant les offres qui m'ont été faites de publier mon travail sans y apposer ma signature; mais ma répugnance pour tout ce qui est clandestin ne m'a pas permis de souscrire à ces propositions.

Le 27 mars 1876, je passerai dans le cadre de réserve, et, à partir de ce moment, je jouirai d'une certaine liberté. Néanmoins, je ne pourrai, même alors, me passer de l'agrément ministériel. D'ailleurs, dès à présent, je remarque que les questions qui font l'objet de ce travail sont presque devenues étrangères au public; mais, si elles revenaient à l'ordre du jour, je saisirais avec empressement l'occasion d'apporter mon contingent de lumière. Au reste, je ne me dissimule pas que pour dire la vérité, toute la vérité, et rien que la vérité, j'ai dû faire entrer dans mon récit des faits et des appréciations qui sont de nature à modifier certaines opinions généralement admises. — Ces faits et ces appréciations se rapportent à des personnages dont quelques-uns occupent aujourd'hui de hautes positions, et, bien que je ne partage pas sur eux l'opinion courante, j'estime que l'autorité en France n'étant pas déjà trop respectée, l'intérêt public veut qu'on évite tout ce qui peut l'ébranler davantage. Je crois, en cela, faire acte de modération et de dévouement aux intérêts de mon pays.

Après moi, vous vous conformerez au même principe pour déterminer le moment où ce récit devra être publié. Je ne vois aucun inconvénient à ce que vous consultiez pour cela les personnes sur l'attachement et les lumières desquelles vous pourrez compter et qui auront votre confiance. Toutefois, les attaques dont j'ai été l'objet étant tombées devant la réalité des faits, la publication de ce travail me paraît moins urgente, et elle peut être retardée jusqu'au jour où elle n'aura plus qu'un intérêt historique. — Je crois d'ailleurs inutile de faire remarquer que je n'ai pas eu la prétention de faire une œuvre littéraire; je désire seulement qu'aucun des faits que j'ai exposés ne soit modifié dans un sens quelconque, et que mes appréciations soient maintenues dans toute leur intégrité et telles que je les ai présentées.

Août 1874.

Général L. JARRAS.

AVANT-PROPOS

La guerre de 1870, les nombreux écrits qui l'ont suivie et le procès de Trianon ont mis en scène ma personnalité. Les positions que j'ai occupées pendant les premiers mois de cette campagne m'ont, en effet, rendu témoin de bien des faits qui ont été racontés et appréciés quelquefois d'une manière peu conforme à la vérité des choses. En lisant ces relations, j'ai vu avec quelle facilité l'erreur se propage, et, plusieurs fois, j'ai été tenté de publier immédiatement ce travail, afin de mettre les hommes consciencieux en mesure de faire à quelques-uns de ceux qui ont été mêlés aux grands événements de 1870 la part qui leur revient, et aussi pour répondre aux attaques calomnieuses dont j'ai été l'objet, et que, par deux fois, il m'a paru indispensable de relever sur l'heure par la voix de la presse (1). J'en ai été détourné par l'impossibilité d'obtenir du ministre de la guerre l'autorisation qui m'eût été nécessaire, et j'ai préféré attendre le moment où la censure ne pourrait plus m'atteindre.

Grâce à de longs services de guerre, appréciés par d'illustres chefs, j'étais parvenu de bonne heure au grade le plus élevé de l'armée, et, la guerre néfaste de 1870 étant survenue, je fus désigné, sans l'avoir demandé ni désiré, pour remplir l'emploi de deuxième aide-major général à l'état-major impérial, puis celui de chef d'état-major général de l'armée, dont le commandement était confié au maréchal Bazaine.

Avant d'entrer en matière, je crois utile pour le lecteur qui pourrait l'ignorer, de préciser les attributions et la part de responsabilité que les règlements militaires accordent et imposent à un chef d'état-major : qu'il s'agisse d'une armée, d'un corps d'armée ou d'une division, le chef d'état-major ne possède à aucun degré les prérogatives du commandement. Il n'a d'autorité qu'autant qu'il parle ou écrit au nom du général auprès duquel il est placé et dont il est chargé de

---

(1) *Journal des Débats*, 8 juin 1871. — *Courrier de France*, 16 mai 1872.

transmettre les ordres sans en altérer ni le sens ni la portée, et, s'il y a lieu, d'en surveiller l'exécution ; alors même que, dans une circonstance quelconque et après avoir été consulté, son avis a été adopté, sa pensée, devenue celle de son général, ne saurait lui être imputée. Il en résulte que les ordres qu'il transmet pour en assurer l'exécution n'étant pas les siens, il ne saurait en assumer la responsabilité. Cette responsabilité appartient dans son intégrité à celui-là seul qui, étant investi de l'autorité, a seul qualité pour statuer sur toutes les questions qui ressortissent à son commandement et déterminent les ordres qu'il y a lieu de donner. Quant au chef d'état-major, il n'est responsable qu'envers son général de la transmission fidèle des ordres qu'il a mission de faire parvenir et de l'exécution de ceux qui le concernent particulièrement. C'est donc méconnaître l'autorité hiérarchique, en même temps que l'unité de commandement, que de faire peser sur lui la responsabilité d'une mesure, d'une décision, d'un acte quelconque dans lequel il n'est intervenu qu'au nom de son général. Or, il y a lieu de se rappeler que l'ordre du 12 août qui investissait le maréchal Bazaine du commandement en chef de l'armée du Rhin me désignait également d'office comme chef d'état-major de cette même armée, et que, dès le jour où il a pris possession de son commandement, le maréchal Bazaine a jugé à propos de me tenir entièrement à l'écart, ne me faisant part de ses projets qu'au moment où je devais transmettre ses ordres d'exécution, et, même alors, s'abstenant de me communiquer toute sa pensée. Les hommes qui se sont faits mes détracteurs ayant feint d'ignorer les principes que je viens d'exposer et la circonstance qui, en ce qui me concerne, en détermine la portée, j'étais d'autant plus autorisé à laisser passer avec dédain leurs insinuations passionnées.

Le moment semblait, d'ailleurs, approcher où, dans des débats solennels, la lumière la plus complète devait se faire sur tous les actes qui se sont accomplis autour de Metz jusqu'à l'heure fatale de la capitulation. Mais le conseil de guerre de Trianon a laissé dans l'ombre un certain nombre de ces faits, soit qu'ils n'eussent pas un rapport direct et nécessaire avec l'acte d'accusation, soit que l'instruction ou le président n'ait pas cru devoir les discuter contradictoirement au grand jour des débats. Je n'ai certes pas à reprendre et à exposer tous ces faits. Je ne parlerai que de ceux dont j'ai une connaissance certaine. Il en est qui me touchent de trop près pour que je ne dise pas avec détail comment ils se sont passés. Il m'arrivera quelquefois, il est vrai, d'être en contradiction avec certains récits faits à l'audience. Je ne conteste en aucune manière la sincérité du témoin qui a déposé sous la foi du serment; mais je ne saurais laisser subsister, sans les contredire, des récits qui ne concordent pas avec les dépositions que j'aurais faites si les questions du président du conseil de guerre m'y avaient amené. Je suis aussi assuré qu'il est possible de l'être que, dans aucune partie de mon récit, je ne m'écarte de la vérité, d'abord parce que j'en ai la formelle intention, et surtout parce que je ne fais que reproduire, pour ainsi dire, les notes que j'ai complétées à un moment où les événements étaient assez rapprochés pour que l'erreur et le défaut de mémoire ne me fussent pas possibles. Ces notes, en effet, datent du lendemain de mon arrivée en Allemagne après la capitulation de Metz. Pendant le procès, il a été souvent répondu au président, par les témoins, que, les événements ayant plus de trois ans de date, il n'était pas possible d'en préciser les détails, et quelquefois même d'en avoir conservé le moindre souvenir. J'ai eu, moi aussi, à faire cette réponse lorsque les questions ont porté sur des faits dont je n'avais pas pris note et qui, n'ayant pas d'importance à mes yeux au moment où ils se sont accomplis, n'avaient pris aucune place dans ma mémoire. Je ne crains donc pas d'affirmer avec la plus entière confiance tout ce que j'ai écrit, et c'est à ce point que j'en maintiens la vérité non moins que la sincérité, alors même que je serais en désaccord avec une ou plusieurs personnes. En ceci, au reste, je demande à ne pas être taxé de présomption. Il m'est impossible d'oublier que, pendant le procès, dans le salon qui avait été spécialement réservé aux officiers généraux pour attendre le moment où chacun d'eux devait être appelé à déposer devant le conseil de guerre, dans ce salon, où les officiers généraux de l'armée de Metz se sont trouvés réunis si souvent et pendant de si longues heures, il m'est arrivé plus d'une fois de rappeler au souvenir de ceux qui avaient été témoins de certains faits en même temps que moi, des détails et des circonstances qu'ils avaient entièrement oubliés, qui ne seraient peut-être pas restés dans ma mémoire si je n'eusse eu le secours de mes notes, et qui leur ont permis de modifier, au grand avantage de la vérité, les dépositions qu'ils s'apprêtaient à faire.

Le récit qui va suivre a donc pour but de faire connaître en toute vérité et sans aucune espèce de voile ceux des événements qui se sont passés en 1870 auxquels j'ai pris part ou dont j'ai été témoin. Je ne parlerai que de ceux dont j'ai une connaissance certaine et de l'exactitude desquels je suis pleinement assuré; mais je considère que les circonstances m'ayant fait assister à une partie des faits qui ont amené nos malheurs, je dois à l'histoire de les préciser en les présentant tels que je les ai vus. Je suis ainsi conduit à dire ce que j'ai fait depuis le moment (août 1867) où j'ai été appelé par le maréchal Niel aux fonctions de directeur du dépôt de la guerre.

Je me dois aussi à moi-même de rétablir, dans toute leur intégrité, ceux de mes actes que l'erreur ou la malveillance a pu dénaturer. A côté des hommes de mauvaise foi, on trouve ceux dont la loyauté et la sincérité ne sont mises en doute par personne. Ce sont là mes témoins, et c'est avec la plus entière confiance que je fais appel à leur jugement.

Août 1874.

SOUVENIRS

DU

GÉNÉRAL JARRAS

CHAPITRE PREMIER

Ce que j'ai fait au dépôt de la guerre. — Renseignements, chemins de fer, itinéraires. — Les cartes. — Quelles sont les cartes que le ministre, en cas de guerre, croyait devoir fournir aux officiers généraux. — Travaux d'étude sur l'Allemagne. — Service télégraphique de l'armée en campagne. — Commission des chemins de fer. — Les conférences. — Le maréchal Niel.

Nommé général de division le 31 juillet 1867, je ne tardai pas à être appelé par le maréchal Niel à la direction du dépôt de la guerre. Je n'avais ni demandé ni désiré cette position, pour laquelle je ne me sentais aucun goût. Bientôt après, le maréchal ministre m'invita à lui proposer un projet de réorganisation du dépôt de la guerre. Son but était de tirer un meilleur parti des officiers du corps d'état-major qu'on ne l'avait fait jusqu'alors, en les assujettissant à des travaux d'étude destinés à développer leur instruction et la portée de leur jugement sur toutes les questions se rattachant à la guerre. Ces travaux d'étude devaient s'étendre à l'Europe entière et particulièrement à l'Allemagne, qui, aux yeux des moins prévenus, était alors considérée comme devant être tôt ou tard le théâtre de la lutte; de telle sorte qu'en s'instruisant eux-mêmes, les officiers du dépôt de la guerre devaient réunir des matériaux destinés à faciliter les opérations d'une guerre que tout le monde prévoyait. Ces matériaux avaient manqué complètement pendant les campagnes de Crimée en 1854, 1855 et 1856, et d'Italie en 1859.

Tout était à faire pour cela, et ce ne fut qu'avec la plus grande appréhension que j'entrepris cette tâche difficile. En fait de renseignements, mon prédécesseur avait commencé un travail sur les chemins de fer allemands, travail alors peu avancé, bien qu'il fût dirigé par un officier intelligent et laborieux qui y mettait toute son activité. On avait aussi fait quelques itinéraires, extraits, en grande partie, des livres de voyage, notamment du *Guide Joanne*. J'affectai à ces travaux un plus grand nombre d'officiers, afin d'en poursuivre l'exécution d'une manière plus prompte et plus complète.

Mais nous manquions de bonnes cartes à grande échelle de l'Allemagne. Il est vrai, mon prédécesseur avait entrepris la confection d'une carte de l'Europe centrale au $\frac{1}{320000}$ qui était alors très

avancée. Cette carte, imprimée à trois couleurs
(le trait noir, les eaux bleues et les mouvements
de terrain bistre), séduisait à première vue par la
facilité qu'on avait à la lire ; mais, outre qu'elle
était à une trop petite échelle pour être suffisante, elle était déplorablement mauvaise.

Cependant, le maréchal Niel, sous les yeux duquel
cette carte avait été mise dès son entrée au ministère, sans qu'il lui fût possible d'en reconnaître
l'imperfection, s'en était montré satisfait et se proposait de la mettre à la disposition des officiers
généraux et supérieurs de l'armée, si la guerre nous
conduisait en Allemagne. Aussi, lorsque je lui communiquai les observations que j'avais recueillies,
écouta-t-il à peine ce que je lui disais, et il refusa
d'abord de donner suite à ma proposition de refaire
entièrement, à l'aide de meilleurs documents,
quelques-unes des feuilles qui avaient été imprimées, et d'en rectifier plusieurs autres. Mais je
revins sur cette question, comme c'était mon devoir,
et le maréchal, cédant enfin à l'évidence, approuva
ma proposition. Ainsi remaniée en partie, la carte
de l'Europe centrale au $\frac{1}{320000}$ ne fut encore que
médiocre.

C'est ici le cas de faire connaître comment le
ministre entendait le devoir de fournir lui-même
aux officiers généraux et autres les cartes dont ils
ne peuvent se passer en campagne. Jusque-là,
chacun avait dû se pourvoir dans le commerce, et

le maréchal Niel n'avait nullement l'intention de déroger à ce principe, parce que, disait-il, tous les officiers, recevant l'indemnité d'entrée en campagne, étaient ainsi en mesure de se procurer ce moyen indispensable de se diriger dans un pays inconnu. Les officiers généraux, surtout, ajoutait-il, doivent faire eux-mêmes ces acquisitions, attendu que, indépendamment de leur indemnité d'entrée en campagne qui est considérable, ils reçoivent une indemnité mensuelle de frais de bureau, qui les met très largement en mesure de supporter cette dépense.

Cependant, le maréchal Niel savait, comme nous savions tous, que, pour les campagnes de Crimée et d'Italie, les officiers généraux eux-mêmes s'étaient trouvés dans l'impossibilité de se procurer dans le commerce, même au prix des plus grands sacrifices, les cartes qui leur étaient nécessaires; il savait aussi que le ministre de la guerre, malgré les demandes les plus pressantes qui lui avaient été adressées par les commandants en chef, n'avait pu parer à cet inconvénient, et que si quelques cartes à grande échelle avaient été mises à la disposition des généraux pendant la campagne d'Italie de 1859, c'était que le gouvernement piémontais avait eu la gracieuseté de nous les céder. Il n'ignorait pas, enfin, que les cartes de l'Allemagne à grande échelle n'étaient livrées au commerce qu'avec une parcimonie calculée, et, profitant de l'expérience acquise, il voulut pouvoir mettre les cartes indispensables entre les mains de tous les officiers généraux et supérieurs si l'armée devait opérer dans ce pays. Mais, en même temps, il déclara qu'il n'agissait ainsi que par dérogation forcée à un principe qu'il entendait maintenir, et, afin de faciliter à tout le monde l'acquisition des feuilles de la carte de France, il en réduisit considérablement le prix (2 francs la feuille au lieu de 7 fr. 50 pour tous les officiers).

Cette décision elle-même présentait des difficultés budgétaires sérieuses. La seule dépense prévue au budget était celle qui se rattachait à la confection de la carte de France, mais il n'était pas alloué un centime pour préparer l'approvisionnement des cartes étrangères à donner aux officiers généraux et supérieurs, au moment d'une déclaration de guerre facile à prévoir. Je dus donc, avec l'autorisation du ministre, réduire autant que possible toutes les dépenses prévues par les différents articles du budget du dépôt de la guerre, et reporter ces économies sur la confection et l'approvisionnement des cartes de l'Allemagne. C'est ainsi que je pus faire reprendre et rectifier dans la mesure du possible la carte de l'Europe centrale au $\frac{1}{320000}$, qui, il est vrai, est restée médiocre, mais peut cependant être encore utilisée. Puis, au moyen de l'atelier photographique, habilement dirigé par le capitaine de Milly, je fis reproduire les cartes à grande échelle de l'Allemagne, en les amplifiant pour les rendre plus lisibles et les ramenant à l'échelle uniforme de $\frac{1}{60000}$. J'obtins ainsi une carte excellente, qui, hélas! ne devait pas servir. Mais cette reproduction photographique était très lente, eu égard au grand nombre d'exemplaires de chaque feuille qu'il était nécessaire de produire. Pour obvier à cet inconvénient, il fallut recourir à la photogravure, qui permettait de pourvoir l'armée entière en peu de temps. Il ne fut pas possible de reproduire au moyen d'un report sur pierre les cartes de l'Allemagne à grande échelle, parce que ce report ne pouvait être obtenu qu'au moyen de feuilles gravées, et que les Allemands, gens prudents, ont soin de ne laisser mettre dans le commerce que des feuilles autographiées dont ils réduisent même le nombre autant qu'ils le peuvent. Le dépôt de la guerre possédait quelques exemplaires de cette carte qu'il s'était procurés avec peine; mais cet approvisionnement était tout à fait insuffisant pour les besoins d'une armée, alors même qu'on n'aurait eu à pourvoir que les commandants de corps d'armée.

Après ce que je viens d'exposer, je crois devoir dire qu'au moment de la déclaration de guerre, en 1870, on se conforma au principe admis par le maréchal Niel en ce qui concerne les cartes dont les généraux doivent être pourvus, c'est-à-dire que les cartes de l'Allemagne seules leur furent envoyées. Quelques-uns se sont plaints, plus tard, de n'avoir pas reçu aussi les feuilles de la carte de France qu'ils pouvaient et devaient se procurer à leurs frais, puisqu'elles étaient dans le commerce et que les indemnités d'entrée en campagne et de frais de bureau qu'ils recevaient les obligeaient à faire eux-mêmes ces acquisitions. Je laisse au lecteur le soin d'apprécier maintenant si ces plaintes étaient fondées.

Pour l'exécution des travaux qui m'étaient confiés, je réclamai le concours empressé des officiers que j'avais trouvés ou appelés au dépôt de la guerre, et qui s'y adonnèrent avec leur ardeur habituelle. En ce qui concerne l'ordre et la marche de ces travaux, je priai le maréchal ministre de me donner ses instructions. Avant toutes choses, je lui demandai sur quelles régions de l'Allemagne devaient d'abord porter les études. Nous pouvions, d'un moment à l'autre, être surpris par la guerre, et je pensai que nous ne devions pas perdre notre temps à faire des travaux inutiles ou indifférents. La réponse du maréchal me remplit de stupéfaction : il n'avait aucune raison pour que l'on s'occupât d'une région plutôt que d'une autre ; l'Empereur n'avait arrêté aucun plan d'opérations. J'étais donc libre de faire comme je le jugerais convenable. Je relate à dessein cet incident, parce que l'absence d'un plan dans les opérations du mois d'août 1870 est aujourd'hui manifeste, et cependant les affaires de la guerre ne sauraient être improvisées et menées au jour le jour, suivant le hasard des événements et l'inspiration du moment. Ce qui me frappait dans cette absence de plan de campagne, c'était que quelques mois auparavant, à l'occasion de ce qu'on a appelé la question du Luxembourg, la guerre avait failli éclater entre la France et l'Allemagne du Nord, et je ne m'expliquais pas que l'Empereur et son ministre de la guerre n'eussent pas alors, sinon arrêté, au moins élaboré un plan quelconque.

On s'en était abstenu, en effet, si je m'en réfère aux demi-confidences qui me furent faites par le maréchal Niel dans cette circonstance. C'est pour moi l'occasion de dire que le maréchal Niel, autant que j'en puis juger par les conversations que j'ai eues avec lui à ce sujet, n'était pas de ceux qui voulaient quand même la guerre avec l'Allemagne du Nord. Il connaissait la supériorité numérique de l'armée de cette puissance sur la nôtre, et il savait également quelle était la force de son organisation; il ne pouvait donc pas se dissimuler les dangers de cette guerre. Mais il pensait aussi que la Prusse, poussée par son ambition, non moins que par une nécessité de situation évidente, nous déclarerait la guerre ou nous amènerait à la lui déclarer avant peu. Il voulait donc que nous fussions prêts le plus tôt possible pour cette éventualité, et il y travaillait avec une ardeur patriotique et éclairée. En même temps, il n'hésitait pas à reconnaître, du moins avec moi, que nous ne pouvions pas lutter seuls contre l'Allemagne. L'alliance avec l'Autriche lui paraissait naturelle et probable, mais il ne m'a jamais paru la considérer comme acquise ou immanquable. Je crois pouvoir affirmer que tels étaient encore ses sentiments lorsqu'il est mort. Quoi qu'il en soit, il m'a certainement dit en 1867 qu'à cette époque aucun plan de campagne n'avait encore été élaboré, et qu'il n'avait aucune raison pour prescrire ou recommander l'étude d'un terrain plutôt que d'un autre.

Libre de choisir, je crus devoir faire porter les premières études sur la Prusse et la Bavière Rhénanes. On dut prendre dans les documents historiques, les rapports, les mémoires, etc., existant au dépôt de la guerre, tous les renseignements qui pouvaient avoir quelque utilité, de manière à préparer et faciliter les explorations sur le terrain au moment où elles seraient faites. Ces explorations furent commencées au mois de juin 1868 et continuées pendant toute la durée de la belle saison. En 1869, elles furent dirigées de manière à embrasser le réseau des routes qui, depuis Strasbourg jusqu'à Dusseldorf, conduisent à Berlin. Je ne saurais préciser ici le nombre des officiers qui furent chargés de ces missions; je puis dire cependant que ce nombre a été très notable, bien que le ministre, malgré mes instances, ait réduit mes propositions. Ces missions étaient, en effet, des causes de dépenses qui n'avaient pas été directement prévues par le budget, et il n'était possible d'y subvenir que par des virements auxquels le maréchal ne se résignait que dans le cas d'absolue nécessité, et dans des proportions aussi restreintes que possible. D'autre part, les officiers qui en étaient chargés étaient en trop grand nombre pour qu'ils pussent tous recevoir des missions officielles; la plupart n'avaient donc que des missions officieuses, et il était à craindre que, par la nature de leurs travaux, ils n'éveillassent l'attention des autorités locales et ne fussent l'occasion de conflits ou au moins d'observations diplomatiques. Les plus grandes recommandations avaient donc été faites à tous ces officiers de n'opérer qu'avec une extrême circonspection, et néanmoins l'un d'eux, dont les démarches avaient paru suspectes aux autorités du pays, fut arrêté et ensuite obligé de rentrer en France.

Toutefois, le conflit diplomatique n'eut pas de suites, parce que le gouvernement prussien, qui, de son côté, envoyait des officiers en France pour y faire aussi des reconnaissances (un de ceux-ci fut même arrêté dans les environs de Châlons-sur-Marne par la gendarmerie), reconnut l'impossibilité de se plaindre d'un fait qu'il pratiquait lui-même sans scrupule. Mais, à partir de ce moment, les missions de cette nature devinrent plus rares, et le plus souvent elles ne furent remplies que par des officiers accrédités régulièrement par voie diplomatique. Quoi qu'il en soit, les matériaux recueillis dans ces explorations avaient déjà, au moment où la guerre fut déclarée, une importance sérieuse par le nombre et par la qualité. On peut donc dire sans exagération qu'au printemps de 1870, on était parvenu à faire les travaux les plus urgents, en y employant consciencieusement tout le temps qui s'était écoulé depuis le mois de novembre 1867. Ainsi, outre les reproductions photographiques, nous possédions par la photogravure les cuivres des cartes de l'Allemagne à grande échelle, comprenant le réseau des routes que j'ai indiqué plus haut, et pouvant permettre de tirer rapidement un nombre considérable d'exemplaires de chacun d'eux. D'un autre côté, les itinéraires étaient terminés et prêts à être imprimés. Ils furent même livrés à l'impression le jour de la déclaration de guerre, et il en fut fait un volume dont on tira un nombre suffisant d'exemplaires pour que tous les officiers généraux et supérieurs de l'armée pussent en être pourvus. En même temps, des renseignements de toute nature avaient été recueillis, y compris ceux qui étaient relatifs aux chemins de fer allemands; enfin, un certain nombre d'officiers qui avaient pris part à ces travaux avaient acquis des connaissances qui devaient leur être d'une grande utilité pendant la guerre, et avaient ainsi sensiblement augmenté leur valeur personnelle.

Parmi les travaux dont il vient d'être question, il s'en trouvait de très exacts sur l'organisation et les effectifs des armées allemandes ; ils étaient dus, pour la plupart, à des officiers qui avaient été envoyés en mission, et dont quelques-uns avaient eu à suivre les manœuvres que les armées prussiennes exécutent annuellement au mois de septembre. Les rapports de ces officiers étaient tous mis sous les yeux du ministre, dont l'attention particulière était appelée sur ceux qui, à différents points de vue, étaient les plus remarquables. Le ministre, de son côté, les communiquait quelquefois à l'Empereur. Les renseignements qu'ils contenaient étaient, d'ailleurs, conformes à ceux qui étaient envoyés par le colonel Stoffel, attaché militaire à l'ambassade française à Berlin, et par les agents diplomatiques français en Allemagne. Ils faisaient connaître que les États du sud aussi bien que les États du nord de l'Allemagne se préparaient à une guerre acharnée contre la France ; que l'ensemble des effectifs de leurs armées était double de celui de l'armée française ; que l'instruction militaire des soldats et des officiers, en Prusse surtout, était poussée avec une activité fébrile ; que le matériel de guerre de toute nature était prêt et dans les meilleures conditions ; que les canons avaient une portée et une justesse de tir supérieures à celles des nôtres, et les dépassaient aussi par le nombre, dans la proportion de 4 à 3 au moins ; enfin, que les dispositions étaient prises pour que, dans le but de nous gagner de vitesse au moment de la déclaration de guerre, l'armée allemande pût, en onze jours, être concentrée tout entière sur notre frontière. Ces rapports faisaient ressortir aussi combien était développée l'instruction des officiers allemands, surtout en la comparant à celle des officiers français; et l'on y constatait, pour toute l'Allemagne, un ardent patriotisme.

Il suffisait de lire ces rapports sans parti pris d'avance pour reconnaître que la guerre dont nous étions menacés avec l'Allemagne était appelée à prendre rapidement des proportions considérables, qu'il ne fallait pas s'y engager légèrement et sans y être bien préparé. C'est précisément à cette préparation que le maréchal Niel donna tous ses soins, depuis le jour où il entra au ministère jusqu'à sa dernière heure. Je n'ai pas à exposer ici ce qu'il a fait avec le concours des autres directeurs du ministère de la guerre, mes collègues, mais on me permettra de dire qu'en ce qui me concerne, je n'eus pas seulement à m'occuper de la préparation et de la réunion des documents géographiques, militaires, statistiques et autres dont j'ai fait mention. Je dus, pendant l'hiver de 1867 à 1868, préparer une organisation du service télégraphique de l'armée en campagne, et, plus tard, j'eus à étudier les moyens d'utiliser le mieux possible nos chemins de fer pendant la guerre, notamment en vue de la prompte concentration des troupes sur la frontière.

Le service télégraphique aux armées avait été

fait jusqu'alors, en Crimée et en Italie, dans les campagnes de 1854, 1855, 1856 et 1859, par des agents du service général de l'Empire qui s'étaient offerts de bonne volonté. Mais, depuis la dernière guerre, on avait pensé qu'il serait possible d'obtenir de meilleurs résultats d'un service télégraphique exclusivement militaire, notamment pendant les marches et les combats. Le directeur général des lignes télégraphiques partageait cet avis et avait même proposé un matériel mobile qui avait été soumis à quelques épreuves pendant la durée des camps de Châlons. Le maréchal Niel, ayant admis cette création comme possible, voulut, avant de prendre une décision définitive à cet égard, que des expériences fussent faites, et je fus chargé de les diriger. Elles furent commencées sur le plateau de Satory par quelques officiers du dépôt de la guerre que je désignai, et elles étaient assez avancées, au printemps de 1868, pour que je pusse proposer au ministre de les continuer sur une plus grande échelle et dans des conditions présentant une certaine analogie avec celles qu'on rencontre à la guerre, pendant toute la durée du camp de Châlons de cette même année. Cette épreuve ayant donné des résultats satisfaisants, le maréchal Niel pensa que le moment était venu de procéder à l'organisation du service télégraphique purement militaire. Jusque-là, les expériences, les études, le projet d'organisation avaient été faits sous ma direction par des officiers d'état-major, avec le concours d'officiers, de sous-officiers et d'hommes de troupe pris dans l'infanterie. Mais cet état de choses ne pouvait pas être maintenu dans une organisation définitive, et, comme le corps d'état-major ne possède pas de troupe, je me trouvai dans l'obligation de proposer au ministre de faire passer ce service dans le corps du génie, qui me parut le plus apte à en assurer le fonctionnement. Ma proposition fut agréée et suivie d'exécution.

J'ai déjà dit qu'en prenant la direction du dépôt de la guerre j'avais trouvé quelques renseignements sur les chemins de fer, recueillis par des officiers qui en avaient été spécialement chargés. L'un d'eux, le capitaine Le Pippre, qui dirigeait et centralisait ce travail, vint bientôt me soumettre une note détaillée qui lui avait été remise par le directeur de la compagnie de l'Est, et faisant connaître que, dans l'Allemagne du Nord, en prévision d'une guerre qui pouvait éclater soudainement sur la frontière française, on avait arrêté, jusque dans les moindres détails, les mesures d'après lesquelles les transports de troupes et de matériel devaient se faire dans le moins de temps possible, de sorte que la concentration de l'armée entière sur la Sarre devait s'accomplir en onze jours au plus. Toutes les gares étaient organisées en vue de la guerre; les quais d'embarquement et de débarquement étaient construits et disposés de manière à satisfaire aux besoins militaires des localités; dès le commencement de l'état de guerre, l'autorité militaire devait prendre possession de toutes les voies de fer au moyen d'une haute commission siégeant à Berlin, et qui, par ses délégués dans toutes les gares, tous militaires, devait assurer le service sur toutes les lignes, en subordonnant le service du public aux nécessités de la guerre ; enfin, des ordres très précis étaient donnés d'avance aux états-majors, aux troupes, aux administrations militaires et dans toutes les gares, afin qu'à un simple signal on commençât sur tous les points les opérations de la mise sur le pied de guerre et de la mobilisation, puis celles de la mise en route et du transport des troupes et du matériel, de façon que chacun sût ce qu'il devait faire, heure par heure, jusqu'à son arrivée sur le point de concentration qui lui était indiqué.

En France, nous étions loin d'être ainsi préparés. Il est vrai que le tracé de notre réseau de chemins de fer est très satisfaisant ; les compagnies sont aussi animées des intentions les meilleures et les plus patriotiques, mais chacune entend rester maîtresse chez elle, et, dès lors, l'unité de direction manquant, il devient difficile et même impossible de régler le service de manière à éviter les encombrements et les pertes de temps, notamment lorsqu'il faut passer d'une compagnie à une autre. Je m'empressai de mettre cette note sous les yeux du ministre, et, pour nous placer autant que possible dans une situation analogue à celle de la Prusse, je lui proposai de créer une commission composée de trois officiers généraux, dont deux de brigade, de deux ingénieurs délégués par le ministre des travaux publics et des directeurs des grandes lignes de chemins de fer. Le maréchal admit ma proposition, mais il ne crut pas devoir y donner suite avant d'en avoir fait l'objet d'une délibération en conseil des ministres, et d'avoir reçu les ordres de l'Empereur à ce sujet.

Quelques jours après, le maréchal ne m'ayant plus entretenu de cette question, je lui rappelai ma note et ma proposition, et j'appris que l'une et l'autre avaient été oubliées; je dus même lui envoyer une nouvelle expédition de la note qui avait été égarée. Mais il ne me fut pas possible d'obtenir une solution immédiate, et, bien que j'eusse le soin de rappeler cette affaire au ministre toutes les fois que j'étais admis à travailler avec lui (1), malgré mes instances pressantes, ce n'est que le 24 mars 1869 que le ministre de la guerre, de concert avec son collègue des travaux publics, créa la commission

---

(1) En principe, je devais travailler avec le ministre une fois par semaine; mais le maréchal, absorbé par d'autres affaires plus importantes que celles du dépôt de la guerre et surtout par les discussions des Chambres, ne pouvait pas toujours me recevoir au jour et à l'heure qu'il m'avait désignés, et j'étais renvoyé à la semaine suivante, si bien qu'il m'est arrivé plusieurs fois de rester trois ou quatre semaines de suite sans être admis auprès de lui.

2

que j'avais proposée. Il en confia la présidence au général de division Guiod, membre du comité d'artillerie, et qui devint ensuite conseiller d'État.

Cette commission se mit à l'œuvre sans aucun retard et avec le plus grand zèle. Elle proposa et obtint la construction, à Strasbourg, à Metz et au camp de Châlons, de quais d'embarquement et de débarquement dont elle avait reconnu la nécessité ; elle revisa le règlement sur l'embarquement et le débarquement des troupes en chemin de fer ; mais les directeurs des compagnies ne crurent pas devoir arrêter un projet détaillé tendant à assurer la concentration de l'armée sur la frontière aussi rapidement que possible. On arriva ainsi au mois de juillet 1869, et la commission s'ajourna au mois de janvier 1870, pour donner le temps de faire expérimenter par tous les corps de troupes le nouveau règlement. Ces expériences devaient, en effet, être suivies de rapports au moyen desquels la commission se proposait d'apprécier les modifications qu'il convenait d'introduire dans le projet de règlement qu'elle avait rédigé. Ces rapports parvinrent au ministre à l'époque fixée ; le dépouillement en fut fait au dépôt de la guerre, afin de faciliter les travaux de la commission ; mais le maréchal Niel avait succombé dans le courant du mois d'août 1869 à une cruelle maladie, et lorsque, dans le mois de janvier 1870, je proposai à son successeur, le général Le Bœuf, d'inviter la commission à continuer son œuvre, il ne me fut pas possible, malgré mes instances, d'obtenir l'ordre de convocation. Le ministre refusa obstinément et même sans faire connaître le motif de son refus. La commission fut dès lors comme dissoute et cessa de fonctionner (1).

Cette détermination était regrettable. La déclaration de guerre, qui la suivit de quelques mois seulement, ne l'a que trop prouvé. Il y a lieu de croire que si la commission eût été réunie comme je le proposais, elle aurait arrêté au moins quelques-unes

(1) La commission, créée par décision ministérielle du 24 mars 1869, tint sa première séance le 3 avril suivant, et, comprenant toute l'importance de la mission dont elle était chargée, elle se mit à l'œuvre avec un zèle patriotique. Dès le mois de juillet, elle avait examiné les plus importantes des questions soumises à ses délibérations, et, le 30 de ce même mois, au moment où elle s'ajournait au 1er janvier 1870, elle adressa au ministre de la guerre un rapport circonstancié rendant compte des travaux accomplis par ses soins jusqu'à cette date. Ces travaux ne pouvaient pas être et n'étaient pas définitifs; mais, tels qu'ils étaient, ils constituaient une amélioration considérable dans la situation présente au point de vue de la meilleure application possible des chemins de fer aux opérations militaires pendant la guerre. Il suffisait de lire ce rapport pour reconnaître à quel point la création et l'existence de la commission étaient utiles, et, par suite, combien il était indispensable qu'elle continuât son œuvre. Il était aussi naturel de penser que, dans le cas d'une déclaration de guerre subite, les propositions de la commission devaient être au moins consultées. Mais le rapport ne parvint au ministre de la guerre (sa date du 30 juillet l'indique) qu'au moment où le maréchal Niel, atteint par la maladie à laquelle il a succombé, avait déjà cessé de s'occuper des affaires du ministère, et il sera tombé entre des mains profanes, sinon inintelligentes ou coupables, qui l'auront laissé s'égarer dans un coin quelconque du ministère. C'est la seule supposition que je puisse faire, puisque ce rapport m'est resté inconnu jusqu'aujourd'hui, 2 juin 1885, où il m'a

des mesures qui, seules, peuvent assurer l'exactitude et la promptitude du service militaire sur les chemins de fer pendant la guerre. D'ailleurs, la commission se serait trouvée réunie au mois de juillet, et il n'est pas douteux que, sous la pression des événements, elle aurait reconnu la nécessité d'une direction unique faisant sentir et respecter son autorité par toutes les compagnies. On aurait ainsi évité bien des erreurs, de grandes pertes de temps, et les récriminations qui se sont produites depuis la guerre auraient eu moins de fondement.

été communiqué par le commandant Le Pippre, et qu'il n'en a jamais été fait mention en aucune manière. Le maréchal Niel avait voulu, en effet, que la commission des chemins de fer ressortit de la direction du dépôt de la guerre, et m'aurait certainement fait remettre ce rapport s'il l'avait reçu lui-même. Il va sans dire que, dans ce cas, je me serais empressé de mettre cet important travail sous les yeux du général Le Bœuf, dès son arrivée au ministère, et j'ai l'intime conviction que le nouveau ministre n'aurait pas manqué de s'en inspirer s'il l'avait connu. Il n'aurait pas refusé de réunir la commission au mois de janvier 1870, comme cela avait été admis par le maréchal Niel; la commission aurait poursuivi ses travaux, et, au mois de juillet 1870, lorsque nous avons été surpris par la déclaration de guerre, notre mobilisation et notre concentration n'auraient pas été abandonnées au dieu des hasards, père du désordre. On ne sait que trop ce qui est arrivé, et, aujourd'hui, on ne peut que déplorer le fatal concours de circonstances qui ont amené forcément des fautes désastreuses. Il me semble d'ailleurs impossible que le maréchal Le Bœuf ait eu connaissance de ce rapport pendant son séjour au ministère, puisqu'il n'en a tenu compte en aucune manière.

(Cette note m'a paru nécessaire après avoir lu le rapport du 30 juillet 1869, qui m'a été communiqué par le commandant Le Pippre le 2 juin 1885.)

Je crois cependant que cela n'eût pas été suffisant pour donner au service une direction à l'abri de toute critique. En ne constituant la commission que le 24 mars 1869, le maréchal Niel laissa perdre environ quinze mois, pendant lesquels auraient été faites des études indispensables à l'organisation d'un service qui était tout entier à créer en France. Qu'on me permette de dire aussi que les directeurs des compagnies ont encouru une part de responsabilité en rejetant la proposition qui leur fut soumise avant l'ajournement de la commission en 1869, tendant à arrêter un projet de mobilisation ou de concentration de l'armée, en ce qui concerne le service des chemins de fer. Assurément, ni le ministre ni la commission des chemins de fer ne croyaient en 1869 à l'imminence du danger de la guerre; mais qui pourrait oublier que, depuis Sadowa, la guerre à courte échéance était considérée comme inévitable et prévue par tous les hommes politiques? Qui de nous n'a entendu ceux qui pouvaient le mieux apprécier la situation, dire que les esprits, en France comme en Allemagne, étaient dans un état tel que du moindre incident pouvait naître une explosion instantanée et formidable; que la guerre éclaterait probablement comme la foudre, et que la prudence commandait de s'y préparer le plus tôt et le plus complètement possible?

Il est de notoriété qu'en 1870 l'instruction

n'était pas répandue dans notre armée autant que cela était désirable. Même dans les corps spéciaux, le travail et l'étude ne sont le privilège que d'un certain nombre, et le maréchal Niel, auquel cet état de choses n'était pas inconnu, me pressait de stimuler par tous les moyens possibles le goût de l'étude parmi les officiers placés sous mes ordres. Il ne pensait assurément pas que les officiers eussent tout à apprendre. Il n'ignorait pas que la science militaire était cultivée avec succès par un certain nombre d'entre eux; mais il croyait aussi que cette science n'était pas aussi répandue qu'il était nécessaire qu'elle le fût, et surtout qu'il convenait de persuader à tous qu'une connaissance superficielle ne pouvait suffire. Ainsi, par exemple, le *Règlement sur le service en campagne,* qui est le recueil le plus complet et le mieux fait de cette science, est connu de la presque totalité des officiers; mais ce livre, qu'on ne refera pas, est un exposé succinct de principes et de doctrines qui demande des développements quelquefois considérables pour en faire ressortir le sens pratique. Le maréchal était donc convaincu que la plupart des officiers avaient besoin d'étendre et de développer l'instruction dont ils avaient pris le germe dans les écoles et dans les livres, et il avait résolu d'user de toute son autorité et de son influence pour arriver à ce but.

La tâche qui m'était ainsi imposée était difficile

à remplir, et, avant tout, je profitai de la recommandation qu'il me faisait pour rappeler au maréchal que mes efforts, quels qu'ils fussent, seraient stériles s'il ne venait pas puissamment à mon aide en ne donnant de l'avancement au choix qu'aux officiers les plus méritants. Je pus même lui dire un jour qu'ayant tenté de persuader quelques officiers que le travail seul pouvait les faire sortir de la foule, je n'en reçus d'autre réponse que la citation de plusieurs exemples notoirement contraires à mon assertion. Le maréchal me fit à cette occasion des promesses qu'il a tenues autant qu'il l'a pu, et, sachant bien que, parmi les officiers employés sous mes ordres, il s'en trouvait un grand nombre d'un mérite réel, je pensai qu'en organisant des conférences au dépôt de la guerre, je les mettrais en évidence, et que leur exemple serait bientôt suivi par leurs camarades, ne serait-ce que par amour-propre. Seulement, je ne croyais pas devoir imposer ces conférences. J'estimais que mon but ne pouvait être atteint qu'autant que les officiers désireux de les faire m'en adresseraient eux-mêmes la demande; mais je leur laissai le choix des sujets qu'ils auraient à traiter, me bornant à exiger d'eux, au préalable, le sommaire des matières sur lesquelles ils avaient l'intention de parler.

L'auditoire se composa d'abord d'officiers du dépôt de la guerre seuls; puis des officiers du dehors sollicitèrent l'autorisation d'assister aux séances, et un jour vint où je pus faire savoir dans tous les corps de l'armée de Paris que tous les officiers, à quelque arme qu'ils appartinssent, seraient admis comme auditeurs et pourraient aussi être autorisés à prendre la parole s'ils le désiraient. J'obtins ainsi un succès qui dépassa mon attente. Toutes les séances, à la vérité, ne présentaient pas un égal intérêt; quelques-unes cependant ont été remarquées, et le maréchal Niel, que je tenais exactement au courant de ce qui s'y disait, voulut assister à l'une d'elles. Il s'y fit même entendre pour indiquer succinctement, avec son autorité de ministre, le rôle qui était désormais dévolu à la cavalerie, en tenant compte de la grande portée des nouvelles armes à feu. Satisfait de ce qu'il avait vu et entendu, le maréchal jugea utile d'organiser les conférences régimentaires, qui, certes, ne pouvaient être nuisibles et ont développé, m'a-t-on assuré, dans certains corps, le goût des études militaires en excitant l'émulation des officiers.

Je n'ignore pas que ces conférences ont été critiquées, surtout celles du dépôt de la guerre. Les uns ont argué qu'il n'y était rien dit de neuf, et qu'ils n'avaient à y acquérir aucune science qu'ils ne possédassent déjà. D'autres ont dit que les questions les plus élevées de la guerre étaient traitées présomptueusement par des officiers le plus souvent jeunes, manquant d'expérience pratique et n'ayant pas suffisamment médité les principes théoriques. On a même prétendu que ces audacieux, avides de se montrer profonds stratèges, ignoraient la tactique élémentaire, celle que doit posséder un simple sous-lieutenant.

Assurément, la critique en toute chose est aisée, et je crois bien que, parmi les nombreux auditeurs des conférences du dépôt de la guerre, il s'en est trouvé qui n'y ont rien appris. Je suis cependant disposé à penser que ceux-là même n'ont rien perdu de leur mérite et de leur science à entendre répéter ce qu'ils savaient déjà. Pouvons-nous toutefois méconnaitre aujourd'hui qu'on ne saurait trop encourager l'étude de l'art militaire, et que ce n'est pas l'excès de savoir qui est la source de nos revers? Quant à ceux qui traitaient des questions de stratégie disproportionnées avec leur expérience et leur grade dans l'armée, ils s'exposaient eux-mêmes à une juste critique, et je ne doute pas que la malice des uns et l'expérience des autres n'eussent promptement mis chaque homme et chaque chose à sa place. En attendant, le but principal était atteint, l'émulation était éveillée dans l'armée, le goût du travail se développait, partout on ne rencontrait que de la bonne volonté, et il ne restait plus qu'à diriger le zèle de ceux qui manquaient d'expérience. Ce n'était plus qu'une question de temps.

J'ai dû dire aussi brièvement que possible dans quelles circonstances j'ai été appelé au dépôt de la guerre, la mission que j'ai eu à y remplir et ce que j'ai fait pour répondre à la confiance du ministre. C'est ici le cas d'ajouter que si, avec sa bienveillance habituelle, le maréchal Niel m'a laissé une certaine latitude, j'étais loin, néanmoins, d'obtenir tout ce que je lui demandais. On a vu déjà que la commission des chemins de fer n'a été créée qu'à la fin de 1868, bien que je l'eusse demandée en 1867. Il n'a pas dépendu de moi, aussi, qu'un plus grand nombre d'officiers ne fussent envoyés en mission en Allemagne, et que nous n'eussions dans ce pays des agents secrets permanents et nombreux qui nous auraient rendu d'immenses services, particulièrement au commencement de la guerre.

Le maréchal Niel n'a jamais cru devoir accueillir les propositions que je lui ai faites itérativement dans ce dernier but. Il admettait cependant l'utilité de ces agents; mais, d'une part, les ressources de son budget ne lui permettaient pas de pourvoir à cette dépense, qui ne pouvait être que considérable, et, d'autre part, il était arrêté par des considérations politiques d'une certaine gravité. Il croyait à une guerre inévitable avec l'Allemagne du Nord, et il ne négligeait rien pour y préparer l'armée; mais dans le conseil des ministres, son sentiment n'était pas entièrement partagé, et, parmi ses collègues, il s'en trouvait plus d'un qui, tout en entrevoyant l'imminence du danger, ne perdait pas l'espoir de le conjurer. A cet effet, notre diplomatie agissait avec la plus grande prudence et de manière à écarter toutes les causes de conflits qui pouvaient se présenter. En 1867, à l'occasion du Luxembourg, elle était parvenue à maintenir la paix au moment même où la guerre était presque déclarée, et, confiante dans son habileté, elle espérait que d'autres crises seraient suivies de résultats semblables. Le ministre d'État et le ministre président du Conseil d'État n'ignoraient pas que si la guerre n'avait pas éclaté en 1867, si le gouvernement français, dans cette circonstance, n'avait pas soutenu ses prétentions, cela tenait à ce que notre armée, à ce moment, de même qu'en 1866, ne pouvait présenter en ligne qu'un nombre illusoire de soldats, et que notre matériel n'était nullement suffisant. C'est cet état de choses qu'ils s'efforçaient de maintenir, afin de rendre impossible une rupture avec l'Allemagne. Cette tactique fut suivie particulièrement en 1868, lors de la discussion de la loi sur la garde mobile, qui, telle qu'elle a été votée, est bien différente du projet qui avait été présenté à la Chambre, après avoir reçu l'approbation du ministre de la guerre.

Pendant la discussion de cette loi, j'ai vu le maréchal Niel très mécontent de plusieurs dispositions regrettables qui y furent introduites malgré lui, et qui, il n'en faisait aucun mystère, étaient inspirées à la Chambre par M. Rouher et M. de Vuitry. Mais ce fut encore bien pis, l'année suivante, lorsque la Chambre refusa, toujours sous la même influence, d'allouer les fonds nécessaires à l'organisation de la garde mobile telle qu'elle avait été votée précédemment. Les sentiments patriotiques du maréchal en souffrirent d'autant plus qu'il était de ceux qui ne pouvaient pas se faire illusion sur l'imminence de la guerre. On a dit alors, et l'on a beaucoup répété depuis, qu'il désirait cette guerre, et qu'il voulait y entraîner la France malgré elle. C'est même, si je ne me trompe, le principal argument qui fut employé à cette époque pour faire réduire les allocations budgétaires qu'il avait demandées. Il n'a jamais protesté à la tribune, que je sache, contre ces imputations, parce qu'il ne croyait pas devoir les combattre ouvertement, et qu'il lui paraissait, du reste, utile aux intérêts de son pays et même au maintien de la paix de ne pas dévoiler aux yeux de l'Europe le peu d'accord qui existait sur cette question parmi les membres du gouvernement. Mais, dans les conversations intimes, il ne dissimulait nullement son chagrin, et je ne doute pas que ceux qui l'approchaient et qui, par leur position au ministère, se trouvaient à même de connaître le fond de ses pensées, n'en aient aussi conservé le souvenir. Je ne crains donc pas d'être démenti par eux en affirmant que le maréchal Niel n'a jamais excité l'Empereur à la guerre, dans le sens qui est généralement attaché à cette expression. Certes, son patriotisme ne lui permettait pas d'être insensible à l'échec qu'avait subi la France à la suite de la campagne de 1866, et il pensait que la grande nation ne pouvait pas se laisser amoindrir. Il avait la foi la plus entière dans la valeur de nos armes, mais il savait aussi que le bon droit, même lorsqu'il s'appuie sur la vaillance des soldats, ne peut suffire, et qu'en définitive, la victoire est pour les gros bataillons, surtout lorsqu'ils sont secondés par une organisation puissante.

Ne pouvant donc pas admettre que la France laissât l'Allemagne donner un libre cours à l'ambition envahissante qu'elle affichait sans aucune dissimulation, il n'eut qu'un seul but dès son entrée au ministère, et il le poursuivit jusqu'à son dernier jour avec autant d'intelligence que de ténacité : porter l'armée française à l'effectif le plus élevé possible, la pourvoir des meilleures armes connues et lui donner l'organisation la plus parfaite et la mieux adaptée aux mœurs du pays. Mais, en même temps, il ne se faisait pas illusion, et il n'oubliait pas que l'Allemagne du Nord, même sans le secours des États du Sud, pouvait mettre en ligne plus de 800,000 soldats, tandis que la France, où l'institution de la garde mobile ne devait atteindre son entier développement qu'en neuf années, était loin de pouvoir prétendre à un semblable effectif. Aussi n'admettait-il pas que l'on engageât la lutte sans le secours d'alliés puissants. Ces alliés lui paraissaient faciles à trouver, puisque leur cause se confondait avec la nôtre, et, si leur aide nous était acquise, il comptait sur le succès autant qu'il est permis d'avoir confiance dans les probabilités des choses humaines. Le maréchal Niel savait cependant qu'il n'existait entre la France et ses alliés probables aucun traité d'alliance offensive ou défensive, et, dans cette situation, il estimait que la France devait éviter la guerre autant que possible. En voici une preuve : dans les premiers jours d'avril 1869, le maréchal me raconta que, le matin même, pendant qu'il travaillait avec l'Empereur, l'Impératrice entra dans le cabinet impérial, et la conversation se porta sur la guerre. D'un commun accord, on reconnut que rien ne permettait de la considérer comme probable pour cette année même, et, après avoir rappelé à l'Impératrice que, depuis deux ans, elle stimulait son zèle en le pressant de mettre notre armée en état de se mesurer avec celle de l'Allemagne du Nord, le maréchal ajouta : « *Je me suis conformé à vos « désirs, madame; je suis prêt, et vous ne l'êtes pas.* »

Le maréchal n'admettait donc pas que, sans y être forcée par des considérations puissantes, la France se laissât entraîner à la guerre contre l'Allemagne du Nord, à moins d'avoir des alliés assurés. On voit aussi, par l'observation qu'il crut pouvoir faire à l'Impératrice, que, dans sa conviction, l'armée française était prête à entrer en campagne au printemps de 1869. Or, au mois de juillet 1870, l'état de notre armée n'était pas moins satisfaisant que l'année précédente à la même époque, et il est même constant qu'il s'était amélioré, notamment en ce qui concerne le nombre des fusils Chassepot dont nous pouvions disposer, et cependant il est généralement admis aujourd'hui que nous n'étions pas prêts au moment où la guerre fut déclarée. Faut-il en conclure que le maréchal Niel, lui aussi, se faisait illusion? Doit-on croire que, s'il eût vécu, il se serait lancé avec une confiance aveugle dans cette guerre funeste?

Le maréchal Niel était assurément sincère, lorsqu'en 1869, il disait à l'Impératrice qu'il était prêt. Il ne pouvait être question, selon lui, de déclarer la guerre ou même seulement de s'y laisser entraîner sans alliés assurés. Mais avec l'aide de ceux des États de l'Europe qui avaient le même intérêt que nous à réprimer l'ambition de la Prusse et que l'on savait disposés à faire cause commune avec la France, il pouvait sans présomption se croire prêt, et, pour ma part, c'est ma conviction intime que, dans ces conditions, le succès aurait couronné les efforts de nos armes. Cependant, comme je désire faire connaître le maréchal Niel sous toutes ses faces, je dois dire qu'il avait une confiance absolue dans l'armée à la tête de laquelle il était placé. Cette confiance datait de loin et s'était, d'ailleurs, corroborée pendant les campagnes de

Crimée et d'Italie, où il avait pu apprécier nos soldats de plus près. C'était même à ce point qu'on a pu le taxer de chauvinisme, lui dont l'esprit fin et droit était généralement à l'abri de l'exagération. Il eût volontiers dit, comme le maréchal Bugeaud, la veille de la bataille d'Isly, au moment où il apprenait que l'armée marocaine était trois ou quatre fois plus forte que la sienne : « *Tant mieux! Plus ils seront nombreux, plus il y aura de gloire à les vaincre.* » Il n'admettait donc pas qu'il fût absolument nécessaire que la France mît en ligne le même nombre d'hommes que l'Allemagne du Nord pour lui faire sentir sa supériorité, et à ceux qui appelaient son attention sur l'armée prussienne en faisant ressortir son effectif supérieur, sa bonne organisation, ainsi que toutes les dispositions qui y étaient prises en vue d'une prompte concentration sur la Sarre, il répondait volontiers en citant l'exemple de la campagne de 1859 en Italie : « Les
« Autrichiens, disait-il, ne sont pas moins bons
« soldats que les Prussiens; ils avaient dépassé le
« Tessin et Novare, ils menaçaient Turin pendant
« que toutes nos troupes étaient encore dans leurs
« garnisons; nous avons pu cependant les arrêter
« à temps, nous les avons même fait reculer et
« contraints à une paix glorieuse pour nous. Nous
« saurons faire une seconde fois des choses sem-
« blables, si c'est nécessaire. »

Il n'eût donc pas été absolument impossible,

si le maréchal Niel eût vécu en 1870, qu'il se laissât entraîner à faire la guerre; mais j'incline à croire qu'avec la rectitude de son jugement, il aurait insisté pour la temporisation jusqu'à ce que des alliances sûres et puissantes, c'est-à-dire efficaces, nous permissent d'accepter le défi de l'ennemi. Mais il ne pouvait être question à ses yeux d'un ajournement indéfini de la guerre. Plusieurs fois je l'ai entendu répéter que déjà nous n'étions plus en paix. Il existait seulement, entre l'Allemagne du Nord et la France, une espèce d'armistice qui, selon lui, empêchait de tirer le canon. Il n'en donnait pour preuve que l'attitude arrogante de l'ambassadeur de Prusse à Paris. Celui-ci, paraît-il, dans les audiences fréquentes que lui accordait l'Empereur, se plaignait avec affectation et sans mesure de ce que le gouvernement français, malgré ses protestations pacifiques, faisait des préparatifs de guerre. L'Empereur repoussait ces allégations comme non fondées; l'ambassadeur les maintenait cependant et ajoutait : « *Je n'ignore
« rien de ce que vous faites, et, quelles que soient les
« précautions prises, je saurai toujours exactement ce
« que vous ferez.* »

Ces propos, qui renfermaient des menaces implicites, irritaient l'Empereur, qui les portait à la connaissance de ses ministres afin de leur démontrer la nécessité de veiller avec le plus grand soin à ce que ceux de leurs actes qui se rapportaient à la politique extérieure ne pussent pas être l'objet d'indiscrétions plus ou moins coupables. De là venaient les recommandations pressantes que le maréchal Niel crut, à plusieurs reprises, devoir faire aux directeurs des différents services de son ministère, et c'est ainsi que je suis à même de donner comme authentique ce que je viens d'écrire.

CHAPITRE II

Le général Le Bœuf ministre de la guerre. — L'archiduc Albert à Paris. — Plan d'opérations proposé par ce prince. — La guerre est déclarée. — Le major général se rend à l'armée. — L'Empereur arrive à l'armée. — Opérations sur Sarrebruck. — Bataille de Forbach. — Bataille de Reischoffen. — Mes attributions et mon service à l'armée.

Telle était la situation lorsque le général Le Bœuf fut placé à la tête du ministère de la guerre. L'impulsion donnée par le maréchal Niel à toutes les parties du service et de l'organisation de l'armée fut maintenue, à l'exception de ce qui concernait la garde mobile. L'institution de cette garde, si imparfaite qu'elle fût, était évidemment un premier pas fait vers le service militaire obligatoire, et il faut bien reconnaitre qu'elle n'avait été accueillie dans le pays qu'avec répugnance. Les députés qui l'avaient votée avaient cédé, il est vrai, à la pression gouvernementale et à leurs sentiments patriotiques, mais ils n'avaient pas tardé à en avoir quelques regrets en se laissant persuader que la crainte de la guerre était chimérique. Ils avaient constaté que leurs commettants n'avaient accueilli cette innovation qu'avec une froideur répulsive, et, dès leur réapparition à Paris pour la session de 1868-1869, la plupart d'entre eux s'exprimèrent sur cette question de manière à éveiller sérieusement l'attention des ministres. On en voyait même parmi eux qui ne devaient leur élection qu'à l'appui énergique du gouvernement, et qui n'hésitaient cependant pas à dire hautement que la guerre ne pouvait naître que dans un intérêt dynastique, et que le plus sûr moyen de l'éviter, c'était de refuser les moyens de la préparer. Ce langage avait été tenu par l'opposition, et il était devenu celui de beaucoup d'amis de l'Empire. Le ministère s'en était ému, et, par esprit de conciliation, ou par d'autres motifs, il avait consenti à ne laisser allouer, comme je l'ai dit, qu'une somme très insuffisante pour l'organisation de la garde mobile.

Lorsque le général Le Bœuf prit possession du ministère de la guerre, il venait de Toulouse, où il avait exercé le commandement d'un corps d'armée, et là il avait pu constater par lui-même combien l'institution de la garde mobile était impopulaire. Il avait pu aussi recueillir certaines appréhensions qui s'étaient fait jour dans l'armée. Des commentateurs imprudents de la loi sur la garde mobile avaient avancé que les officiers de cette garde, après avoir obtenu de l'avancement pendant la guerre, pourraient, la paix revenue, être placés dans l'armée régulière avec leurs grades ainsi acquis, et il n'en fallait pas davantage pour éveiller les susceptibilités dans cette armée. Enfin, pour ne rien omettre, il faut dire aussi qu'il n'était pas rare de rencontrer des officiers de toutes armes et de tous grades, même des généraux, qui refusaient d'accorder leur confiance militaire à la garde mobile. Cette troupe, disaient-ils, ne sera jamais ni assez disciplinée ni assez instruite pour qu'on puisse lui demander et obtenir d'elle des efforts sérieux en face de l'ennemi, et l'assujettir aux fatigues et aux privations auxquelles, quoi qu'on fasse, le soldat en campagne se trouve plus ou moins exposé. On avait vu, d'ailleurs, à Paris, notamment au Champ de Mars, quelques bataillons de cette garde en voie d'organisation et qui étaient réunis le dimanche, suivant les prescriptions de la loi, pour être soumis aux exercices militaires. Ceux qui étaient prévenus contre l'institution n'avaient pas eu de peine à remarquer parmi ces jeunes gens une attitude peu conforme à celle des vrais soldats. On allait même jusqu'à dire qu'organiser la garde mobile, c'était préparer une armée pour l'insurrection contre le gouvernement et la société.

Ces considérations, que je ne fais qu'indiquer, avaient fixé, si je ne me trompe, l'opinion du général Le Bœuf et le décidèrent à suspendre l'organisation de la garde mobile en cours d'exécution. Je crois aussi que le nouveau ministre n'était pas convaincu au même degré que son prédécesseur que la guerre était inévitable ; non pas que le sentiment patriotique fût moins vif chez lui. Mais, de la part de la France, comme de l'Allemagne, toutes les communications officielles étaient accompagnées de protestations en faveur de la paix, et le ministre, ayant foi dans la sincérité des diplomates, ne pouvait s'imaginer que de si bonnes intentions pussent aboutir à la guerre. C'est ainsi seulement que s'explique la facilité avec laquelle le général Le Bœuf, bientôt devenu maréchal de France, consentit tout à la fois à la réduction de son budget, à celle de l'effectif de l'armée en hommes et en chevaux, notamment dans l'artillerie, et enfin à celle du contingent annuel. Il y a lieu de reconnaître aussi que ces différentes mesures coïncidaient avec l'avènement du gouvernement parlementaire et le plébiscite, car, lorsqu'il s'agit de faits aussi considérables, il convient de n'omettre aucune des circonstances qui les ont déterminés. En résumé, le successeur du maréchal Niel, sans méconnaitre la possibilité de la guerre, espérait que la diplomatie saurait la conjurer. Ses collègues dans le ministère partageaient cette illusion et surent lui persuader qu'il pouvait consentir sans inconvénient à des réductions dans le budget, l'effectif et le contingent annuel de l'armée. Cependant, ce sont les mêmes hommes qui, bientôt après, ont déclaré la guerre lorsqu'ils pouvaient encore l'ajourner. Bien plus, ce sont les mêmes députés qui, après avoir refusé obstinément et systématiquement les moyens efficaces de se préparer à la guerre, ont été les plus ardents à pousser le gouvernement dans la voie funeste où l'entraînait son aveuglement. La logique n'a rien à voir ici.

J'ai cru devoir dire avec quelques détails les motifs qui, selon moi, ont paralysé dans une certaine mesure les intentions formelles du maréchal Niel et de son successeur au ministère, en ce qui concernait notre préparation à la guerre. Il importe, en effet, que la responsabilité dans des questions aussi graves retombe sur ceux qui l'ont assumée d'un cœur plus ou moins léger. Je dois ajouter, cependant, qu'en 1870, jusqu'au mois de juillet, la guerre, aux yeux de ceux qui approchaient les hommes du gouvernement et étaient à même de recevoir leurs confidences, ne paraissait plus aussi imminente que les années précédentes, bien que la paix ne fût pas considérée comme définitivement assurée. On croyait avoir du temps devant soi, et que la tranquillité européenne ne pouvait être troublée, si elle devait l'être, qu'en 1871 au plus tôt. Dès lors, on ne craignait pas d'ajourner les mesures les plus urgentes. Ceux qui liront ce qui va suivre ne pourront, j'espère, avoir aucun doute à cet égard.

Au printemps de 1870, tous les esprits étaient donc à la paix, et la France n'était préoccupée que du développement du gouvernement parlementaire qu'elle venait de recouvrer, lorsque l'archiduc Albert d'Autriche, après avoir parcouru nos provinces du Midi, vint à Paris, où il fit un assez long séjour. Le prince reçut un accueil sympathique, particulièrement dans le monde militaire, qui voyait dans le vainqueur de Custozza un allié sûr et important contre la Prusse. Il visita tous nos établissements militaires, et nos ressources en tous genres furent étalées à ses yeux. Enfin, le ministre de la guerre voulut le recevoir à dîner, et invita à cette occasion tous les officiers généraux employés à Paris, qu'il lui présenta successivement. L'archiduc fut aimable et gracieux pour tous, et, bien que cette fête n'eût aucun caractère officiel (le prince voyageait incognito), il était évident que, de part et d'autre, on saisissait avec empressement cette occasion de se donner les plus sincères témoignages d'estime et de confiance. Il ne fut pas dit un seul mot, en présence du prince, de la Prusse, ni de la guerre que tous considéraient comme inévitable dans un délai plus ou moins éloigné; mais toutes les physionomies parlaient d'elles-mêmes et avaient la même signification. Le prince exprimait son admiration pour l'armée française, et chacun complétait intérieurement la pensée qu'il avait soin de ne pas exprimer, qu'elle saurait faire encore ce qu'elle avait fait autrefois. Le nom de Custozza fut délicatement prononcé par une bouche française, et, parmi ceux qui l'entendirent, il n'en est pas un seul qui, sans mot dire, n'ait laissé comprendre à l'archiduc la haute opinion que l'armée française professait pour ses talents militaires, et combien elle serait heureuse de combattre à ses côtés contre l'ennemi commun. Soit qu'il eût été surexcité par cet accueil, soit qu'il en eût reçu mission de son souverain, le prince ne crut pas devoir quitter Paris sans rappeler à l'Empereur que, la France et l'Autriche étant unies par leurs intérêts contre la Prusse, il leur importait également de ne pas être prises au dépourvu, et comme la situation devenait chaque jour de plus en plus tendue, qu'une circonstance imprévue pouvait amener la guerre à l'improviste, il convenait de s'y préparer et d'arrêter à l'avance un projet d'opérations commun.

Cette proposition fut accueillie par l'Empereur, qui promit d'envoyer à Vienne un de ses aides de camp pour en conférer. Mais, avant de donner suite à cette promesse, l'Empereur voulut étudier le plan d'opérations qui lui avait été présenté par l'archiduc, et, quelque temps après le départ du prince, le 19 mai, à dix heures du matin, il réunit à cet effet, aux Tuileries, le maréchal Le Bœuf, ministre de la guerre, le général Frossard, gouverneur du Prince impérial, et le général Lebrun, un de ses aides de camp. Le ministre m'invita à l'accompagner, suivant les ordres, me dit-il, qu'il avait reçus, en ma qualité de directeur du dépôt de la guerre.

Je devais être muni des cartes nécessaires à la délibération. L'Empereur déclara d'abord que nous étions en paix, que son gouvernement s'efforçait de la maintenir, et que rien dans ses relations avec les puissances étrangères ne faisait présager qu'elle pût être troublée, au moins prochainement. Il fit connaître ensuite les ouvertures qui lui avaient été faites par l'archiduc Albert, et exposa en peu de mots le projet d'opérations qui lui avait été soumis par ce prince. Dès la déclaration de guerre, la France devait, avec sa principale armée, déboucher en Allemagne par Strasbourg et Kiehl, et, par une marche rapide, se diriger vers Stuttgard, pour aller ensuite donner la main à l'armée autrichienne qui, pendant ce temps, se formerait en Bohême, soit à Prague, soit sur la frontière wurtembergeoise. Avec une seconde armée, la France devait tenir la ligne de la Sarre et pénétrer même, si elle le pouvait, dans les provinces rhénanes, en se rapprochant le plus possible de Mayence. L'archiduc pensait que le mouvement de notre première armée pouvait facilement se faire avec assez de rapidité pour que les États du sud de l'Allemagne se trouvassent séparés de ceux du Nord avant d'avoir pu opérer leur concentration individuelle, qui était supposée ne devoir s'effectuer qu'avec une lenteur calculée. Dans le même temps, la Prusse et les États du Nord n'oseraient pas dégarnir le Palatinat ni la ligne de Mayence-Cologne-Coblentz, menacée par notre seconde armée, ni le Hanovre encore frémissant de son incorporation récente et forcée à la Prusse, ni enfin les côtes de la mer du Nord et de la Baltique, menacées d'une descente de nos troupes, auxquelles l'armée danoise était impatiente de se joindre. Notre première armée ne devait donc pas rencontrer d'obstacle sérieux dans sa marche; elle devait avoir facilement raison de la seule armée prussienne qui voudrait tenter de l'arrêter ; et sa jonction avec l'armée autrichienne se ferait précisément au moment où une armée italienne de 100,000 hommes déboucherait en Bavière par le Tyrol. Dès lors, les États du Sud, cernés ou envahis de toute part, seraient trop heureux de secouer le joug de la Prusse et de confondre de nouveau leurs intérêts avec ceux de l'Autriche, et il devenait impossible à l'Allemagne du Nord de soutenir la lutte.

Prendre vigoureusement l'offensive dès le début de la guerre, pénétrer dans le cœur de l'Allemagne avant qu'elle eût le temps de se reconnaître, en séparant la Confédération du Nord des États du Sud, c'était, certes, un projet séduisant que l'archiduc n'avait pas été le seul à entrevoir; mais l'exécution en était-elle possible et admissible en laissant la France opérer seule pendant un temps qui ne pouvait pas être moindre de six semaines ? On savait pertinemment que l'armée de l'Allemagne du Nord sur le pied de guerre s'élevait à 900,000 combattants, et d'après les états fournis par le ministre de la guerre, la nôtre ne devait pas atteindre tout à fait un total de 600,000 hommes, en y comprenant les jeunes mobiles. Les renseignements les plus précis venus de divers côtés, mais tous en parfaite concordance, nous avaient appris aussi qu'il suffisait de onze jours à l'armée de l'Allemagne du Nord pour se concentrer tout entière sur la Sarre. N'était-il pas évident, dès lors, que ces onze jours lui seraient tout au plus nécessaires pour venir nous barrer le passage à travers le Wurtemberg avec une armée au moins égale et probablement supérieure à la nôtre? Fallait-il aussi croire aveuglément au peu d'empressement des États du Sud à s'armer et à se concentrer, alors que tous les rapports diplomatiques et d'autres encore constataient que la cause allemande comprise à la manière prussienne leur devenait de plus en plus chère, et que l'Autriche et la France, la France surtout, étaient de moins en moins écoutées par eux? L'illusion n'était pas possible; il était rationnel d'admettre que la Prusse, pour parer à un danger imminent qu'elle ne tarderait pas à entrevoir, jetterait en toute hâte des forces imposantes sur la rive gauche du Mein pour s'opposer à tout prix à notre marche à travers le Wurtemberg, sauf à revenir sur les rives du Rhin et même, s'il le fallait, sur les côtes de la Baltique et de la mer du Nord, après avoir accablé par le nombre notre première armée et consolidé ainsi l'alliance des États du Sud avec les États du Nord.

La question ayant été présentée à l'Empereur sous ce point de vue, le projet de l'archiduc sembla perdre beaucoup du mérite qui lui avait été attribué au premier abord. Pour que ce projet eût des chances sérieuses de réussite, il eût fallu que l'Autriche et l'Italie entrassent en opérations en même temps que la France, et qu'à la même heure la Prusse fût menacée de la descente par la mer du Nord et la Baltique d'un corps français secondé par un corps danois plus ou moins considérable. Il fallait en effet, dès le début, contraindre la Confédération de l'Allemagne du Nord à diviser ses forces de manière à la mettre dans l'impossibilité de nous opposer sur la Sarre, sur le Rhin et au delà, des armées supérieures aux nôtres par le nombre, et, pour atteindre ce but, il était indispensable que nos alliés entrassent en campagne le même jour que nous. Mais l'archiduc Albert avait pris soin de déclarer pendant son séjour à Paris, ce qui était du reste déjà connu, qu'il était impossible à l'Autriche de mettre son armée sur le pied de guerre et de la concentrer sur sa frontière en moins de six semaines, et l'on savait en outre qu'on ne devait compter ni de la part de l'Italie, ni de la part du Danemark, sur une plus grande célérité. L'Autriche, en effet, possédant peu de chemins de fer, était hors d'état de faire de promptes concentrations de troupes. En outre, pour obéir aux exigences parlementaires, l'Empereur, avant de déclarer la guerre à l'Allemagne du Nord, avait besoin d'un certain temps pour y préparer ses populations et obtenir des Chambres l'adhésion qui lui était indispensable ; l'Italie se trouvait dans le même cas que l'Autriche sous ce dernier rapport.

Ces considérations n'étaient pas de nature à faire accepter le projet autrichien. Il fut dit alors que l'archiduc faisait à l'armée française une large part de gloire, mais qu'il n'était pas possible de fermer les yeux devant le danger auquel il nous exposait en cas d'insuccès. L'Autriche, l'Italie, le Danemark attendant, non seulement pour opérer activement, mais même pour déclarer la guerre, que nous eussions acquis quelques avantages significatifs, c'était exposer la France à être abandonnée à ses propres forces si elle n'obtenait pas de véritables succès dès les premières rencontres avec l'ennemi. L'Autriche, ajoutait-on, se proposant de n'entrer en ligne que six semaines après la France, c'était presque de sa part renoncer à paraître sur les champs de bataille, car pendant ce temps la fortune aurait prononcé son arrêt, et, s'il nous était favorable, elle n'aurait qu'à prendre part aux négociations de la paix, par lesquelles ses intérêts obtiendraient une satisfaction disproportionnée avec ses actes. Mais elle saurait se séparer de nous en temps utile si le sort des armes nous était contraire. Il fut dit expressément aussi qu'en acceptant le projet de l'archiduc, si malgré tout on en prenait la résolution, il fallait se tenir en garde contre de cruels mécomptes et ne pas croire aveuglément à la coopération d'une puissance qui ne ferait que des promesses, en évitant de s'engager formellement. Ce sentiment de méfiance fut même exprimé en termes très vifs ; mais l'Empereur n'en fut nullement influencé et ne voulut pas admettre ce calcul machiavélique de la part de ses alliés et de l'Autriche en particulier. Il ne parvint pas à faire partager cette confiance à ceux qui l'entendaient.

Cependant, il y avait parmi nous deux hommes, le maréchal Le Bœuf et le général Frossard, qui avaient évidemment à cœur de conclure comme le souverain. On se mit donc à examiner les cartes, le compas à la main ; on chercha si, par des combinaisons de détail un peu différentes de celles qui avaient été présentées d'abord, il ne serait pas possible de concevoir un projet d'opérations qui pût être adopté au lieu et place de celui de l'archiduc Albert. Les efforts du ministre de la guerre et du gouverneur du Prince impérial furent sans résultat ; toutes les combinaisons présentées aboutissaient fatalement à l'insuffisance de l'armée française pour entrer seule en ligne contre la Confédération de l'Allemagne du Nord et la combattre avec succès pendant six semaines. Après une heure environ de

discussion, la séance fut levée sans qu'on fût parvenu à une conclusion, si ce n'est que le projet autrichien était inacceptable et devait être remanié de telle sorte que la France ne restât pas pendant six semaines seule en présence d'un ennemi très supérieur en nombre. Bien qu'il n'y ait pas eu de vote exprimé, c'était là, je puis l'affirmer sans crainte de me tromper, l'opinion des quatre généraux que l'Empereur avait appelés à lui donner leur avis. Cependant, la séance fut levée sans que la discussion ait été résumée et sans que l'Empereur fit connaître la réponse qu'il se proposait de faire relativement au projet que nous venions de discuter. J'en fus frappé, et, en repliant les cartes que j'avais apportées, je crus devoir dire : « Il est
« entendu que la France ne peut déclarer la guerre
« à la Prusse qu'en ayant l'assurance que des alliés
« solides et puissants entreront en opérations en
« même temps qu'elle. »

Quelques jours après cette séance, le général Lebrun, muni des instructions de l'Empereur, se rendit à Vienne pour conférer avec l'archiduc Albert au sujet du plan d'opérations proposé par ce prince. Il ne m'appartient pas de raconter les détails de cette mission, qui seront connus tôt ou tard. Je crois, néanmoins, pouvoir dire en peu de mots que le général n'avait qu'une mission officieuse et intime de l'Empereur, et ne devait se mettre en relation qu'avec l'archiduc. Cependant, sur l'invitation de ce prince, il se rendit à une audience que voulut lui donner l'empereur d'Autriche dans une de ses résidences aux environs de Vienne, et il reçut là de vive voix les loyales déclarations de ce souverain sur les engagements qu'il lui était possible de prendre. S'abstenant d'examiner en détail le projet présenté par l'archiduc Albert et que le général Lebrun était venu discuter, l'empereur François-Joseph tint à honneur de déclarer lui-même à l'envoyé de l'empereur Napoléon III que, sans méconnaître les avantages qu'il y aurait dans l'intérêt commun à ce que l'Autriche déclarât la guerre et entrât en campagne le même jour que la France, il lui était absolument impossible de s'engager en aucune manière à ce sujet. Il rappela combien sa situation politique exigeait de ménagements à l'égard des populations de nationalités différentes, jalouses les unes des autres, qui composaient son empire, et il ajouta que ces difficultés grandiraient encore lorsqu'il s'agirait d'entraîner à une déclaration de guerre à l'Allemagne du Nord cette portion de ses États qui fait partie de l'Allemagne du Sud. Il ne pouvait donc donner que son adhésion verbale, et il la donnait aussi complète que possible, au projet présenté par l'archiduc Albert; mais il désirait vivement que l'empereur Napoléon ne se fît aucune illusion sur le concours qu'il pouvait attendre de l'Autriche.

Cette communication sincère et loyale de l'empereur François-Joseph fut nécessairement transmise à l'empereur Napoléon III par son aide de camp, en même temps que le résultat des conférences qu'il avait eues avec l'archiduc Albert. Il semble aujourd'hui qu'elle aurait dû déterminer Napoléon III à rejeter le projet d'opérations qui lui avait été soumis, ou tout au moins à ne pas se hâter, quoi qu'il advînt, de déclarer la guerre. L'Autriche, en effet, n'était pas même engagée par une promesse verbale d'alliance offensive et défensive et s'était bornée à donner des témoignages de sympathie et de bonne volonté. C'était le moins qu'elle pût faire, et il restait à la lier par un engagement formel qui eût précisé ce qu'on pouvait attendre d'elle. Sans doute, l'Empereur croyait avoir du temps devant lui pour négocier un traité de ce genre ; cependant, il prévoyait, lui aussi, que la guerre pouvait éclater inopinément; il savait également qu'en prévision d'une faible majorité pour l'adoption du plébiscite, la Prusse s'était préparée à proclamer l'Empire d'Allemagne, et qu'elle s'était arrêtée dans cette voie périlleuse en ce moment, par suite de l'immense majorité qu'avait obtenue le vote. Il n'était donc pas hors de raison de supposer que M. de Bismarck ne tarderait pas à essayer de parvenir à ses fins par une autre voie. Ces considérations frappent l'esprit aujourd'hui, et il semble qu'elles auraient dû déterminer Napoléon III à retarder la déclaration de guerre jusqu'au moment où des traités lui auraient assuré des alliances efficaces. On ne sait que trop qu'il n'en a pas été tenu compte, et j'ignore s'il est possible d'en donner une raison acceptable.

La brochure intitulée : *Campagne de* 1870. *Des causes qui ont amené la capitulation de Sedan,* généralement attribuée à l'empereur Napoléon III, fait connaître que ce souverain avait adopté le plan d'opérations que lui avait proposé l'archiduc Albert. J'avoue que je ne m'en étais pas douté, et que rien dans les dispositions qui ont été prises n'a pu me le faire supposer. L'Empereur ajoute qu'il n'avait confié ses intentions qu'au major général, le maréchal Le Bœuf, et au maréchal de Mac Mahon. Je crois que ce secret a été bien gardé ; je puis affirmer, en tout cas, que je n'en ai jamais eu connaissance, même indirectement. Je cherche, d'ailleurs, inutilement ce qui a été fait qui puisse ressembler non pas même à un commencement d'exécution, mais seulement à une intention d'opérer dans le sens du projet de l'archiduc.

Quelques semaines après la séance dont je viens de faire le récit, le 6 juillet, fut portée à la tribune, par M. de Gramont, la déclaration du gouvernement qui devait amener la guerre. Je fus bientôt mandé par le ministre, qui m'annonça que l'Empereur l'avait désigné pour remplir les fonctions de major général de l'armée, et que le général Lebrun et moi, nous étions ses deux aides-majors généraux. Dès ce moment, je fus appelé dans le cabinet du ministre, en même temps que les autres directeurs du ministère, toutes les fois qu'on devait y agiter des questions relatives à l'organisation de l'armée. Il fut procédé d'abord à la composition des corps d'armée, des divisions, des états-majors, etc. Ce travail, plusieurs fois remanié, fut le premier exemple des fluctuations de tout genre qui se produisirent par la suite à propos de toutes les questions. En voici un épisode entre autres.

Le camp de Châlons, réuni en ce moment sous le commandement du général Frossard, constituait un corps d'armée tout formé qui devait, avant tous les autres, être envoyé à la frontière. Le maréchal Le Bœuf, en entrant au ministère, avait trouvé un projet arrêté par le maréchal Niel et approuvé par l'Empereur, indiquant les positions que devaient occuper les généraux dans l'armée en cas de guerre, la composition des états-majors, etc. D'après ce tableau, le général Frossard était désigné pour l'emploi de commandant en chef du génie de l'armée, et l'opinion du maréchal Le Bœuf était de maintenir cette désignation. Mais on présumait que le général Frossard préférerait conserver le commandement de son corps d'armée, et on ne voulait pas le mécontenter. L'autorité de l'Empereur pouvait seule lever cette difficulté, si toutefois il y en avait une; mais l'Empereur hésita, et, après avoir plusieurs fois passé d'un avis à l'autre dans l'espace de quarante-huit heures, il voulut en écrire au général Frossard, qui opta pour le commandement de son corps d'armée.

Pendant ces quarante-huit heures, le travail des différents commandements subit plusieurs modifications, et il en résulta une perte de temps regrettable. Je n'avais pas tardé à demander au maréchal Le Bœuf si, dans cette guerre, nous aurions des alliés, et la réponse avait été qu'on croyait pouvoir compter sur l'Autriche, qui, par l'organe de M. de Metternich, son ambassadeur à Paris, faisait de très grandes protestations de sentiments sympathiques. Un matin, ayant été appelé de bonne heure par le ministre, je fus introduit dans son cabinet de toilette pendant qu'il se préparait à se faire la barbe, et il causa familièrement avec moi sur la situation. C'était dans la séance du même jour que la déclaration de guerre devait être faite à la tribune de la Chambre des députés, et le conseil des ministres était convoqué à dix heures pour en délibérer. Le maréchal, après avoir rappelé les griefs de la France contre la Prusse, me demanda s'il était dans le vrai en opinant pour la guerre, et je lui répondis qu'assurément la conduite de la Prusse à notre égard justifiait la guerre; mais qu'il fallait, avant de l'entreprendre, s'assurer que de notre côté étaient les meilleures chances de succès, et que ces chances étaient contre nous si nous n'avions pas des alliés assurés, ou si même ces alliés n'entraient pas en opérations en même temps que nous. Le maréchal se déclara du même avis, et depuis lors, ayant pu, dans diverses occasions, lui demander si nous pouvions encore espérer des alliés, ses réponses devinrent de moins en moins affirmatives, jusqu'au jour où, à Metz, après la bataille de Reischoffen, il me fut dit enfin que nous ne devions compter que sur nous-mêmes.

Les troupes allaient être mises en mouvement, et il était urgent de déterminer, au préalable, les points de première concentration des divisions et des corps d'armée. Il eût fallu commencer par arrêter un plan d'opérations, surtout avec la prétention que l'on avait de devancer l'ennemi et de le surprendre par un coup d'éclat. Mais je ne connus jamais ce plan, et je ne puis pas dire qu'il en ait été arrêté un. Quoi qu'il en soit, les troupes furent postées le long de la frontière. On assigna comme points de concentration : au 7ᵉ corps, Huningue; au 1ᵉʳ, Strasbourg, et au 5ᵉ, Bitche. Quant aux 2ᵉ, 4ᵉ et 3ᵉ corps, ils furent dirigés sur Saint-Avold, Thionville et Metz, formant ainsi un groupe compact, de manière à constituer, au premier ordre, une armée toute réunie. La garde impériale reçut l'ordre de se rendre à Nancy, d'où elle pouvait également être dirigée sur Strasbourg ou sur Metz et la Sarre, suivant les événements. Enfin, le 6ᵉ corps dut se former au camp de Châlons. Il était la réserve de l'armée. Je dois faire remarquer toutefois que ce n'était, dans la pensée du major général, qu'une concentration provisoire et transitoire destinée à former les corps d'armée, et qui devait être promptement modifiée.

Comme on ne pouvait pas diriger sur un même point toutes les troupes appelées à faire partie de l'armée et qui se trouvaient disséminées sur la surface de l'empire, on les réunissait d'abord par division et par corps d'armée avant de les faire entrer en opérations de guerre. Cette concentration provisoire eût été évitée, si les divisions et les corps d'armée avaient été alors constitués d'une manière permanente, ainsi que cela se pratique aujourd'hui. Mais on perdit un temps précieux en hésitations; puis, les troupes furent assujetties à des mouvements d'oscillation stériles et sans portée, uniquement motivés par l'impression changeante de chaque jour et presque de chaque heure, jusqu'au moment où l'on commença le mouvement en arrière qui ramena l'armée autour de Metz.

Le maréchal Le Bœuf quitta Paris le 23 juillet pour se rendre à l'armée, emmenant avec lui le général Lebrun. En précédant l'Empereur, le major général avait pour but de reconnaitre par lui-même si l'organisation de l'armée se faisait conformément à ses ordres, et surtout si les approvisionnements de toute nature étaient en bonne voie. Sur ce dernier point, il commençait à ne plus manifester une assurance aussi complète qu'au moment de la déclaration de guerre. Il reconnaissait déjà qu'il n'était pas aussi prêt qu'il se l'était figuré, et même, pour activer certaines mesures, à peine arrivé à Metz, il crut devoir envoyer le général Lebrun à Paris pour donner en quelques heures, au ministre intérimaire, des instructions verbales qui devaient le mettre à même de pourvoir à tous les besoins de l'armée.

Je fus laissé à Paris aux ordres de l'Empereur, qui n'eut, du reste, en aucune manière, besoin de moi. Cependant, le 24 au soir, suivant les instructions qui m'avaient été données, je me rendis à Saint-Cloud, et je fus reçu dans le jardin après le diner. Je me promenais à côté de l'Empereur, dans l'allée des marronniers qui bordait la terrasse du château, répondant aux questions qu'il m'adressait, lorsque j'entendis des voix féminines chanter la *Marseillaise*. Je ne pus me défendre d'une impression pénible et je me rappelai que, d'après certains récits, en 1815, au moment où l'Empereur se préparait à partir pour la campagne de Waterloo, on faisait marcher la garde impériale au bruit de la *Marseillaise* et on exécutait le *Ça ira* pendant le défilé des troupes aux Tuileries. Bientôt après, l'Empereur m'emmena dans son cabinet, où il désira consulter une carte, et je constatai avec regret qu'il n'avait pas une habitude suffisante des cartes pour y lire tout ce qui s'y trouvait.

Le lendemain 25, je dinai à Saint-Cloud. Il y eut

ce jour-là un diner de famille qui fut probablement le dernier, au moins dans cette résidence. La princesse Mathilde et la duchesse de Mouchy s'y trouvaient; on y fut gai, et l'Impératrice se montra très confiante dans l'issue de la guerre. J'étais presque en face d'elle, et la réflexion se présenta à mon esprit que je la voyais peut-être pour la dernière fois. Pendant ce diner, j'étais placé à la gauche de la duchesse de Mouchy et à la droite de madame C..., fille du général H..., un de mes anciens camarades de l'armée d'Afrique. Cette dernière crut voir sur ma physionomie que je ne partageais pas la confiance des convives sur l'issue de la guerre, et me questionna dans le but de connaître ma pensée à ce sujet. Je n'eus pas la force de dissimuler, et, ne pouvant cependant lui exprimer tout ce que je pensais, je me bornai à lui dire qu'à la guerre, on ne pouvait répondre de rien avant la victoire définitive, et que je ne me sentais pas en état de prévoir ce qui devait arriver. Je fus compris, je crois, et je serais bien surpris si madame C... n'avait pas conservé le souvenir de cette courte conversation.

Le 27 juillet, à huit heures du soir, je quittai Paris, pour arriver à Metz le 28, à sept heures du matin. Le grand quartier général était installé à l'hôtel de l'Europe, où j'allai prendre ma place. L'Empereur arriva à Metz le même jour, à cinq heures du soir. A peine rendu à la préfecture, il appela dans son cabinet le maréchal Bazaine, qui était venu de Boulay pour le saluer, le major général et les deux aides-majors généraux. Le maréchal Bazaine commandait le 3ᵉ corps de l'armée, et, en attendant l'arrivée de l'Empereur, c'était à lui qu'incombait la direction à donner aux troupes réunies en avant de Metz, les 2ᵉ, 3ᵉ et 4ᵉ corps, dans le cas où elles auraient eu affaire avec l'ennemi. Avant d'être nommé au commandement de la garde impériale dont il était pourvu au moment de la déclaration de guerre, le maréchal avait exercé le commandement du 3ᵉ corps territorial, qui comprenait les départements de l'Alsace, de la Lorraine et de la Franche-Comté, et, à ces différents points de vue, il pouvait avoir à faire à l'Empereur des communications utiles. J'espérais apprendre dans cette réunion quelque chose des projets d'opérations, mais il n'en fut rien dit. On se borna à une causerie sans portée et sans résultat sur la situation militaire.

L'ennemi n'avait pas encore paru sur la Sarre, et l'on se considérait comme étant en avance sur lui. Je remarquai particulièrement l'attitude froide et réservée du maréchal Bazaine dans cette conférence. Il fut très bref dans ce qu'il avait à dire et s'abstint d'exprimer une opinion sur ce qu'il convenait de faire. Je ne sais s'il avait un plan d'opérations tout prêt, mais il n'en laissa rien paraître. Il me sembla, d'ailleurs, qu'il était bien aise qu'on n'ignorât pas qu'il n'était nullement satisfait. On lui avait annoncé depuis deux ans qu'on lui réservait le commandement en chef d'une armée destinée à opérer en avant de Metz, et, s'il avait été envoyé à Nancy pour y exercer le commandement du 3ᵉ corps d'armée territorial, c'était en grande partie pour le mettre en position d'étudier de près le terrain où il était appelé à manœuvrer. Mais, la guerre venant, on ne lui confiait plus qu'un corps d'armée! Il ne pouvait assurément pas se plaindre ouvertement, mais son mécontentement ne m'échappa point, et je crus en trouver de nouveau l'expression plus tard, dans les circonstances que je rapporterai.

Ainsi que je l'ai déjà dit, je suis autorisé à croire que l'Empereur et le ministre de la guerre n'ont jamais eu de plan d'opérations arrêté à l'avance. Toutefois, il était de notoriété presque publique qu'en 1867, lorsque la guerre faillit éclater à propos du Luxembourg, on avait résolu de former deux armées, l'une à Strasbourg, sous le commandement du maréchal de Mac Mahon, et l'autre à Metz, sous le commandement du maréchal Bazaine. L'Empereur devait conserver le commandement suprême. Ces dispositions furent changées en 1870 dès le premier jour où il fut question de l'organisation de l'armée, parce que, disait-on, l'Empereur voulait être en communication directe avec chacun des commandants des corps d'armée.

Aussitôt après l'arrivée de l'Empereur à Metz,

on s'occupa avec un redoublement d'activité de faire donner aux troupes tous les objets d'équipement et de campement qui leur étaient nécessaires, et dont elles n'étaient pas suffisamment pourvues. Les régiments avaient quitté leurs garnisons en toute hâte avec des effectifs incomplets, et, malgré les ordres formels donnés par le ministre, il s'en fallait de beaucoup qu'ils fussent tous munis des effets réglementaires. On y suppléa d'abord au moyen des approvisionnements que l'on avait formés à Metz; mais les magasins ne tardèrent pas à être vidés. La chaleur était très intense, et, pour alléger le soldat, on demanda et on obtint l'autorisation de verser au magasin de campement les couvertures des hommes, qui ne tardèrent pas à être regrettées. Puis vint le tour des shakos, les képis étant jugés suffisants. La garde elle-même obtint, malgré la répugnance de l'Empereur, qu'on lui retirât les bonnets à poil et les shakos, et c'est ainsi qu'elle a fait toute la campagne en bonnet de police. Les hésitations à cet égard furent telles qu'en quelques heures seulement il fut donné trois ordres différents, et la mesure ne fut définitivement maintenue que parce qu'elle avait reçu un commencement d'exécution au moment où le dernier contre-ordre allait être donné. Je ne mentionne d'ailleurs cet incident que pour montrer combien peu les idées étaient arrêtées en toute chose. On voulait et on ne voulait pas, parce que tous les avis étaient admis successivement, et le plus souvent c'était le dernier qui prévalait.

Ce défaut de fixité dans les idées avait assurément des conséquences fâcheuses dans les cas que je viens de citer; mais ces conséquences ne pouvaient pas être d'une haute gravité. Malheureusement, on retrouvait la même indécision dans la direction des opérations militaires, et, dès lors, il était à craindre que cette irrésolution, qui trahissait l'absence de discernement de ce qui était bon et de ce qui était mauvais, ne mit l'armée dans l'impossibilité d'accomplir les grandes choses qu'on attendait d'elle. Il faut dire aussi que cette armée ne se complétait pas à l'effectif qu'on avait espéré. Les soldats de la réserve qui rejoignirent leurs corps sur la frontière ne fournirent qu'un mince contingent, et on fut bien surpris, lorsque les détachements cessèrent d'arriver, de voir que les huit corps d'armée, y compris la garde, n'atteignaient pas ensemble l'effectif de trois cent mille hommes, même en y comprenant les non-combattants.

Un jour, le major général et le premier aide-major général étant en mission, je dus me rendre auprès de l'Empereur pour lui soumettre les affaires de service courant et prendre ses ordres. Je mis la situation journalière des troupes sous ses yeux, et il parut surpris de n'y pas voir des effectifs plus élevés. C'était cependant la constatation de la réalité, et je crus pouvoir lui dire que les quatrièmes bataillons qui étaient alors en formation n'amélioreraient pas encore suffisamment nos effectifs, et que le seul moyen, suivant moi, de résoudre le problème, c'était d'incorporer les gardes mobiles dans les corps de l'armée permanente. Réunis en corps séparés, disais-je, ces jeunes gens présentaient tous les inconvénients des troupes jeunes et non façonnées à la discipline et aux habitudes militaires; mais s'ils étaient encadrés dans les troupes régulières, entraînés par l'exemple, ils acquerraient promptement la valeur des vieux soldats. Il me fut objecté que la loi s'y opposait, et je répondis que c'était le cas de faire une autre loi, non pas le lendemain, mais le jour même. Ma proposition n'eut aucune suite, et cependant bien des mesures plus graves ont été adoptées depuis.

On ne voulait pas se laisser gagner de vitesse par l'ennemi. Comme nous avions nous-mêmes déclaré la guerre, nous devions prendre l'offensive. Il fallait donc passer la frontière et, si c'était possible, frapper un grand coup avant que l'ennemi eût opéré sa concentration sur la Sarre; c'est sous l'impression de cette pensée qu'après bien des hésitations, l'opération sur Sarrebruck fut résolue, puis exécutée le 2 août. Le 2ᵉ corps (général Frossard), porté alors à Forbach, devait naturellement en être chargé; mais il pouvait arriver que seul il fût insuffisant, et la prudence voulait qu'il fût appuyé. L'opération fut définitivement arrêtée dans une conférence qui eut lieu à Morbach, le 31 juillet, par ordre de l'Empereur, entre le maréchal Bazaine, le général Frossard, le général de Failly, le général Lebrun, le général Soleille et le général Coffinières. Il fut décidé que l'attaque de Sarrebruck par le 2ᵉ corps (général Frossard) serait appuyée à gauche par le 3ᵉ corps (maréchal Bazaine), et à droite par le 5ᵉ corps (général de Failly), qui occupait alors Sarreguemines. Il avait, d'ailleurs, été écrit, au nom de l'Empereur, que le maréchal Bazaine aurait pour cette opération la haute direction des 2ᵉ, 3ᵉ et 4ᵉ corps, et que ce dernier (général de Ladmirault), pour opérer une diversion, ferait une démonstration sur Sarrelouis pendant que le 2ᵉ corps s'emparerait de Sarrebruck. Cette dernière ville n'était que faiblement occupée par l'ennemi, et l'opération réussit facilement. On remarqua, à cette occasion, que le maréchal Bazaine s'était abstenu de prendre en main la direction générale de l'opération qui lui avait été confiée, de même que la veille, dans la conférence qui avait eu lieu à Forbach, il était obstinément resté dans son rôle de commandant du 3ᵉ corps d'armée. On se demanda alors si cette attitude était le résultat du mécontentement dont j'ai parlé, ou si le maréchal, par courtoisie pour le gouverneur du Prince impérial, qui visait naturellement au maréchalat, n'avait pas été bien aise de lui laisser tout le mérite d'une opération qu'on supposait ne devoir pas être sans un certain retentissement. Mais ce doute changea de caractère, aux yeux de quelques-uns, après le 6 août.

Ce jour-là, en effet, le 2e corps lutta à Forbach, depuis le matin jusqu'au soir, contre des forces très supérieures en nombre, et, s'il eût été appuyé par les trois divisions du 3e corps qui étaient à sa droite et à sa gauche, à Sarreguemines, à Puttelange et à Marienthal, le résultat de la journée eût été probablement différent. Malheureusement, ces trois divisions furent mises trop tard en mouvement. En effet, la division Montaudon dut s'arrêter avant d'arriver à Forbach, en apprenant que tout était fini, et n'eut qu'à rentrer à Sarreguemines. Quant aux divisions Castagny et Metman, elles n'agirent pas d'une manière efficace, et il semble qu'elles eussent eu bien peu à faire pour arrêter le mouvement de l'ennemi qui avait pour but de tourner la gauche du 2e corps et qui détermina, en effet, sa défaite. Le maréchal Bazaine avait reçu l'ordre, dans la journée du 5 août, de concentrer entre ses mains le commandement supérieur des 2e, 3e et 4e corps d'armée, en même temps que le maréchal de Mac Mahon devait prendre la haute direction des 1er, 5e et 7e corps. Aussi la critique s'exerça-t-elle d'une manière très vive sur le maréchal Bazaine, qui, pendant toute la journée du 6 août, n'avait pas quitté Saint-Avold et n'avait pas su secourir efficacement le 2e corps, en envoyant sur le champ de bataille celles des divisions du 3e corps (1re, 2e et 3e) qui en étaient les plus rapprochées et qui, semblait-il, auraient pu arriver en temps utile. Je dois dire cependant que cette critique, bien que très vive, ne prit nullement le caractère d'accusation qu'elle a revêtu depuis.

L'anxiété fut grande à Metz pendant cette journée du 6 août. On savait que le maréchal de Mac Mahon, sorti la veille de Strasbourg, se battait à l'ouest de Wœrth, après avoir donné aux troupes placées sous son commandement l'ordre de se concentrer à Reischoffen. Le général de Failly était parti en toute hâte de Bitche pour le rejoindre, et on craignait qu'il ne fût arrêté dans sa marche par un corps supérieur au sien, et qu'il ne pût pas parvenir à rallier le maréchal en temps utile. D'autre part, les nouvelles confuses qui venaient de Forbach n'étaient pas rassurantes. Les esprits agités par le malheureux combat de Wissembourg, où la division Douay (Abel) avait été, disait-on, presque anéantie le 4 par des forces trois fois supérieures en nombre, commençaient à se préoccuper sérieusement de la supériorité numérique de l'ennemi. Ce ne fut que le soir, bien tard, qu'on apprit une partie de la triste vérité ! On n'avait pas attendu jusque-là pour reconnaître que le commandement suprême était trop éloigné des corps d'armée pour qu'il pût efficacement diriger les opérations. Les événements du 6 à Forbach et à Reischoffen prirent donc le caractère d'une démonstration décisive, et dès ce moment l'Empereur, qui avait investi, le 5 août, le maréchal Bazaine du commandement des 2ᵉ, 3ᵉ et 4ᵉ corps, et le maréchal de Mac Mahon des 1ᵉʳ, 2ᵉ et 7ᵉ, ne conservant la disposition directe que de la garde impériale et des réserves de l'armée, parut vouloir laisser au maréchal Bazaine une plus grande latitude de commandement.

En effet, dès le 7 août, il avait fait commencer le mouvement de retraite des 2ᵉ, 3ᵉ et 4ᵉ corps d'armée sur Metz, et, pour les appuyer au besoin, la garde impériale avait été envoyée au maréchal Bazaine afin qu'il en disposât. Mais on s'aperçut bien vite que le maréchal ne prenait pas résolument le commandement qui lui avait été dévolu; il sentait encore peut-être au-dessus de lui une autorité supérieure à la sienne, pouvant modifier les dispositions qu'il croyait utile de prendre, et il s'abstenait presque entièrement de donner des ordres aux commandants des 2ᵉ et 4ᵉ corps, ainsi qu'au général commandant la garde impériale. Néanmoins, la retraite s'effectua sans accident jusque sous les forts de Queuleu et de Saint-Julien devant Metz.

Les batailles de Forbach et de Reischoffen ayant contraint les 2ᵉ, 3ᵉ et 4ᵉ corps d'abandonner la frontière de la Sarre, et les 1ᵉʳ, 5ᵉ et 7ᵉ corps de se retirer derrière les Vosges, il y eut lieu de prendre des résolutions au sujet de cette retraite. L'armée entière devait-elle, dès ce moment, se diriger sur le camp de Châlons pour s'y concentrer et y attendre l'ennemi, ou bien convenait-il de tenter de nouveau le sort des armes, soit en avant de Metz, ayant la Moselle à dos, soit en arrière de cette place, après avoir franchi la rivière? Cette question fut examinée dans une conférence à laquelle l'Empereur convoqua le maréchal Le Bœuf, major général, et les généraux Soleille et Coffinières, commandants en chef de l'artillerie et du génie. L'Empereur émit l'avis que l'armée devait effectuer sa retraite sur Châlons et se hâter de passer sur la rive gauche de la Moselle. Le général Coffinières fit observer que le mouvement rétrograde que nos troupes étaient en train d'opérer pouvait produire un fâcheux effet sur le moral de l'armée, particulièrement sur les 3°, 4° corps et la garde impériale, s'ils devaient abandonner la Lorraine sans avoir brûlé une cartouche. L'ennemi, dit le général, quoique supérieur en nombre, devait être désuni par sa poursuite; il pouvait, d'ailleurs, être avantageux de faire tête aux Prussiens et d'accepter le combat sur la belle position de Mercy-le-Haut, sauf à se retirer, en cas d'échec, sur la ligne des forts de Queuleu et de Saint-Julien, et enfin sous les murs de la place. L'armée du Rhin, avec l'effectif qu'elle avait, ne craignait pas, ajoutait-il, d'être bloquée, et, à l'aide des ponts existants et de ceux qu'il était possible de jeter, pouvait passer rapidement la Moselle et se mettre à l'abri d'une atteinte immédiate.

Ces considérations ne purent convaincre l'Empereur, et il maintint qu'il n'était pas possible d'attendre l'ennemi, ayant une rivière à dos. Le passage de l'armée sur la rive gauche fut alors résolu, et le général Lebrun et moi, nous étudiâmes un projet de marche de l'armée réunie autour de Metz dans la direction de Verdun. Les gros bagages de l'Empereur furent même, dès le 8 août, dirigés sur Châlons; mais ce projet fut abandonné pour n'être repris que le 14 août, et l'on sait maintenant, par la brochure déjà citée, que, dans cette circonstance, l'Empereur ne fit que céder aux conseils de son ministère, qui, après avoir approuvé la retraite sur Châlons, changea d'avis et insista pour que le mouvement n'eût pas lieu. On retrouve la trace de cette mobilité de décisions dans la manière dont s'effectua la marche du 6ᵉ corps, du camp de Châlons sur Metz. Appelé en toute hâte à Metz le lendemain des batailles de Forbach et de Reischoffen, le maréchal Canrobert avait fait diligence; ses premières troupes étaient déjà à Nancy lorsqu'elles reçurent l'ordre de rétrograder jusqu'au camp de Châlons, et le mouvement en arrière était à peine commencé qu'on revint au premier ordre, qui fut maintenu. Mais le 6ᵉ corps ne put pas rallier Metz tout entier. Trois régiments de sa 4ᵉ division, sa cavalerie, ses réserves de l'artillerie et du génie n'ayant plus les routes libres, durent refluer sur le camp de Châlons ou y rester. Pendant que ces mouvements s'effectuaient, la division de cavalerie de réserve du général de Forton était appelée de Pont-à-Mousson, et la réserve générale d'artillerie, sous les ordres du général Canu, venait de Nancy à Metz.

A ce point de mon récit, je crois utile de faire connaître avec quelques détails en quoi consistaient mes fonctions de 2° aide-major général de l'armée et le service dont j'étais chargé.

L'Empereur commandait l'armée, le major général prenait ses ordres et lui proposait les mesures qui lui paraissaient nécessaires ou utiles. Le major général pouvant ne pas être à toute heure à portée de recevoir les communications de l'Empereur, il fallait qu'il pût se faire suppléer, et, pour que son suppléant fût à même en toute connaissance des choses de traiter avec l'Empereur les questions pour lesquelles il était appelé, il devait accompagner le major général toutes les fois que celui-ci se rendait auprès de l'Empereur. Il était donc indispensable que le 1er aide-major général possédât la confiance la plus entière du souverain et du major général, qui, dans l'intérêt du service, ne pouvaient rien lui laisser ignorer. Lorsque les décisions étaient prises, il m'en était donné connaissance soit par le major général, soit par le 1er aide major général, presque toujours par celui-ci, et je faisais parvenir les ordres, les instructions, les notifications à toute l'armée, avec le concours des officiers de l'état-major général et des secrétaires, qui tous étaient placés sous ma direction. Cette répartition du service était de toute nécessité et m'imposait l'obligation de veiller à toute heure et sous ma responsabilité personnelle à ce que les ordres envoyés aux commandants des corps d'armée et aux chefs de service fussent ponctuellement transmis. En même temps, le général Lebrun, 1er aide-major général, ne cessait pas de se tenir en mesure de connaître et de me communiquer les dispositions arrêtées par l'Empereur et le major général, suivant les circonstances qui se produisaient à tout instant. Le général Lebrun, outre qu'il était le suppléant du major général, était donc en même temps le trait d'union entre l'Empereur ou le major général et moi qui avais la direction immédiate du service de l'état-major général de l'armée. Je dirigeais le service des écritures ainsi que le service actif, et ce n'était qu'exceptionnellement et rarement que le général Lebrun donnait des ordres à nos officiers.

De ce que je viens d'écrire, il résulte que les décisions qui avaient été prises m'étaient seules connues, et que, le plus souvent, j'ignorais par quelles considérations, par quels événements ou par quels renseignements elles étaient motivées ; non pas que le major général et le 1er aide-major général eussent l'intention préméditée de ne pas tout me dire : je crois, au contraire, que leur confiance en moi était aussi complète que je pouvais le désirer; mais, retenus presque constamment auprès de l'Empereur, je les voyais à peine une ou deux fois par jour, pendant des instants très courts, et le temps leur manquait bien certainement pour me tenir au courant de tout ce qu'ils avaient entendu et appris d'important, ou seulement des motifs qui avaient déterminé les décisions prises. Il faut dire aussi que bien des rapports étaient faits verbalement soit à l'Empereur, soit au major général; de même, des renseignements leur parvenaient sans qu'ils fussent confirmés par des écrits; enfin, il n'était pas rare que l'Empereur donnât des ordres directement sans que j'en eusse connaissance, et quelquefois le major général lui-même les a ignorés.

Le service ainsi organisé ne laissait pas d'être lourd et exigeait une tension d'esprit incessante; mais il n'est pas possible d'en conclure que j'étais au courant de la situation. Je ne me suis pas fait illusion à cet égard, et aujourd'hui, plus que jamais, je vois combien est grand le nombre des faits, des rapports et des renseignements que je n'ai jamais connus. Ainsi, les corps ont reçu certains ordres et ont effectué des mouvements sans que j'en fusse informé; j'ai appris par la voix publique que le général Margueritte avait été chargé de faire, le 12 août, une reconnaissance sur Pont-à-Mousson, et je n'ai jamais connu le rapport que dut envoyer cet officier général après avoir rempli sa mission. Mais il est une espèce particulière de renseignements qui ne m'ont jamais été communiqués. Je veux parler de ceux qui concernaient l'ennemi, et que l'Empereur recevait directement, soit au moyen des agents secrets qui ne relevaient que de lui ou de son cabinet, soit de la régente et de son ministère. Les seuls renseignements de cette nature qui me fussent connus étaient ceux qui arrivaient directement à l'état-major général par la voie des espions et autres agents que j'avais fait recruter. Mais ces agents étaient difficiles à trouver, et leurs rapports exigeaient un contrôle sévère.

L'état-major général recevait aussi chaque jour des commandants de corps d'armée communication des renseignements qu'ils avaient recueillis eux-mêmes au moyen de leurs propres agents ou des prisonniers de guerre. Je dois dire, toutefois, qu'il ne m'est jamais parvenu par cette voie une seule communication ayant quelque importance, et j'ai toujours pensé que les commandants de corps d'armée adressaient à ce sujet directement à l'Empereur des rapports confidentiels qui me sont restés inconnus.

Les informations qui parvenaient à l'état-major général par ces voies diverses faisaient chaque jour l'objet d'une feuille de renseignements qui était mise sous les yeux de l'Empereur et envoyée ensuite à tous les commandants de corps d'armée. Ce service se faisait, d'ailleurs, comme il avait été fait à l'armée d'Italie, en 1859, où je remplissais des fonctions analogues à celles dont j'étais investi à l'armée du Rhin.

CHAPITRE III

Nomination du maréchal Bazaine au commandement en chef de l'armée. — L'armée reçoit l'ordre de commencer son mouvement de retraite sur Verdun. — Bataille de Borny. — L'Empereur se rend au camp de Châlons. — Bataille de Rezonville. — L'armée prend la position défensive de Rozerieulles à Amanvilliers. — Bataille des lignes d'Amanvilliers à Saint-Privat.

Les événements militaires survenus à l'armée depuis le 1er août, connus à Paris avec plus ou moins de précision, y occasionnaient une anxiété facile à comprendre, et, comme toujours, on s'en prenait aux hommes. Sous la pression de la Chambre des députés, le général Dejean, qui avait été laissé à Paris comme ministre de la guerre intérimaire, dut se retirer pour faire place au général Palikao, et, du même coup, le maréchal Le Bœuf cessait d'être ministre pour n'être plus que major général de l'armée. Autour de l'Empereur, ce changement était considéré comme le résultat d'une intrigue orléaniste à laquelle M. Thiers n'était pas étranger, et ma surprise fut grande d'entendre qualifier le général Palikao d'orléaniste. Quelques jours après, le 12 août, le nouveau ministère exigeait que le maréchal Le Bœuf résiliât ses fonctions de major général, et que le commandement de l'armée fût confié au maréchal Bazaine.

Ce fut une scène lamentable que celle dont je fus le témoin, dans le cabinet du maréchal Le Bœuf, alors établi à la préfecture, au moment où venait d'arriver la dépêche de l'Impératrice à ce sujet. La consternation était peinte sur les visages. L'Empereur, impassible, regardait et attendait. Le maréchal Le Bœuf, atterré, se plaignait amèrement de l'injustice des hommes; le général Changarnier, qui partageait son temps entre le cabinet de l'Empereur et celui du major général, déplorait la mesure et, sans donner aucun avis sur ce qu'il convenait de faire, cherchait quels pouvaient être les hommes pervers qui, dans les circonstances critiques où nous nous trouvions, avaient frappé ce coup dont, selon lui, la signification était évidemment révolutionnaire.

C'est ce jour-là que je vis le général Changarnier pour la première fois depuis son arrivée à Metz. Je n'avais jamais servi sous ses ordres en Algérie, mais il m'avait connu en 1848, alors que j'étais le premier aide de camp du général Cavaignac, chef du pouvoir exécutif, et que lui-même, étant représentant du peuple, refusait d'accepter le commandement de l'armée piémontaise qui lui était offert, disant très haut (je l'ai entendu) qu'il ne voulait pas être le commandant en chef des marmottes. Je ne mentionnerais pas ce propos si, à deux reprises différentes, au camp de Châlons en 1861 ou 1864, et à Paris en 1872, je n'avais été obligé de relever une erreur qui fut émise chaque fois en ma présence par le général de La Marmora, dont la sincérité est notoire. Le général de La Marmora disait donc que le général Changarnier, en 1848, avait accepté le commandement de l'armée piémontaise, mais que son acceptation ne put avoir aucune suite, parce que le général Cavaignac et son gouvernement avaient refusé de lui donner l'autorisation nécessaire. Le général de La Marmora, auquel je fis connaître ce que je savais, me répondit qu'il avait parlé d'après les déclarations qui lui avaient été faites par le général Changarnier lui-même, et je dus dire à mon tour que je ne faisais que répéter ce que j'avais entendu. Bien que je n'aie vu le général Changarnier à Metz que le 12 août pour la première fois, je dois dire que, quelques jours après la déclaration de guerre, je le rencontrai au ministère dans le salon qui précède le cabinet du ministre, attendant que le maréchal Le Bœuf pût le recevoir. Il avait ce jour-là, paraît-il, demandé par écrit un commandement, et, peu de temps après, comme il ne recevait pas de réponse, il vint me voir et me pria de rappeler sa demande au ministre. Je fis volontiers ce qu'il désirait, et le maréchal Le Bœuf m'exprima son embarras. Ni l'Empereur ni lui n'étaient disposés à accueillir l'offre du général Changarnier.

Cependant, la réponse réclamée fut faite. Je n'en connus pas les termes, mais je sus qu'elle était évasive. Ma surprise fut donc grande lorsque j'appris que le général Changarnier se trouvait à Metz, et elle dépassa toute mesure lorsqu'il me fut affirmé qu'il habitait la préfecture, où il était l'hôte de l'Empereur. Il m'était difficile de comprendre qu'après ce qui s'était passé avant et après le coup d'État du 2 décembre 1851, des relations d'intimité et de confiance pussent s'établir entre Napoléon III et le général Changarnier. Je pouvais cependant admettre que le vieux général fût désireux de revoir à l'œuvre cette armée dans les rangs de laquelle il avait figuré dignement. Mais quel ne fut pas mon étonnement lorsque, le 12 août, j'entendis le général développer toute sa pensée ! Assurément, l'impérialiste le plus dévoué n'aurait pas parlé avec plus de mépris que lui des membres de l'opposition. Quant à M. Thiers, qu'il déclarait connaitre à fond, et qu'il a depuis lors plusieurs fois appelé son ami, il ne trouvait pas de termes assez violents pour qualifier son ambition malsaine et son activité révolutionnaire, disait-il. Je ne pouvais pas en croire mes oreilles, mais j'étais loin de prévoir ce que je devais entendre plus tard. J'en ferai le récit lorsque le moment sera venu.

Le maréchal Le Bœuf avait envoyé à l'Impératrice, par dépêche télégraphique, sa démission des fonctions de major général, en termes très dignes, et en avait reçu une réponse de remerciement très gracieuse. C'est alors que le maréchal Bazaine fut nommé commandant en chef de l'armée du Rhin, et bientôt après je fus désigné pour remplir auprès de lui les fonctions de chef d'état-major général. Je n'avais nullement désiré et j'avais encore moins recherché ces fonctions. Aussi, au moment où je fus prévenu de la désignation dont je venais d'être l'objet, à la préfecture, le 12 août, vers trois heures de l'après-midi, dans le cabinet du major général, en présence de l'Empereur, du maréchal Le Bœuf, du général Changarnier et du général Lebrun, je protestai. Mais on insista dans des termes trop flatteurs pour que je puisse les répéter, et je dus obéir, n'écoutant que le sentiment du devoir. On m'avait demandé si mon refus provenait de relations peu agréables avec le maréchal Bazaine, et je dus répondre, parce que c'était la vérité, que ces relations n'avaient pas cessé d'être bonnes, soit en Algérie, soit en Crimée, soit en Italie. Le principal motif de mon refus était un pressentiment de n'avoir pas auprès du commandant en chef de l'armée la position dont un chef d'état-major général ne saurait se passer. Je craignais qu'à l'exemple de quelques généraux jaloux de leur autorité et de leur gloire, il ne vît dans son chef d'état-major un critique incommode cherchant à usurper ses prérogatives. Je pensais aussi que le maréchal verrait peut-être d'un mauvais œil celui qui avait rempli les fonctions de deuxième aide-major général dans la première organisation de l'armée du Rhin, et qu'il pouvait supposer avoir contribué à l'écarter du grand commandement qu'il avait d'abord espéré et dont il avait pu se considérer comme frustré. Je prévoyais que, s'il était dominé par ces sentiments, si injustes qu'ils fussent, le maréchal me rendrait difficile l'exercice de mes fonctions. D'ailleurs, je ne savais, comme je l'ai exposé plus haut, de la situation présente de l'armée, que ce qui avait été communiqué aux bureaux de l'état-major général, et un grand nombre de renseignements importants m'étaient inconnus. En outre, je n'ignorais pas que les commandants en chef de l'artillerie et du génie avaient eu jusque-là des conférences avec l'Empereur et le major général, et je ne savais rien de ce qui y avait été dit. J'avais seulement reçu communication de certaines décisions qui y avaient été arrêtées, mais j'ignorais les motifs de ces décisions. Il m'était donc impossible de mettre le maréchal au courant de la véritable situation, comme on pouvait me croire en mesure de le faire.

Ces différentes réflexions me donnaient une appréhension sérieuse au moment où je me voyais obligé d'accepter des fonctions aussi importantes.

J'espérais, cependant, que le maréchal Bazaine, qui jusqu'alors m'avait témoigné de la bienveillance, faciliterait ma tâche, et ce fut là mon erreur. En effet, dès le commencement, le maréchal m'a systématiquement tenu à l'écart, sans me faire part de ses projets, si ce n'est au moment où il me donnait ses instructions pour transmettre ses ordres à l'armée, de telle sorte que je n'avais pas le temps de les étudier et de proposer ensuite les mesures de détail qui pouvaient me paraitre nécessaires ou utiles. Pour être constamment en mesure de remplir ses fonctions dans toute leur étendue, le chef d'état-major a besoin d'une autorité qu'il ne peut tenir que de la confiance du commandement. Il ne peut rien faire par lui-même sans l'ordre ou l'autorisation de son chef, et, s'il agit sous sa propre responsabilité, ce ne peut être qu'avec l'assurance qu'il seconde les intentions de celui-ci. De là résulte la nécessité d'une entente complète et incessante entre le commandement et le chef d'état-major. Sans cette entente qui implique une confiance absolue, ce dernier est entièrement annihilé, et le service est en souffrance. Aussi ai-je fait tous mes efforts pour obtenir la confiance du maréchal Bazaine ; je puis même dire que j'ai été jusqu'à faire abnégation de ma personnalité, en vue du bien du service ; mais mes bonnes intentions ont été stériles. Dès le moment où il prit possession de son commandement, le maréchal Bazaine réduisit mes fonctions à celles d'un agent passif, ainsi qu'on le verra par la suite. Et alors, comme les attributions du chef d'état-major général ne sont que vaguement définies, l'étendue de son autorité étant subordonnée au degré de confiance que lui accorde le commandant en chef, la mienne fut bientôt réduite aux plus faibles proportions. J'en ai souffert sans me plaindre, et, jusqu'à la dernière heure, je n'ai été guidé dans ma conduite que par le seul sentiment du devoir.

Nommé chef d'état-major de l'armée, je m'empressai de me mettre aux ordres du nouveau commandant en chef, et, comme il avait alors son quartier général à Borny, je lui écrivis pour lui demander si je devais aller le rejoindre ou s'il ne jugerait pas opportun de rentrer à Metz afin de se rapprocher de ses grands chefs de service et d'être plus à même de transmettre ses ordres. La réponse du maréchal fut que je ne devais pas quitter Metz, et qu'il restait provisoirement à Borny. L'officier qui m'apporta cette réponse verbale, dans la matinée du 13 août, m'annonça en même temps que le maréchal se proposait de se rendre auprès de l'Empereur vers le milieu de la journée, et qu'il en profiterait pour me voir et me donner ses ordres. Il vint, en effet, à la préfecture comme il me l'avait fait annoncer, et il était déjà en voiture pour rentrer à Borny, sans me faire prévenir, lorsque je fus informé fortuitement de sa présence. J'accourus auprès de lui, et, après quelques mots sans importance, il me dit en me quittant qu'il n'avait pas d'ordres à me donner. Cependant, dans la soirée du même jour, un officier m'apporta de sa part une note non signée renfermant les instructions que je devais transmettre au 6ᵉ corps campé à Montigny, aux commandants en chef de l'artillerie et du génie et à l'intendant général, tous les trois établis à Metz, pour l'exécution du mouvement qui devait commencer le lendemain 14, dans le but de ramener l'armée dans la direction de Verdun. Cette note me faisait connaitre en même temps que le maréchal donnait lui-même aux 2ᵉ, 3ᵉ, 4ᵉ corps et à la garde impériale, tous campés sur la rive droite de la Moselle et non loin de lui, les ordres que comportait ce mouvement. Je transmis ces ordres sans retard, et je me conformai scrupuleusement à ceux qui me concernaient personnellement. Mais de même que j'eus soin de n'en rien retrancher, je m'abstins de les commenter et d'y faire la moindre addition, dans la crainte d'apporter du trouble dans l'exécution du mouvement tel que l'avait conçu le maréchal commandant en chef. Il ne m'appartenait pas, en effet, de prescrire des dispositions qui auraient pu se trouver en contradiction avec les ordres que recevaient en même temps les 2ᵉ, 3ᵉ, 4ᵉ corps et la garde, dont je n'avais aucune connaissance.

Cependant, il m'avait été impossible de ne pas

remarquer que le mouvement, tel qu'il était prescrit par la note du maréchal, nous exposait à de grands embarras et à une confusion presque inévitable, qui devaient apporter des retards fâcheux à la marche de l'armée. Je veux parler de cette obligation qui était imposée aux troupes comme aux convois de s'acheminer tous par la grande route qui traverse les villages de Longeville et de Moulins, pour ne s'engager qu'à partir de Gravelotte, les 2ᵉ et 6ᵉ corps et la garde impériale sur la route de Mars-la-Tour, et les 3ᵉ et 4ᵉ corps sur celle de Doncourt et Jarny. L'étude que j'avais faite du terrain m'avait démontré qu'il était possible d'utiliser d'autres voies de communication. C'était d'abord la grande route de Briey qui pouvait être suivie jusqu'à Saint-Privat ou Sainte-Marie-aux-Chênes, pour se rabattre ensuite sur Doncourt. On pouvait aussi atteindre le plateau de Gravelotte par le col de Lessy, Châtel, le vallon de Mauveaux et Amanvilliers. On pouvait également parvenir à ce dernier point par Lorry. J'étais convaincu que ces différentes voies de communication avaient fixé l'attention du maréchal, et qu'il les avait réservées pour les corps qui devaient passer la Moselle en aval de Metz, et qui étaient le mieux à portée d'en profiter, à moins que, pour des motifs que j'ignorais, il eût résolu de ne point les utiliser. On verra plus loin que cette dernière supposition était fondée.

Néanmoins, les réflexions que je fis à ce sujet me

rendirent très perplexe, et j'étais dans cette situation d'esprit lorsqu'un officier supérieur du génie, le commandant de Villenoisy, professeur à l'École d'application, vint me faire part des inquiétudes que lui inspirait le mouvement de retraite de l'armée qui abandonnait à l'ennemi une portion importante du territoire, et aussi la manière dont se faisait ce mouvement. Je répondis au commandant de Villenoisy que, comme lui, je souffrais profondément de la situation où se trouvait la France ; que les chemins qu'il m'indiquait m'étaient connus, et que le commandant en chef ne pouvait pas les ignorer ; qu'il ne m'appartenait en aucune façon de modifier des ordres dont une partie avait été donnée directement par le maréchal, et que je n'avais qu'à obéir. C'était, en effet, le seul rôle que j'eusse à remplir dans la situation qui m'était faite par le maréchal Bazaine. Aussi, après avoir transmis ses ordres et m'y être conformé en ce qui m'incombait, notamment en m'assurant que la traversée de la ville était devenue libre pour le passage du 2ᵉ corps, que le commandant en chef du génie avait fait construire les ponts qui lui avaient été demandés, que les convois se massaient au Ban-Saint-Martin dans l'ordre voulu ; après avoir fait faire enfin diverses reconnaissances réclamées par le maréchal ou qu'il m'avait paru utile de prescrire, je veillai à ce que les dispositions arrêtées reçussent partout leur exécution, en attendant l'arrivée du maréchal, qui m'avait ordonné de ne le rallier qu'au moment où il traverserait la ville.

Après qu'il eut abdiqué le commandement en chef entre les mains du maréchal Bazaine, l'Empereur devait s'abstenir de toute ingérence dans la conduite des opérations de l'armée, et il déclara au maréchal que telle était sa résolution. Mais sa présence n'était pas moins très embarrassante. Le commandant en chef ne pouvait pas se dispenser d'être en relation constante avec le souverain, soit pour le tenir au courant des événements et de ses projets, soit, peut-être par déférence, pour le consulter. Il fallait aussi veiller à sa sûreté, et toutes ces préoccupations réunies ne laissaient pas d'absorber un temps précieux, au détriment des affaires du commandement. Ces considérations avaient même une valeur particulière, dans la situation critique où se trouvait l'armée, car nul ne pouvait assurer qu'elle atteindrait Verdun et resterait en communication avec Paris, sans être arrêtée dans sa marche par l'ennemi. L'Empereur le comprit sans doute et se rendit compte aussi que sa présence en simple spectateur au milieu de l'armée, dont il n'avait pu conserver le commandement, était un sujet incessant de réflexions pénibles pour son amour-propre. Son désir était donc de rentrer à Paris, pour y reprendre les rênes du gouvernement; mais les renseignements qu'il recevait, non seulement de la régente, mais aussi de ceux de ses amis qu'il considérait à juste titre comme les plus dévoués à ses intérêts et à sa personne, le déterminèrent à rester à l'armée. Il fut dit, à cette occasion, dans son entourage, que M. de Persigny lui avait fait savoir que toutes les passions révolutionnaires étaient déchaînées, et qu'il était à craindre que sa rentrée à Paris, dans les circonstances présentes, ne fût le signal d'une insurrection. L'Empereur, suivant le duc, ne pouvait reparaître aux Tuileries qu'après une victoire.

J'ai déjà dit que, dès le 8 août, l'Empereur avait eu l'intention de se replier sur Châlons avec toute son armée, et n'était resté autour de Metz que pour se conformer aux observations pressantes du gouvernement de la régente. Depuis ce moment, la situation ne s'était pas améliorée, et l'Empereur n'avait cessé d'agiter la question de savoir quel parti il convenait de prendre : rester sur la rive droite de la Moselle, attendre l'ennemi, en prenant position sur la rive gauche, ou se retirer sur Châlons. Mais le 13, une dépêche de Paris annonçait que l'ennemi avait l'intention de nous tourner par notre gauche, et signalait un mouvement de l'armée de Steinmetz qui, dans ce but, avait pris la direction de Sierk. L'Empereur apprit en même temps, par une dépêche télégraphique du sous-préfet de Briey, que les coureurs ennemis s'étaient montrés non loin de cette ville, et cet avis, rapproché de celui qui venait de Paris, fit craindre que la route de Verdun ne fût bientôt plus libre. Dès lors, toute irrésolution cessa, et le commandant en chef donna les ordres dont j'ai parlé. Je n'ai connu que par ces ordres la détermination prise par le maréchal de ramener l'armée dans la direction de Verdun. N'ayant pas été appelé à concourir à leur préparation, j'appréhendai que le maréchal Bazaine ne m'eût tenu éloigné de lui avec l'intention préméditée de m'annihiler.

Le 14 août, ces ordres commencèrent à recevoir leur exécution. Vers une heure de l'après-midi, l'Empereur quitta la préfecture de Metz pour se rendre à Longeville. Je fus par hasard témoin de ce départ, qui fut triste et silencieux. Deux semaines s'étaient à peine écoulées depuis que l'Empereur avait fait son entrée dans cette ville, s'ouvrant difficilement un passage à travers une population enthousiaste. Il s'en éloignait maintenant en suivant les rues désertes !

Le 2ᵉ corps, après avoir traversé la place de Metz, allait s'établir en avant de Moulins ; deux divisions du 4ᵉ corps avaient passé la Moselle sur les ponts jetés en aval de la ville, de telle sorte que, vers deux heures après midi, il ne restait plus sur la rive droite de la Moselle que le 3ᵉ corps en avant de Borny, avec la garde impériale en réserve derrière lui et une division du 4ᵉ corps sur la droite de Saint-Julien. A ce moment, l'ennemi, qu'on n'avait pas vu venir, attaqua avec des forces considérables sous les ordres du général Steinmetz, commandant la 1ʳᵉ armée allemande. Le général de Ladmirault s'empressa de ramener sur la rive droite les deux divisions de son corps d'armée qui avaient déjà passé la Moselle, et put ainsi soutenir avec honneur la gauche de notre ligne, pendant qu'au centre et à droite, le 3ᵉ corps repoussait victorieusement l'attaque. L'affaire vive et sanglante ne se termina qu'à la nuit. C'était un succès pour nos armes, puisque l'ennemi avait été repoussé; mais ce succès avait considérablement retardé notre mouvement, et, dans le but de parer autant que possible à cet inconvénient, le maréchal fit donner l'ordre sur le champ de bataille, à tous les corps qui avaient pris part au combat, de reprendre immédiatement leur marche, de manière à se trouver, au jour, sur les points qu'il leur avait été prescrit d'atteindre le 14 au soir, savoir : le 4ᵉ corps, à Doncourt; le 3ᵉ, entre Saint-Marcel et Verneville; la garde impériale, en avant de Longeville. Ces ordres furent transmis par des officiers de l'état-major général qui passèrent la nuit sur le champ de bataille et me rendirent compte, le lendemain matin, que, soit à cause de la fatigue des troupes, soit pour toute autre raison, les 3ᵉ et 4ᵉ corps n'avaient que peu marché après la bataille et avaient, en partie, bivouaqué sur la rive droite de la Moselle. La garde seule s'était conformée aux ordres donnés

CHAPITRE III.

et était allée s'établir en avant de Longeville, où elle était le 15 au matin.

Dès que j'entendis le canon de Borny, je montai à cheval, et, suivi des officiers de l'état-major général, je me rendis sur le champ de bataille, auprès du commandant en chef. Ce n'est qu'à la nuit close que le feu cessa de part et d'autre, et, après avoir donné les ordres que je viens de relater, le maréchal se dirigea vers Moulins, où il avait résolu d'établir son quartier général. Il ne traversa la ville qu'avec la plus grande peine, les rues étant encombrées de voitures chargées de blessés, de matériel d'artillerie et d'administration, et de bagages des corps. En passant à Longeville, il s'arrêta pour rendre compte à l'Empereur de la bataille, et fut accueilli par des démonstrations de grande joie de la part de l'entourage impérial et de l'Empereur lui-même. On voyait dans le résultat de la journée un heureux présage pour la suite des opérations, et ce léger sourire de la fortune était reçu avec enthousiasme par l'imagination de la foule. Cependant, l'ennemi avait atteint le but qu'il se proposait en nous attaquant à Borny. Il avait retardé notre concentration sur le plateau de Gravelotte, et il allait s'efforcer de nous gagner de vitesse sur la route de Verdun.

Le 15 au matin, je ne pus pas voir le maréchal aussitôt que je le désirais, et, pour ne pas trop perdre de temps, je dus contraindre son valet de chambre à m'introduire dans sa chambre, où je le trouvai au lit et à peine éveillé. Je lui rendis compte des rapports qui m'avaient été faits par les officiers de l'état-major général, lesquels, ayant passé la nuit sur le champ de bataille, avaient constaté qu'au moment où ils se retiraient, les 3ᵉ et 4ᵉ corps, presque en totalité, étaient encore sur la rive droite de la Moselle. Immédiatement après, des officiers de l'état-major furent de nouveau envoyés vers les commandants de ces corps pour les inviter d'une manière pressante à activer leur mouvement, en leur recommandant d'être rendus le plus tôt possible sur les points qui leur avaient été assignés.

Le maréchal supposait en ce moment que ces corps avaient profité des premières heures du jour pour passer la Moselle, et qu'ils se trouvaient : le 3ᵉ, vis-à-vis de Chambière, sur le terrain avoisinant la maison de Planche; le 4ᵉ, du côté de Lorry. L'ordre leur fut donné de se diriger vers Doncourt en Jarnisy, sur la route de Conflans, sans dépasser ce point, en suivant les chemins de traverse par Plappeville, Châtel-Saint-Germain et Amanvilliers, et par Lorry et Amanvilliers, en s'abstenant de suivre la grande route de Briey.

Bientôt après, le maréchal Le Bœuf, qui avait été nommé par l'Empereur commandant en chef du 3ᵉ corps, en remplacement du général Decaen, gravement blessé la veille, venait prendre les ordres du commandant en chef et recevait les mêmes recommandations. Les 2⁰ et 6⁰ corps furent invités en même temps à se porter en avant et à prendre position à Rezonville, où ils devaient attendre des ordres. Il fut aussi prescrit à tous les corps de marcher en colonne par sections toutes les fois que la route le permettait, avec le moins d'intervalles possible. Enfin, les corps devaient conserver avec eux leurs convois d'administration et seulement les bagages strictement réglementaires. Les autres voitures et surtout les voitures non militaires devaient rester groupées sur les emplacements où elles se trouvaient pour former un convoi à part. Invitation était faite, en outre, de faire une distribution de vivres partout où cela serait possible. Les généraux de Forton et du Barrail, qui avaient mission d'éclairer l'armée sur les deux routes qui, de Gravelotte, conduisent à Verdun, étaient en même temps invités à se porter, le premier vers Mars-la-Tour, le second vers Jarny, et à y prendre position en attendant des ordres. Il leur était en outre recommandé de battre le pays au loin, de manière à tenir le commandant en chef de l'armée au courant des mouvements de l'ennemi, s'il se montrait devant nous ou sur nos flancs.

Je dois dire ici qu'au moment où le maréchal Bazaine faisait recommander aux 3⁰ et 4⁰ corps de s'abstenir de suivre la grande et belle route de

Briey, je lui en témoignai respectueusement ma surprise, et qu'il me répondit avec autorité qu'il avait pris cette détermination de concert avec l'Empereur, parce que des avis venus de Paris et de Briey même leur avaient appris qu'une des armées ennemies se trouvait déjà de ce côté, et qu'on désirait ne pas la rencontrer, afin de gagner Verdun sans livrer aucun combat, si c'était possible.

Plus avant dans la matinée, le général Frossard, déjà rendu à Rezonville, reçut pour instructions de se remettre en mouvement dès qu'il apercevrait la tête de colonne du 6e corps, pour gagner Mars-la-Tour et s'y établir pour la nuit, et on le prévenait en même temps qu'il avait devant lui la division de Forton, et qu'il devait prescrire à cet officier général de se rendre à Tronville, d'où il aurait à éclairer l'armée en avant de lui et sur sa gauche, particulièrement sur la route de Saint-Mihiel.

A peu près au même moment, il était ordonné au général de Ladmirault, qui était supposé en marche, de ne pas dépasser Doncourt et de s'y installer pour la nuit, en faisant reconnaître la position en avant de lui et sur sa gauche dans la direction de Bruville et Mars-la-Tour, où devait se trouver le 2e corps. De son côté, le maréchal Le Bœuf était invité à marcher derrière le 4e corps, et on lui rappelait qu'il devait s'arrêter à hauteur de Verneville pour prendre position entre ce village et celui de Saint-Marcel, à cheval sur la route. Enfin, le maréchal Canrobert reçut l'ordre de s'établir derrière le 2ᵉ corps, et la garde impériale celui de se rendre à Gravelotte, laissant sur ses campements actuels, comme extrême arrière-garde, un régiment d'infanterie, un escadron de cavalerie et une batterie d'artillerie. La réserve générale d'artillerie devait suivre la garde et camper derrière elle.

Ces nouveaux ordres étaient motivés par les renseignements que recevait le commandant en chef au sujet de la marche des 3ᵉ et 4ᵉ corps, qui était presque complètement suspendue.

Comme il avait été facile de le prévoir, la route de Metz à Gravelotte était encombrée par les voitures de toute espèce qui étaient à la suite de l'armée. Les convois des divisions et des corps d'armée devaient, d'après les ordres donnés, être groupés au Ban-Saint-Martin individuellement et distinctement les uns des autres et de celui du grand quartier général, et attendre l'ordre de se mettre en mouvement; mais, trompant la vigilance du vaguemestre général et des vaguemestres des corps d'armée et des divisions, beaucoup de conducteurs de voitures, trop impatients pour attendre leur tour de marche, s'étaient subrepticement engagés sur la route, en profitant des intervalles qui se produisaient dans les colonnes. — Les convois militaires de l'artillerie et de l'administration, placés sous la direction de chefs hiérarchiques et retenus par la discipline, n'étaient pas exposés à cette désagrégation dont ils étaient les premiers à souffrir, mais ils ne comprenaient que la moindre partie des voitures qui étaient à la suite de l'armée.

Le désordre dont je viens de parler était occasionné en partie par les voitures de bagages des officiers, qui de tout temps, dans nos différentes campagnes, ont été difficiles à diriger et à contenir, et surtout, pour la plus grande partie, par les voitures dites civiles, parce qu'elles provenaient de réquisitions, et dont la presque totalité était à la disposition de l'administration pour le transport des vivres. Pour mettre de l'ordre dans le service de ces dernières, on en avait confié la direction à quelques officiers, sous-officiers et brigadiers du train des équipages militaires; mais le nombre de ces chefs était très insuffisant, et leur surveillance sans efficacité possible, de telle sorte que chaque conducteur civil, livré en quelque sorte à lui-même, marchait et s'arrêtait en n'obéissant qu'à sa propre volonté. Le vaguemestre général, les vaguemestres des corps d'armée et des divisions faisaient les plus grands efforts pour maintenir l'ordre dans les différents convois; mais le nombre restreint de gendarmes mis à leur disposition ne leur permettait pas de contenir l'impatience de ces conducteurs, qui étaient plutôt ignorants de la discipline qu'indisciplinés.

Telle fut la plus grande cause de l'encombrement qui se produisit sur la route de Metz à Gravelotte. Il n'en était pas moins vrai qu'en prescrivant à toute l'armée de suivre cette route, le commandant en chef avait commis une grande faute, car, même en supposant que le plus grand ordre eût régné dans cette marche, et que, par suite d'une surveillance aussi parfaite qu'elle était peu probable, on n'eût perdu ni une minute ni un intervalle, le défilé de notre innombrable convoi devait durer presque deux jours. Mais c'est dans un désordre désespérant que se trouva, dès le premier moment, cet inqualifiable convoi, et il ne pouvait en être autrement, si l'on considère que les conducteurs des voitures de réquisition, craignant de rester enfermés dans la place de Metz, dont ils prévoyaient le siège, se précipitaient sur la route avec une ardeur indicible toutes les fois qu'ils en trouvaient l'occasion. Il y en avait parmi eux un nombre relativement considérable dont les voitures étaient vides ou n'avaient qu'un chargement illusoire.

Pour échapper autant que possible aux inconvénients de cet encombrement, une partie du convoi se dirigea spontanément par la route de Plappeville et de Châtel-Saint-Germain; mais il en résulta la conséquence fâcheuse que ce chemin ne fut plus à la disposition exclusive des 3e et 4e corps.

Vers le milieu de la journée du 15, un des aides de camp du général de Ladmirault vint demander au maréchal Bazaine l'autorisation pour le 4ᵉ corps de suivre la route de Briey, et, malgré les instances pressantes de cet officier, le maréchal maintint les instructions qu'il avait données et renouvelées quelques heures auparavant, sans lui dire les motifs de sa détermination. En même temps, il indiqua de nouveau, comme route à suivre, le chemin de Plappeville, Châtel-Saint-Germain, et celui de Lorry-Amanvilliers.

L'aide de camp du général de Ladmirault a dit depuis avoir répondu au maréchal que ces chemins ne pouvaient pas être suivis, parce qu'ils ne sont pas assez larges pour recevoir plus d'une voiture de front. Il paraît que, sur cette observation, je me suis écrié : « Qu'est-ce que cela fait? » Et à propos de cette exclamation, l'aide de camp s'est livré à une espèce de discussion tendant à me taxer d'hérésie et peut-être d'ignorance. A ce sujet, je pourrais dire d'abord que, dans le conseil de guerre de Trianon, on a si peu admis la rigueur du principe rappelé par l'aide de camp du général de Ladmirault, qu'au contraire, un des griefs sur lesquels l'accusation a particulièrement insisté a été de n'avoir pas utilisé les chemins dont il s'agit. Mais, sans méconnaître l'avantage évident qu'il y a à se servir des routes les plus larges, les mieux tracées et les mieux entretenues, je suppose que bien des personnes, même en dehors de celles qui s'occupent des questions militaires, se rendront facilement compte qu'à la guerre il se présente des circonstances nombreuses où une troupe doit suivre une route médiocre ou même mauvaise, surtout s'il n'en existe pas d'autre. Le maréchal Bazaine, à tort ou à raison, ne voulant absolument pas qu'on suivît la route de Briey, c'est ce dernier cas qui se présentait le 15 août pour le 4e corps; et qui peut dire aujourd'hui ce qu'il en serait advenu si l'ordre donné dans la matinée avait reçu son exécution immédiate? Le même soir, ce corps tout entier, ou au moins deux de ses divisions eussent été rendues à Doncourt, et la bataille de Rezonville se serait engagée le lendemain dans des conditions telles que, dès le début même, elle aurait pris une physionomie différente de celle qu'elle a eue, et que probablement le résultat en eût été aussi tout autre.

Le 15 août, vers trois heures de l'après-midi, le maréchal Bazaine quitta Moulins pour se rendre à Gravelotte, où il devait établir son quartier général. Avant de monter à cheval, il avait suivi de l'œil avec attention la marche des troupes, et il avait remarqué que la garde impériale, au lieu de marcher par section et avec le moins d'intervalles possible, comme il l'avait recommandé, marchait par le flanc, un rang d'hommes de chaque côté de la route, chaque homme ayant entre lui et celui qui le précédait une distance quatre ou cinq fois trop considérable; c'est-à-dire, en un mot, que cette troupe d'élite ne semblait pas avoir conscience de la gravité des circonstances et qu'elle marchait sans tenir compte ni des ordres donnés, ni du règlement, exactement comme s'il ne s'était agi que de faire une étape à l'occasion d'un changement de garnison.

Cette remarque fit bientôt place à une autre plus grave. Les corps de la garde étaient de temps en temps entrecoupés par des colonnes de voitures n'ayant aucun chef pour les diriger et allant à l'aventure, même sans savoir où elles devaient s'arrêter. La plupart de ces voitures faisaient partie des convois auxiliaires, et, comme je l'ai déjà dit, un grand nombre d'entre elles n'étaient qu'incomplètement chargées ou même ne l'étaient pas du tout. A cette vue, le maréchal pensa que, s'il était obligé de combattre, un convoi aussi considérable et aussi difficile à conduire que l'était le sien serait excessivement embarrassant, et c'est à ce moment qu'il prit la résolution de licencier le convoi auxiliaire. Il prescrivit, en effet, ce licenciement un peu plus tard, malgré les observations pressantes de l'intendance, et, nonobstant tout ce qui a été dit à ce sujet, je crois encore que cette mesure eût été bonne si le maréchal s'était borné à faire renvoyer les voitures au fur et à mesure de leur déchargement. Même avec cette condition restrictive, le licenciement n'eût pas tardé à être complet, par suite de la nécessité de faire des distributions de vivres, et le convoi se serait trouvé allégé de manière à ne plus être un embarras sérieux pour la marche de l'armée.

Le maréchal Bazaine arriva vers cinq heures à Gravelotte, où était déjà rendu l'Empereur, qui vint le recevoir à la porte de son habitation et eut avec lui un court entretien. Pendant ce temps, l'état-major général resta sur la voie publique, où stationnait toute la suite impériale, avide de nouvelles et devisant sur les événements. Le Prince impérial parcourait les groupes d'officiers, la figure inquiète. Il faisait des questions sur ce qui se passait et ne recevait que des réponses évasives, dans le sens caché desquelles il cherchait à découvrir la vérité qui lui était dissimulée autant que possible. C'était un spectacle déchirant de suivre de l'œil ce jeune prince encore enfant et qui cependant paraissait comprendre la gravité des circonstances. Je le vis alors pour la dernière fois, et il en fut de même de l'Empereur, qui reparut bientôt sur le seuil de la porte, disant au revoir au maréchal Bazaine. L'attitude de Napoléon III, froide et impassible comme à l'ordinaire, ne décelait en aucune manière la dévorante inquiétude qui, sans doute, l'obsédait.

Le maréchal Bazaine savait à ce moment que la marche des 3ᵉ et 4ᵉ corps avait été retardée plus qu'il ne l'avait prévu, et s'était décidé à passer la nuit, de sa personne, à Gravelotte. Il fit choix d'abord d'une maison située dans le voisinage de l'Empereur, et je fis installer l'état-major général non loin de lui. Une heure après, ayant à prendre ses ordres, je me rendis dans la maison qu'il m'avait indiquée comme devant être occupée par lui, et, ne le trouvant pas, ni aucun de ses officiers, je me mis à sa recherche, et j'appris par hasard qu'il était allé s'établir dans la maison de poste située à une demi-lieue du village. Je me mis aussitôt en devoir de le rejoindre, et, chemin faisant, je le rencontrai et lui exprimai mon regret de n'avoir pas été prévenu de sa résolution de s'établir dans une autre maison que celle qu'il m'avait indiquée d'abord. J'ajoutai que l'état-major général entier prenait déjà ses dispositions pour se tenir aussi rapproché de lui que l'exigeait le bien du service. Le maréchal me répondit que cela était inutile, que l'état-major était bien là où il était, et que je devais l'y laisser. Je me demandai si cela voulait signifier que le maréchal n'avait pas besoin de mes services; mais je ne crus pas devoir m'arrêter à cette interprétation peut-être erronée. Ce n'était pas, d'ailleurs, le moment de montrer une susceptibilité qui pouvait ne pas être fondée.

Cependant, le maréchal commandant en chef fut informé que le général de Forton, en se portant vers Mars-la-Tour, avait rencontré l'ennemi, n'avait pas pu occuper cette ville et était revenu sur ses pas pour prendre position en avant de Vionville. Par suite, le 2ᵉ corps était resté à Rezonville, ayant à sa droite le 6ᵉ corps. La garde impériale occupait la position de Gravelotte; le 3ᵉ corps était en mouvement en suivant la route qui lui avait été prescrite, mais une division seule était rendue à Verneville; le 4ᵉ corps avait passé la journée et était encore sur la rive gauche de la Moselle, en face des ponts. La division de cavalerie du Barrail seule s'était conformée aux instructions qu'elle avait reçues et occupait Jarny sans avoir rencontré l'ennemi.

Telle était la position de l'armée le 15 août dans la soirée. Le maréchal savait alors que des troupes allemandes avaient été vues sur la rive gauche de la Moselle en amont de Metz, et il avait fait les recommandations les plus expresses pour qu'on se gardât au loin et surtout que l'on surveillât les divers ravins qui conduisent d'Ars, de Novéant et d'Arneville sur le plateau de Gravelotte. Dans la pensée que la nuit serait mise à profit par les 3ᵉ et 4ᵉ corps pour se rendre sur les points qui leur avaient été assignés à Doncourt et à Saint-Marcel-Verneville, toute l'armée fut invitée à se tenir prête à partir le lendemain matin dès la pointe du jour.

Dans cette situation de l'armée, la présence de l'Empereur, déjà embarrassante, pouvait devenir inquiétante. J'appris donc avec satisfaction le lendemain matin que Napoléon III était parti vers trois heures du matin, sous l'escorte d'une brigade de cavalerie de sa garde qui devait l'accompagner jusqu'à Jarny. A partir de ce point jusqu'à Verdun, l'escorte devait être faite par une brigade de chasseurs d'Afrique commandée par le général Margueritte. L'Empereur se rendait au camp de Châlons pour y attendre l'armée.

Cependant, le général de Ladmirault avait passé la nuit entière au Sansonnet, où il était encore le 16 au matin avec tout son corps d'armée. La plus grande partie du 3ᵉ corps, au même moment, était encore en marche pour rejoindre la division campée à Verneville. Informé de ces circonstances, le commandant en chef ne voulut pas mettre l'armée en mouvement comme il l'avait projeté, et il fit connaître ses intentions par une circulaire qui fut de bonne heure remise à tous les commandants des corps d'armée et chefs de service. Il y était dit, après des recommandations de détail relatives aux vivres, aux munitions et aux malades, qu'après la rentrée des reconnaissances, si l'ennemi n'avait pas été vu en force à proximité, on pouvait dresser les tentes, mais que personne ne devait s'éloigner de son campement, et que les hommes ne devaient aller à l'eau que par corvée. Des postes de cavalerie devaient être adjoints aux grand'gardes, afin de les mettre à même de poser des vedettes aussi loin que possible et, le cas échéant, de prévenir à temps de l'approche de l'ennemi. Le maréchal annonçait en même temps que l'armée partirait probablement dans l'après-midi, aussitôt que les 3e et 4e corps se trouveraient en totalité à la hauteur des 2e et 6e.

Pendant la nuit, le général Frossard avait été prévenu par le maire de Gorze que les têtes de colonnes ennemies avaient passé la Moselle. Dans sa déposition au conseil de guerre de Trianon, il a dit qu'il pensait qu'il y avait là de 20 à 25,000 hommes, et qu'il avait eu soin d'en informer le commandant en chef. Mais sa mémoire était en défaut, car il résulte d'une note prise le 16 août au matin par le capitaine de France, de l'état-major général de l'armée, que cet officier, envoyé d'urgence, le même jour de très bonne heure, au général Frossard pour savoir ce qui se passait devant lui, a rapporté au maréchal Bazaine que, d'après la déclaration du général commandant le 2e corps (Frossard), l'ennemi était signalé à Gorze au nombre de quatre mille hommes environ sans artillerie. Le capitaine de France rendit compte en même temps que le maréchal Canrobert, vers lequel il avait été également envoyé, était sans nouvelles de l'ennemi, et les rapports des reconnaissances, même ceux du 2e corps, ne signalèrent en aucune manière son approche. Le capitaine Arnoux-Rivière, avec la compagnie d'éclaireurs volontaires qu'il avait organisée depuis quelques jours, avait été spécialement chargé, sans préjudice du service réglementaire qui incombait au 2e corps, de fouiller les ravins qui du plateau de Gravelotte et de Rezonville descendent à travers les bois jusqu'à la Moselle. Son attention avait été appelée particulièrement sur le ravin de Gorze, et il avait été invité à s'assurer d'une manière précise si cette ville était occupée par l'ennemi. Cet officier, par le rapport que je reçus de lui, le 16 au matin, me rendit compte que ses éclaireurs n'avaient pas vu un seul soldat allemand, bien qu'ils fussent descendus pendant la nuit jusqu'à Gorze. On put donc, d'après ces renseignements rassurants, mais qui manquaient d'exactitude, en se conformant aux instructions du commandant en chef, dresser les tentes et prendre du repos en attendant l'ordre de marcher. Mais la surveillance au loin ne devait pas moins continuer à s'exercer, notamment de la part du 2º corps, tant en raison de la position qu'il occupait sur le débouché du ravin de Gorze, qu'à cause de la communication importante et précieuse que lui avait faite le maire de cette ville pendant la nuit. Le 2º corps était campé au sud de Rezonville, dans le fond d'une plaine ondulée et dominée de toute part. On avait probablement cru suffisant d'occuper par des postes avancés les crêtes des collines situées du côté de l'ennemi, et l'entrée du ravin de Gorze n'était même pas surveillée, bien qu'elle fût très proche. La division de cavalerie de Forton, à Vionville, n'avait pas cru, non plus, nécessaire de s'éclairer par des postes à longue distance.

Quoi qu'il en soit, il faut bien croire, après l'événement, que les uns et les autres se reposaient dans une sécurité au moins exagérée. — En effet, vers dix heures du matin, la division de Forton fut tout à coup attaquée sans que l'approche de l'ennemi lui eût été signalée par ses postes avancés, et ce fut seulement par des projectiles tombés au milieu du camp et par le retentissement du canon ennemi qu'elle se rendit compte de la situation. Chacun courut immédiatement aux armes et aux chevaux; les escadrons et les régiments se formèrent; mais il ne s'ensuivit pas moins, au premier moment de la surprise, un véritable désordre, qui prit même à certains égards le caractère d'une panique. Quelques hommes, affolés par cette attaque subite, s'enfuirent en poussant des cris d'alarme à travers le 2ᵉ corps campé en arrière de la division de Forton. Au bruit du canon, le 2ᵉ corps avait pris les armes, et là ausssi s'était produit une certaine émotion, surtout au moment où passaient avec toute la rapidité de leurs chevaux les cavaliers affolés dont je viens de parler. Cependant, au milieu de ce désordre, la voix des chefs parvint à se faire entendre et obéir par toutes les troupes, et l'on put prendre les premières dispositions pour résister à l'attaque qui se dessinait.

Aussitôt qu'il entendit le canon, le maréchal monta à cheval et, suivi de son état-major général, se dirigea vers le feu en prescrivant à la garde impériale et à la réserve générale d'artillerie de se tenir prêtes à marcher. A peine sorti de Gravelotte, il vit venir un grand nombre de voitures appartenant à la division de Forton et au 2ᵉ corps, que leurs conducteurs mettaient à l'abri des chances du combat, de toute la vitesse de leurs chevaux. Bientôt, il put reconnaître le véritable état des choses, et il prescrivit à la garde impériale et à la réserve générale d'artillerie de s'avancer vers Rezonville. En attendant leur arrivée, il se rendit auprès du 2ᵉ corps, dont il rectifia quelques positions, et prit les premières mesures pour arrêter l'ennemi.

Il n'entre pas dans mes intentions de faire un récit détaillé de la bataille de Rezonville. Je me suis abstenu de faire ce récit pour la bataille de Borny, et j'observerai la même réserve pour la bataille de Saint-Privat et les engagements qui suivirent. J'ai eu sous les yeux les rapports particuliers adressés par les différents chefs au maréchal Bazaine sur toutes ces affaires, et je ne puis oublier combien a été grande la difficulté de fondre ces rapports en un rapport général, en reproduisant les récits de chacun d'eux et sans s'exposer à des contradictions. Cette difficulté s'est accrue depuis le procès de Trianon, où il a été dit bien des choses que j'ignorais, mais qui n'ont pas été soumises à une discussion contradictoire. Je me bornerai donc pour les batailles à des exposés sommaires, et si j'entre dans quelques détails, ce ne sera que pour raconter des faits dont j'ai été témoin et dont j'ai conservé le souvenir exact.

Le 2ᵉ corps une fois remis de sa première émotion, le maréchal était rassuré contre une panique qu'il avait pu craindre d'abord. Le 6ᵉ corps, au nord-ouest de Rezonville, avait promptement pris sa ligne de bataille et avait contribué à en imposer à l'ennemi. Celui-ci cependant se tenait à distance, de manière à être à l'abri de nos chassepots, et ne nous combattait pour ainsi dire qu'avec le canon. Nos batteries, dont la majeure partie n'était pourvue que de pièces de 4, et nos mitrailleuses, ayant tout à la fois moins de portée et moins de justesse que les pièces allemandes, le maréchal fit avancer pour les soutenir plusieurs batteries de 12 de la réserve générale, dont les bons effets ne tardèrent pas à se faire sentir. Le 2ᵉ corps put alors faire reculer un peu l'ennemi, et pour déterminer ce retour offensif, on vit le maréchal se porter plusieurs fois en avant des tirailleurs et les entraîner.

Vers deux heures, le maréchal et son état-major général se trouvaient encore sur la ligne des tirailleurs, suivant des yeux une charge que, d'après ses ordres, les cuirassiers de la garde exécutaient avec un remarquable entrain, lorsque, tout à coup, une ligne de cavalerie fut aperçue venant d'écharpe avec toute la vitesse de ses chevaux. La poussière et la fumée ne permettaient pas de discerner d'abord si cette troupe était française ou allemande. Tous les yeux étaient fixés du même côté, lorsqu'une voix s'écria : « Ce sont les Prussiens ! » Au même instant, les hussards de Brunswick arrivaient sur nos tirailleurs, et quelques-uns même jusqu'au groupe de l'état-major général, à la tête duquel se trouvait le maréchal. Il en résulta un trouble inévitable, et la suite du maréchal fut dispersée. Toutefois, l'escadron du 5ᵉ hussards, qui ce jour-là faisait le service d'escorte et avait dû rester un peu en arrière, prit vaillamment la charge à son tour et mit en fuite les hussards de Brunswick.

Cet épisode ne mériterait pas, pour ainsi dire, d'être relaté, s'il n'avait pas eu pour résultat de séparer le maréchal de son état-major général. En effet, au moment où la charge dispersa son entourage, le maréchal se dirigea vers la droite sans que personne s'en aperçût, et alla parcourir la portion de la ligne de bataille occupée par le maréchal Canrobert avec son 6ᵉ corps.

En ce qui me concerne, je revins presque aussitôt sur les lieux où nous avions reçu la charge, accompagné de quelques officiers de l'état-major général qui ne m'avaient pas quitté, et, ne voyant plus le commandant en chef, j'envoyai à sa recherche dans toutes les directions, afin de le rallier le plus tôt possible. Bientôt, je vis venir à moi un de ses neveux qui était un de ses officiers d'ordonnance et qui, n'ayant pas pu retrouver son oncle, exprimait la crainte qu'il n'eût été enlevé par l'ennemi et répandait des larmes. Je m'efforçais de dissiper le chagrin de ce jeune homme, lorsqu'un autre officier d'ordonnance du maréchal Bazaine, le capitaine Mornay-Soult, qui s'était aussi mis sans succès à la recherche de son chef, s'approcha de moi. Je n'ai pas conservé le souvenir précis de la conversation qu'il a déclaré, devant le conseil de guerre de Trianon, avoir eue avec moi. Je puis cependant affirmer que la réponse qu'il m'a attribuée est complètement erronée, et lui avoir dit que j'avais envoyé à la recherche du maréchal dans toutes les directions, afin de le rejoindre le plus tôt possible. En effet, quelques instants après, le maréchal revenait au sud de Rezonville, non loin du point où nous avions été séparés par la charge des hussards de Brunswick, à peu près une heure auparavant. A ce moment, notre ligne de bataille gagnait du terrain en avant; mais le 2e corps, qui avait été très éprouvé le 6 août à Forbach et combattait depuis plusieurs heures en soutenant le principal effort de l'ennemi, étant fatigué, le général Frossard demanda qu'on lui accordât un peu de repos, et le maréchal le fit relever par la garde impériale sur la ligne qu'il occupait. Bientôt après, l'ennemi ayant encore été rejeté plus en arrière, le feu diminua d'intensité, et l'on put croire la bataille terminée. Le maréchal se félicitait du résultat de la journée, lorsque, vers cinq heures, il aperçut des troupes allemandes qui se disposaient à attaquer la gauche de notre ligne. L'ennemi, en effet, tentait un nouvel effort avec des troupes fraîches accourues en toute hâte ; mais cette fois encore, il ne put obtenir aucun succès. La lutte se prolongea jusqu'à la nuit close sans que les positions respectives des deux armées fussent sensiblement changées, et se termina par un mouvement offensif en avant de Rezonville, auquel les grenadiers de la garde impériale furent entraînés par le maréchal en personne.

Dès le commencement de la bataille, le maréchal Le Bœuf était venu de Verneville, avec la division de son corps d'armée qu'il avait sous la main, prendre position à la droite de notre ligne. Deux des trois autres divisions du 3ᵉ corps firent diligence pour le rallier et arrivèrent sur le plateau avant trois heures. Une d'elles dut rester à Gravelotte, d'après les ordres du commandant en chef, pour servir de réserve à toute l'armée et en même temps pour surveiller le débouché du ravin d'Ars, par où le maréchal craignait d'être tourné. La 4ᵉ division de ce corps d'armée (général Metman) n'arriva à Gravelotte qu'à la nuit faite.

Quant au général de Ladmirault, il était encore au Sansonnet au moment où il entendit les premiers coups de canon, sans avoir mis à profit la nuit et les premières heures de la matinée pour faire avancer le 4ᵉ corps. Mais il comprit que c'était une bataille qui s'engageait, et, ne tenant plus compte des instructions restrictives qu'il avait reçues la veille, pensant avec raison qu'avant toute chose il importait que ses troupes fussent au combat dans le plus bref délai possible, il se mit en mouvement par la route de Briey, en se dirigeant sur la position qui lui avait été assignée. Deux de ses divisions (généraux de Cissey et Grenier), arrivant à Doncourt avant trois heures, furent bientôt dirigées vers Mars-la-Tour, où elles rejetèrent l'ennemi sans pouvoir en prendre possession. La 3ᵉ division du 4ᵉ corps (général de Lorencez) ne put arriver jusqu'au champ de bataille.

La nuit ayant mis fin au combat, tous les corps bivouaquèrent sur les emplacements qu'ils occupaient, et le maréchal Bazaine rentra à Gravelotte vers dix heures du soir. Sur la route qui relie ce village à celui de Rezonville, il rencontra des multitudes de soldats d'infanterie, appartenant à divers régiments, qui n'étaient nullement blessés et suivaient la direction opposée à celle de l'ennemi, cherchant évidemment où se reposer sans danger. Cette multitude devint plus épaisse à mesure que nous approchions de Gravelotte, et là le maréchal ne put avancer qu'en se faisant ouvrir un passage par des cavaliers de son escorte. Je n'avais, pour ma part, jamais rien vu de pareil, et je crois fort qu'il en était de même du maréchal, si j'en juge par les exclamations que lui arrachait ce triste spectacle. Cependant, il ne fit aucune observation méritant d'être rapportée, et il se borna à dire, avec son calme habituel, en s'adressant à quelques groupes de ces soldats, qu'ils devaient s'empresser de rallier leurs régiments. Quelques-uns de ces hommes, après avoir traversé le village de Gravelotte, se dirigèrent vers Metz, et je ne sais où ils se sont arrêtés. La plupart d'entre eux passèrent la nuit couchés dans les rues du village et dans les champs environnants, serrés les uns contre les autres. Le lendemain, je les vis attendant le passage des régiments auxquels ils appartenaient, et reprenant leurs rangs comme si leur conduite de la veille n'eût été que la conséquence d'un ordre donné.

Quel était le résultat de la bataille de Rezonville? A cette question que toute l'armée se posait le 16 au soir, il est peut-être plus difficile aujourd'hui que jamais de faire une réponse précise. Dans le cours du procès de Trianon, il a été beaucoup dit que la journée nous avait été complètement favorable, qu'il était facile à l'armée française de continuer sa marche le lendemain sur Verdun, et qu'on s'attendait à recevoir des ordres dans ce sens. Quelques dépositions ont été moins absolues, et il s'en est même trouvé qui ont presque admis que, s'il eût continué sa marche, le maréchal s'exposait à un désastre.

Le procès n'ayant eu lieu que plus de trois ans après l'événement, et surtout après les récriminations et les incriminations de toute sorte qui, dans l'intervalle, se sont fait jour par toutes les voies de la presse, on ne peut pas s'étonner que, sous des influences diverses, certaines opinions se soient modifiées pendant ce laps de temps. Mais le 16 août, au soir, et même les jours qui ont suivi, nul ne savait ce que l'avenir réservait à la France, et les opinions se formaient uniquement sur ce que chacun avait vu et entendu dire, et sur les suppositions qui pouvaient être faites, en ce qui concernait l'ennemi. Ce sont ces dernières opinions que je voudrais résumer avec un esprit dégagé de toute passion, et sans autre intention que de faire connaître les sentiments que j'ai entendu exprimer sous l'impression de la bataille et des circonstances qui s'y rattachaient.

Je ne pense pas qu'il se soit élevé une seule voix pour contester à l'armée française son succès. Elle était restée maîtresse de son champ de bataille, c'est-à-dire qu'elle demeurait, le soir, sur le terrain même où elle avait combattu toute la journée; en d'autres termes, elle avait gagné une bataille défensive. Cette circonstance apparaissait à tous les yeux, et il restait à apprécier, d'une part, quel ascendant moral avait acquis l'armée française dans cette journée, et, en second lieu, quelles pourraient être les forces ennemies qui, le 17, se trouveraient en position pour nous barrer le passage. Ces considérations étaient discutées, les arguments étaient mûrement pesés, et j'ai le souvenir très précis que, parmi les hommes compétents, j'en ai rencontré très peu qui exprimassent une opinion formelle en faveur de la continuation de la marche directe sur Verdun. Je n'en ai cependant entendu aucun opiner en faveur du retour vers Metz. Le sentiment de beaucoup le plus répandu était qu'il convenait d'éviter une seconde grande bataille si c'était possible, et que, par suite, il y avait lieu de conduire l'armée vers le Nord, en prenant une nouvelle direction par Briey et Longuyon, afin de gagner de l'avance sur l'armée allemande.

Ceux qui admettaient cette opinion estimaient, d'ailleurs, que l'armée était suffisamment pourvue de vivres et de munitions, et ne se préoccupaient, au reste, que des munitions, car ils ne doutaient pas de l'empressement des habitants à apporter des denrées de toute nature pour assurer la subsistance des soldats défendant le sol de la patrie. Il est vrai que tous ceux qui ont exprimé cette opinion ne l'ont pas maintenue plus tard ; mais j'ai pu constater dans diverses circonstances que les donneurs d'avis ou de conseils, quand les événements deviennent contraires à leurs prévisions, blâment des décisions ou des mesures qui n'ont été prises qu'à leur instigation, oubliant de bonne foi, je veux bien le croire, ce qu'ils avaient préconisé naguère.

Voici maintenant ce que le maréchal Bazaine crut devoir faire.

En rentrant à Gravelotte, vers dix heures du soir, je lui demandai quels ordres je devais transmettre de sa part pour le lendemain, et il me répondit qu'il me ferait prévenir lorsqu'il serait prêt à me les donner. Il me fit appeler, en effet, vers onze heures, et me dicta immédiatement une circulaire que je devais faire parvenir, dans le plus bref délai, aux commandants des corps d'armée et aux chefs de service. Cette circulaire faisait connaître que l'armée ne possédait plus ni assez de munitions ni assez de vivres pour continuer son mouvement sur Verdun, et le maréchal donnait ensuite des ordres pour que, dès le point du jour, elle se mît en mouvement pour se rapprocher de Metz et occuper la position défensive qui s'étend de Rozérieulles à Amanvilliers, d'où elle aurait toute facilité pour se ravitailler. Le 2ᵉ corps devait se placer à la gauche de cette ligne et avoir à sa droite le 3ᵉ à hauteur de Châtel-Saint-Germain ; le 4ᵉ avait ordre de prendre position vers Montigny-la-Grange, à la droite du 3ᵉ ; enfin, le 6ᵉ devait s'établir à Verneville, en avant du 4ᵉ. Mais le maréchal Canrobert, estimant qu'il était un peu en l'air, en fit faire l'observation au commandant en chef par le colonel Lamy de l'état-major général, et fut autorisé, dans la journée du 17, à se poser à la droite du 4ᵉ corps, en s'appuyant à Saint-Privat-la-Montagne. La garde fut placée en réserve à Plappeville et à Lessy.

Au moment où je commençai à écrire cette circulaire sous la dictée du maréchal, j'étais loin de m'attendre à voir l'armée revenir sur ses pas. J'éprouvai donc un sentiment de pénible surprise en entrevoyant, par une pensée rapide et dont on se rendra facilement compte, les conséquences diverses, mais toutes plus ou moins funestes, que pouvait avoir ce mouvement en arrière. Cette décision du commandant en chef était cependant appuyée sur une déclaration grave, et dont il était impossible de ne pas tenir compte. Quelque direction que dût prendre l'armée pour regagner l'intérieur de la France, il était probable, presque certain, qu'elle aurait à combattre, peut-être plusieurs jours de suite. Les vivres et les munitions, les munitions surtout, venant à lui manquer, elle allait se trouver dans la plus critique des positions. Il fallait donc, avant tout, la réapprovisionner.

La pensée ne pouvait, d'ailleurs, me venir que les motifs attribués par le maréchal à sa détermination étaient erronés. Dans la journée, il avait vu plusieurs fois les commandants des 2ᵉ, 6ᵉ corps et de la garde impériale ; il venait même de les quitter au moment où il rentra à Gravelotte, après la bataille. J'estimais que ces officiers généraux, en rendant compte de leur situation respective, avaient fait connaître ce triste état des choses. J'étais convaincu aussi que le maréchal avait eu la confirmation de ces renseignements par le général commandant en chef l'artillerie et par l'intendant général de l'armée, qu'il lui était facile de voir à tout instant. Je dois même ajouter que j'ai conservé longtemps la persuasion que les choses s'étaient ainsi passées, et je ne l'ai abandonnée que lorsque les assurances les plus positives m'ont démontré qu'elle n'était pas fondée.

Aujourd'hui, tout le monde sait que les commandants des corps d'armée n'ont pas dit un mot qui pût justifier l'allégation du maréchal Bazaine, que seul le général commandant en chef de l'artillerie lui a fait exprimer sur notre approvisionnement en munitions des craintes exagérées et qui ont pu jusqu'à un certain point l'induire en erreur. Mais il est acquis aussi que les alarmes du maréchal en ce qui concerne les vivres n'étaient nullement fondées.

Quoi qu'il en soit, je n'avais qu'à obéir, et je me mis en devoir de transmettre avec toute la célérité possible les ordres que j'avais reçus. Une réflexion cependant traversa mon esprit. Puisque le maréchal jugeait absolument indispensable de se réapprovisionner en munitions et en vivres, ne convenait-il pas mieux de se maintenir sur les positions que nous avions conservées et envoyer prendre à Metz tout ce dont l'armée pouvait avoir besoin, plutôt que d'effectuer un mouvement en arrière, dont l'effet moral sur les troupes ne pouvait être à notre avantage? Mais cette question était exclusivement du ressort du commandant, et jusqu'à ce moment le commandant en chef s'était tellement abstenu de m'initier aux affaires, qu'il m'était impossible de lui faire la moindre observation. D'ailleurs, le temps pressait pour donner les ordres, et il importait de ne pas le perdre en discussions que je pressentais devoir être sans résultat.

Dès le point du jour du 17 août, l'armée était en mouvement. Conformément aux intentions du maréchal, j'avais envoyé à chaque commandant de corps d'armée un officier supérieur de l'état-major général pour lui indiquer la direction qu'il devait suivre. La marche s'effectua sans encombre, et de bonne heure les positions indiquées étaient occupées. L'armée présentait alors une ligne de bataille très solide et à peu près inexpugnable sur la gauche, du côté de Rozerieulles, mais beaucoup moins défensive sur la droite, à Saint-Privat, qui pouvait être tournée. Des ordres furent donnés pour qu'on se retranchât sur les points les plus faibles. Malheureusement, le maréchal Canrobert, qui n'avait pu être rejoint par son parc du génie, resté au camp de Châlons, n'avait qu'un approvisionnement d'outils de terrassement insuffisant pour la circonstance, et que le temps ne permit pas de compléter. Néanmoins, la position de l'armée était considérée par le maréchal Bazaine comme très bonne et facile à défendre; il pensait aussi qu'il pourrait en sortir sans difficulté pour reprendre son mouvement en avant, sans indiquer, d'ailleurs, la direction qu'il se proposait de suivre. Deux ou trois jours au plus devaient suffire pour réapprovisionner l'armée, et des instructions pressantes à ce sujet avaient été envoyées.

La journée du 17 fut calme. On sut le soir, par les renseignements venus du dehors et concordant avec les observations qui avaient été faites du haut de la cathédrale de Metz et du fort Saint-Quentin, que des mouvements de troupes ennemies s'étaient faits, presque sans interruption, pendant cette journée, par les ponts sur la Moselle en amont de Metz, à Ars et Novéant, et aussi par d'autres ponts jetés rapidement, vers le plateau de Gravelotte.

Le 18 au matin, vers neuf heures, le maréchal fut prévenu par ses commandants de corps d'armée que l'ennemi manœuvrait autour de nos lignes. L'attaque ne se dessina cependant que vers midi et ne tarda pas à s'étendre du 2e corps au 6e. La lutte opiniâtre de part et d'autre, ne se termina que le soir à la chute du jour, après que notre extrême droite eut été tournée. Les approches de Saint-Privat-la-Montagne n'ayant pas pu être fortifiées faute d'outils, le maréchal Canrobert, écrasé par la supériorité numérique des combattants et des canons qu'il avait devant lui, fut contraint de se replier en arrière, et ce mouvement dut être suivi par les 4e et 3e corps, qui n'avaient pu être forcés dans leurs positions, mais qui ne pouvaient sans péril s'abstenir de régler leur ligne de bataille sur celle du 6ᵉ corps. Des ordres donnés dans la nuit du 18 au 19 firent connaître à tous les corps d'armée les nouvelles positions qu'ils devaient occuper, et quelques heures après, l'armée était établie de la manière suivante : le 6ᵉ corps, en arrière de la maison de Planche, avait sa droite à la Moselle et sa gauche au Coupillon ; le 4ᵉ, reliant sa droite avec le 6ᵉ, passait à Lorry et se dirigeait vers Lessy ; le 3ᵉ, à la gauche du 4ᵉ, contournait le Saint-Quentin, et le 2ᵉ, occupant Chazelles et Sey, descendait à Longeville et couvrait les abords de Metz jusqu'à la rivière. Le grand quartier général descendit de Plappeville au Ban-Saint-Martin, et la garde vint camper sur les pentes et dans la petite plaine situées en arrière des points occupés par les 4ᵉ et 6ᵉ corps.

Cette bataille du 18 août a été l'objet de bien des commentaires plus ou moins fondés. Je n'ai certes pas l'intention de discuter tout ce qui a été dit à ce sujet, mais je crois qu'il n'est pas sans intérêt pour l'histoire que je dise tout ce que j'ai vu et entendu ce jour-là.

Préoccupé des renseignements qu'il avait reçus le 17 et de ceux qui lui parvinrent le 18 dans la matinée, le maréchal, dans le but de se tenir prêt à tout événement, fit envoyer à Saint-Quentin deux ou trois plantons d'artillerie avec mission de l'informer des coups de canon qui seraient tirés par l'ennemi, et de quel point de l'horizon ils étaient dirigés. En même temps, le 2ᵉ corps recevait l'ordre de garder le débouché de Moulins avec deux compagnies, afin d'assurer ses ravitaillements. En outre, la recommandation était faite à l'intendant général de profiter des fours des villages situés en arrière de nos lignes pour faire du pain, et les commandants des corps d'armée devaient se concerter à ce sujet avec l'intendant général par l'intermédiaire de leurs intendants.

D'un autre côté, le 6ᵉ corps étant entièrement dépourvu de cavalerie (la division de cette arme qui lui avait été affectée était restée au camp de Châlons), le maréchal Le Bœuf dut envoyer au maréchal Canrobert la brigade Bruchart de la division de cavalerie du 3ᵉ corps, qui se composait de trois brigades. Enfin, le 4ᵉ corps reçut l'ordre de faire surveiller et garder par sa division de cavalerie le chemin de fer de Thionville, et la division de Forton, ainsi que la division de cavalerie du 2ᵉ corps, campées en arrière de Rozerieulles, durent faire des reconnaissances en avant de Moulins et le long de la rive gauche de la Moselle.

J'étais à travailler avec le maréchal Bazaine lorsqu'on lui remit, vers neuf heures et demie du matin, une dépêche du maréchal Le Bœuf relative aux mouvements de l'ennemi. J'ai lieu de présumer que ce n'était pas la première. Le maréchal répondit verbalement, par l'intermédiaire de l'officier qui lui avait apporté la dépêche, que le 3ᵉ corps occupait une position très forte, et que, s'il était attaqué, la résistance lui était facile; qu'au surplus, le maréchal Le Bœuf devait compléter autant que possible les travaux de défense qu'il avait commencés la veille.

A cette occasion, le maréchal commandant en chef exprima de nouveau l'avis que la position défensive occupée par son armée le rassurait complètement sur une attaque de l'ennemi, et il répéta qu'il ne croyait pas que cette attaque fût faite d'une manière sérieuse, et surtout qu'elle pût réussir. Cette appréciation aurait pu être fondée si notre ligne avait présenté de la gauche à la droite une force de résistance aussi grande que celle que présentaient les 2ᵉ et 3ᵉ corps. Mais le 6ᵉ corps, à Saint-Privat, était loin de se trouver dans les mêmes conditions que les autres, par les motifs que j'ai déjà indiqués, et aussi à cause de la disposition moins favorable du terrain. Néanmoins, la confiance du maréchal ne pouvait être ébranlée, et en ma présence il répondit à d'autres émissaires envoyés par les commandants des corps d'armée, dans des termes qui ne peuvent me laisser aucun doute à ce sujet. Sa confiance était même telle que pendant longtemps il considéra comme inutile de se rendre sur le lieu du combat.

Lorsque nous entendîmes le canon, je donnai l'ordre de seller et de se préparer à monter à cheval, et je me rendis auprès du maréchal, convaincu que je le trouverais prêt à partir. Il me renvoya en m'invitant à prendre patience et en me recommandant de pousser avec la plus grande activité un travail d'avancement qui était impatiemment attendu dans toute l'armée, et que les événements des jours précédents avaient forcé d'interrompre. Il répétait aussi à tout instant que cette affaire ne pouvait pas être sérieuse. C'est dans ce sentiment qu'il monta à cheval vers deux heures, en me faisant répondre, lorsque je lui fis dire que je me mettais en devoir de l'accompagner, qu'il n'avait nul besoin de moi ni de tous les officiers de l'état-major général; que je devais rester pour continuer le travail qu'il m'avait recommandé le matin; qu'il suffisait que j'envoyasse auprès de lui quelques officiers, et qu'il m'appellerait si l'affaire devenait grave.

Le commandant en chef se rendit au fort Saint-Quentin, où il resta la plus grande partie de la journée, et ne quitta ce point que pour aller passer quelques instants au fort de Plappeville, qui en est peu éloigné. Il reçut là, à plusieurs reprises, des officiers qui lui étaient envoyés par les commandants des corps d'armée. Le général de Ladmirault demandait à être renforcé par de l'infanterie; le maréchal Canrobert faisait connaître que l'attaque devenait de plus en plus vive, et insistait pour qu'on lui envoyât non seulement de l'infanterie, mais encore du canon. Il n'avait, en effet, que ses batteries divisionnaires ; sa réserve d'artillerie, on le sait, n'avait pas pu le rejoindre et était restée au camp de Châlons. Le général Bourbaki demandait des ordres, impatient de faire entrer la garde impériale en action. A toutes ces demandes, le maréchal faisait des réponses vagues, mais indiquant suffisamment qu'il voulait conserver la garde impériale sous sa main.

Cependant, une brigade de voltigeurs de la garde reçut l'ordre, vers la fin de la journée, de se rapprocher du 4e corps, sans être mise positivement à la disposition du général de Ladmirault. Plus tard, deux batteries à cheval de la garde furent envoyées au maréchal Canrobert. La réserve générale de l'artillerie était cependant au Ban-Saint-Martin, où elle resta toute la journée, attendant inutilement des ordres. La division de cavalerie de Forton et la cavalerie de la garde en totalité restèrent également toute la journée au bivouac, prêtes à marcher, mais sans recevoir aucun ordre de mouvement. Notre ligne ne pouvait être forcée sur aucun point, et en effet, de la gauche à la droite, l'ennemi fut constamment tenu à distance. Il était seulement à craindre que notre droite ne fût tournée et prise à revers. C'est ce qui arriva. L'ennemi, mettant à profit son énorme supériorité numérique, avait contourné Saint-Privat sans ralentir son attaque de front, et un moment vint où le maréchal Canrobert, voyant son corps d'armée écrasé par une artillerie de position infiniment plus nombreuse que la sienne et sur le point d'être tourné, n'eut pas d'autre moyen de se soustraire à une défaite complète que de se rapprocher de la place. La nuit favorisa ce mouvement.

Il semble hors de doute que la journée se serait terminée tout autrement si le commandant en chef avait utilisé la garde impériale et la réserve générale de l'artillerie, qui ne prirent aucune part à l'action. Trois ou quatre batteries de 12 et la division de grenadiers de la garde, mises de bonne heure à la disposition du maréchal Canrobert, auraient donné à notre extrême droite une force qui aurait probablement permis de repousser victorieusement le dernier et décisif effort que fit l'armée allemande de ce côté, vers la fin de la journée.

Cependant, le maréchal Bazaine s'était retiré du fort Saint-Quentin et était rentré vers sept heures à son quartier général. Je le vis à ce moment, et aux questions que je lui adressai, avec la discrétion respectueuse qui m'était imposée par ma position auprès de lui et plus particulièrement par le peu de confiance qu'il m'avait témoignée jusqu'alors, il répondit qu'il était satisfait de la journée. L'attaque de l'ennemi, selon lui, avait échoué, et nos troupes s'étaient maintenues derrière la ligne inexpugnable qu'il leur avait fait prendre.

Le maréchal, dans ce moment, ne croyait rien dire qui ne fût vrai. De l'observatoire éloigné où il avait passé la plus grande partie de la journée, il ne lui avait pas été possible de se rendre compte des événements. Sa confiance dans la solidité de la position occupée par son armée n'avait pas été ébranlée par les rapports de ses lieutenants, pas même par ceux du maréchal Canrobert, accompagnés de demandes pressantes de renforts ; il n'avait même pas cru utile d'envoyer un des officiers qu'il avait sous la main pour s'assurer sur place de ce qui se passait, et il n'avait pas utilisé un seul des officiers de l'état-major général que j'avais chargés de le suivre. Je n'avais de mon côté aucun motif pour ne pas ajouter une foi entière à ce que me disait le maréchal.

Cette appréciation n'avait rien de contraire aux renseignements que, plusieurs fois dans la journée, j'avais envoyé prendre. A Plappeville, où j'étais, on n'entendait que par intermittence et même très faiblement le canon de la bataille, et, par suite, l'engagement n'y avait pas paru avoir une très grande vivacité. Il m'importait cependant de ne pas ignorer ce qui se passait, et comme je savais que le maréchal était à Saint-Quentin, c'est-à-dire à une distance très rapprochée de Plappeville, j'avais envoyé à plusieurs reprises auprès de lui pour être plus exactement informé et afin de le rallier promptement avec ceux des officiers de l'état-major général qui avaient dû rester au quartier général, si la marche des événements le portait à prendre la direction des troupes d'une manière plus immédiate en se rapprochant d'elles. L'inaction du maréchal m'avait ainsi donné une confiance trompeuse, et je n'eus aucune peine à partager la satisfaction qu'il exprima en rentrant à Plappeville. Au surplus, les officiers de l'état-major général qui avaient accompagné le maréchal et qui, à leur retour, me firent le récit de ce qu'ils avaient vu, ne me dirent pas un mot qui pût me faire suspecter l'appréciation du commandant en chef.

Cependant, vers neuf heures du soir, un sous-intendant militaire vint me rendre compte qu'un convoi de vivres dirigé sur le 6ᵉ corps par la grande route de Woippy à Saint-Privat, avait été arrêté dans sa marche et mis en désordre. Il avait rencontré des voitures et des cavaliers affolés fuyant le champ de bataille et poussant des cris de détresse, dont l'effet désastreux était augmenté par l'obscurité de la nuit. C'était évidemment une panique comme il s'en présente quelquefois dans les convois où l'on ne peut éviter d'admettre un grand nombre de conducteurs, de domestiques et de cantiniers, que, dans les moments graves, la force de la discipline peut difficilement atteindre et contenir.

Convaincu, d'après tout ce qui m'avait été dit, que la lutte de la journée s'était terminée heureusement pour nos armes, je ne doutais pas que le 6ᵉ corps ne fût encore à Saint-Privat, et j'invitais le sous-intendant à rallier son convoi autant qu'il le pourrait, à le compléter si c'était nécessaire, mais à faire diligence pour apporter des vivres au 6ᵉ corps, qui, je le savais, en réclamait avec instance. C'est à ce moment que je vis arriver en même temps le chef d'escadron d'état-major Lonclas, aide de camp du maréchal Canrobert, et le capitaine d'état-major de La Tour-du-Pin, aide de camp du général de Ladmirault. Ces deux officiers, envoyés par leurs chefs, s'étaient d'abord rendus au quartier général du commandant en chef, auprès duquel ils n'avaient pas pu être admis et venaient demander des ordres. Je les conduisis immédiatement auprès du maréchal, qui avait fait fermer sa porte, afin de pouvoir travailler sans être dérangé inutilement, et auquel ils rendirent compte de ce qui s'était passé dans leur corps respectif. Le 6ᵉ corps avait dû abandonner entièrement la position qu'il avait défendue toute la journée, et la droite du 4ᵉ corps avait dû suivre ce mouvement. Il appartenait au commandant en chef seul de leur assigner d'autres positions et de leur donner des instructions.

L'attitude et le langage de ces deux officiers faisaient suffisamment connaître que, malgré la vigueur et la ténacité des troupes, nous avions subi un échec dont il n'était pas possible à ce moment d'apprécier la gravité. Ils ne dissimulaient pas, d'ailleurs, leur inquiétude, car, au moment où ils avaient reçu leur mission, le combat n'avait pas entièrement cessé, et ils ne pouvaient même pas dire où leurs troupes s'étaient arrêtées. Le maréchal écouta ces rapports sans laisser paraître ni émotion ni surprise, et, presque sans prendre le temps de la réflexion, il indiqua sommairement les positions nouvelles que les corps devaient occuper, et, remarquant la tristesse de ces deux aides de camp, il les engagea à bannir toute inquiétude et ajouta : « Ce « mouvement devait être fait demain matin, vous « le ferez quelques heures plus tôt. »

Voici l'explication de ces quelques mots : Dans la matinée de ce même jour 18 août, le maréchal m'avait prescrit de lui envoyer le colonel Lewal, de l'état-major général, qu'il voulait charger d'une mission. Bientôt après, les commandants des corps d'armée reçurent l'ordre d'envoyer leurs sous-chefs d'état-major à Châtel-Saint-Germain, à dix heures du matin, le même jour, afin d'accompagner le colonel Lewal dans une reconnaissance ayant pour but de déterminer les points que les corps devaient occuper lorsqu'il en serait donné l'ordre.

Cette reconnaissance était à peine commencée lorsque les sous-chefs d'état-major furent autorisés par le colonel Lewal à rallier leurs corps pour prendre part à la bataille qui s'engageait ; mais ce dernier n'avait pas moins continué seul la reconnaissance dont il était chargé et avait fait connaître, le soir vers cinq heures, au maréchal, le résultat de sa mission. Les propositions du colonel Lewal avaient été approuvées et converties en un ordre de mouvement qui devait s'exécuter le 19 dans la matinée. Les dépêches relatives à cet ordre étaient sur le point d'être envoyées, lorsque le commandant Lonclas et le capitaine de La Tour-du-Pin furent reçus par le maréchal, qui n'eut ainsi qu'à examiner, après les avoir entendus, s'il y avait lieu ou non de modifier les ordres qu'il avait signés quelques instants auparavant. Sa détermination fut promptement prise, comme on vient de le voir, et dans la matinée du 19, les corps occupèrent les positions que j'ai déjà indiquées. Le commandant Lonclas et le capitaine de La Tour-du-Pin emportèrent eux-mêmes les ordres concernant les 6e et 4e corps; mais comme la nuit était très obscure et qu'ils me déclarèrent qu'ils ne sauraient retrouver eux-mêmes leur chemin, je leur donnai des guides qui les conduisirent en peu d'instants à leur destination.

Il est naturel de se demander maintenant dans quel but le maréchal Bazaine, qui, le 18 au matin, plein de confiance dans la position qu'il avait fait prendre à son armée, ne croyait pas devoir être sérieusement attaqué dans la journée et affirmait résolument que cette attaque, si elle avait lieu, serait victorieusement repoussée par nos troupes, crut devoir faire reconnaître une autre position en arrière de celle que son armée occupait, et protégée par les forts de Plappeville et de Saint-Quentin, mais d'où il lui était plus difficile de déboucher pour se diriger ensuite vers l'intérieur de la France. Je ne crois pas que, sous une forme quelconque, le maréchal ait jamais exprimé l'intention de s'enfermer avec son armée dans le camp retranché de Metz, et cette intention, si elle a existé, paraît assurément inconciliable avec la confiance sans bornes qu'il n'a pas cessé de manifester dans la solidité de la ligne de Rozérieulles, Amanvillers et Saint-Privat.

On se trouve ici en présence d'une inconséquence de laquelle on a fait surgir un nouveau grief à l'appui du reproche qui a été fait au maréchal Bazaine d'avoir voulu, dès sa prise de commandement, se rendre indépendant de l'Empereur en se mettant dans l'impossibilité de le rejoindre. Il ne m'appartient pas de me livrer sur ce sujet à une discussion que je considère comme épuisée; mais c'est l'occasion pour moi de faire ressortir un trait du caractère du maréchal qui me semble n'avoir pas été suffisamment mis en évidence. Je veux parler des inconséquences de langage et de conduite, c'est-à-dire de l'absence de logique que j'ai remarquée dans les actes et les paroles du commandant en chef de l'armée du Rhin. Était-ce de sa part défaut de mémoire, calcul ou indifférence? Je l'ignore, et il m'importe peu de le savoir. Mais combien de fois ne m'a-t-il pas été donné de surprendre les divergences qui existaient entre son langage et sa conduite ! Approuver ou blâmer le lendemain ce qu'il avait blâmé et approuvé la veille, négliger l'observance d'un principe qu'il avait invoqué naguère, c'étaient des inconséquences en quelque sorte naturelles chez lui, et pour lesquelles il n'avait aucun scrupule.

Je ne pense pas que ce soit manquer au malheur d'écrire aujourd'hui ce qui n'est plus ignoré de personne. Ni par l'étendue de son savoir, ni par son génie militaire, ni par l'élévation de son caractère, le maréchal Bazaine n'était en mesure de tirer l'armée du Rhin de la situation fâcheuse où elle se trouvait le jour où il fut investi du commandement en chef. Il est d'ailleurs une qualité indispensable dans les circonstances difficiles qui lui faisait complètement défaut. Il ne possédait en aucune manière l'énergie du commandement; il ne savait pas dire : *Je veux*, et se faire obéir. Donner un ordre net et précis était de sa part une chose impossible. Je crois aussi bien fermement que, quoi qu'il fît, il sentait dans son for intérieur que la situation et les événements étaient au-dessus de ses forces. Il succombait sous le poids de cette vérité accablante. N'ayant pas su arrêter un plan de conduite, il n'avait pas un but net et précis, il tâtonnait et voulait ne rien compromettre en attendant que les événements lui ouvrissent des horizons nouveaux dont il espérait, au moyen d'expédients plus ou moins équivoques, parvenir à dégager sinon son armée, au moins sa personnalité et ses intérêts. La fortune ne l'avait-elle pas favorisé jusqu'alors au delà de ses espérances ? Faute de mieux, il s'est abandonné au hasard, dernière ressource de ceux qui ne comptent plus sur eux-mêmes.

Mais que l'on suppose un instant le commandant en chef de l'armée du Rhin doué de l'énergie puissante et patriotique des grandes âmes, il eût méprisé tous les petits calculs plus ou moins aléatoires pour marcher franchement et virilement droit au but. Il eût certainement enflammé de cette pensée tout à la fois si grande et si simple son armée entière, depuis ses commandants de corps d'armée jusqu'aux derniers soldats; il l'eût entraînée d'enthousiasme à un effort suprême, et fortement résolu à vaincre à tout prix, j'ai la conviction qu'il aurait vaincu. Mais, je n'ai aucun embarras à le dire, les hommes de cette trempe sont rares. Il m'a été donné cependant d'en voir un de très près dans des circonstances qui étaient aussi très critiques et que je demande la permission de faire connaître.

Le général Canrobert avait abdiqué devant Sébastopol le commandement en chef de l'armée d'Orient, et le général Pélissier lui avait succédé. Le jour même de sa prise de commandement, celui-ci, se mettant en relation avec ses lieutenants, leur adressa une circulaire confidentielle par laquelle, sans dissimuler les difficultés de l'entreprise, il leur signifia sa résolution immuable de s'emparer de Sébastopol coûte que coûte. Il se complut même à leur exposer la série des opérations délicates et périlleuses qui devaient le conduire au but, et réclama avec autorité leur concours énergique et patriotique. Bientôt après eut lieu la prise du Mamelon vert (7 juin) (1), si glorieuse pour nos armes. Entraînée par ce succès, l'armée impatiente demande à grands cris à entreprendre sans plus tarder l'attaque du bastion de Malakoff, et, le 18 juin, après une vigoureuse lutte de quatre heures, le général Pélissier, d'accord avec lord Raglan, commandant en chef de l'armée anglaise, notre alliée, forcé de reconnaître l'impossibilité de vaincre ce jour-là, fit cesser le combat, qui nous avait coûté environ 8,000 tués ou blessés. En même temps, il donna l'ordre de continuer les travaux d'approche

---

(1) Le 7 juin, au moment où le général Pélissier montait à cheval pour aller sur les lieux mêmes donner le signal de l'attaque du Mamelon vert, il reçut de l'Empereur une dépêche télégraphique destinée à interdire cette opération. Il communiqua cette dépêche à quelques officiers qui étaient auprès de lui, parmi lesquels je me trouvais, et, comme il vit que nos regards le questionnaient sur la détermination qu'il allait prendre, il ne dit que ces mots : « *Allons attaquer le Mamelon vert.* » Ce n'est que tardivement qu'il reçut les félicitations de l'Empereur à ce sujet; mais, après la prise de Sébastopol, Napoléon III, recevant le maréchal duc de Malakoff à son retour de Crimée, lui témoigna sa reconnaissance pour la fermeté dont il avait fait preuve. Ce dernier fait m'a été révélé par le maréchal Pélissier lui-même

qui avaient été suspendus, et lord Raglan arrivant auprès de lui à ce moment, il lui dit d'un ton simple, également éloigné de la forfanterie et de la pusillanimité : « *Eh bien, milord, c'est à recommencer !* » Toutes ses pensées, toutes ses mesures continuèrent, en effet, à être dirigées vers ce glorieux but, et l'armée attristée, mais non abattue par l'échec du 18 juin, attendit avec confiance le signal de la lutte suprême.

Mais, à l'armée d'Orient comme partout, il se trouvait des hommes qui pensaient peut-être servir les intérêts et la gloire de leur pays en critiquant les actes de leurs chefs, et surtout de celui d'entre eux qui tient plus particulièrement dans ses mains le drapeau national. A cette époque, les diatribes de ce genre ne pouvaient pas trouver place dans les journaux contenus par le gouvernement. Mais il était un moyen bien plus sûr de ruiner tout le succès des opérations suivies avec vigueur et persévérance par le commandant en chef, c'était de le discréditer dans l'esprit de l'Empereur lui-même. En effet, chaque courrier venant de l'armée d'Orient apportait aux Tuileries quelques lettres dénonçant à l'Empereur l'inflexible rigueur du général Pélissier, qui avait l'insoutenable prétention de vouloir assumer toute la responsabilité de ses actes, de diriger seul les opérations du siège et de vouloir être obéi, sans se préoccuper de la popularité. Dans ces lettres, l'armée était faussement représentée comme découragée depuis le 18 juin et peu disposée à engager une nouvelle attaque. Un nouveau revers, disait-on, était à redouter, et dès lors personne ne pouvait savoir ce qui arriverait, et si même cette belle armée d'Orient ne serait pas jetée à la mer. On alla jusqu'à tirer un argument contre le général Pélissier de notre belle bataille de Traktir par laquelle les Russes avaient tenté, inutilement et à leur grand dommage, de nous anéantir dans notre propre camp.

Ces critiques étaient coupables assurément, et sans doute elles n'étaient pas toutes accueillies ; mais il en restait toujours quelque chose dans l'esprit de l'Empereur, qui résolut un jour de rappeler le général Pélissier et signa même l'ordre de rappel. Cet ordre fut heureusement annulé avant d'être envoyé, et le général Pélissier, qui n'ignorait pas ce qui s'était passé, n'en poursuivit pas moins l'exécution de ses projets, protestant par chaque courrier de son inébranlable dévouement à l'Empereur, mais déclarant en même temps que, commandant en chef de l'armée d'Orient, il entendait être le meilleur juge de ce qu'il convenait de faire et ne pouvait se résigner à suivre tout plan d'opérations venant de Paris ou d'ailleurs s'il était en opposition avec le sien propre. On sait le reste. La grande place de Sébastopol fut prise d'assaut le 8 septembre 1855 par l'armée française, et nul ne peut dire que cet événement glorieux n'est pas dû à l'énergie indomptable et à la volonté de fer du général Pélissier, sans lesquelles la bravoure traditionnelle de nos soldats eût été impuissante.

Je reviens à mon sujet.

L'armée ayant pris, le 19 au matin, ses nouvelles positions, on s'occupa immédiatement de sa situation matérielle. D'après les ordres du maréchal commandant en chef, non seulement les corps durent être complétés en vivres et en munitions, mais encore on dut leur délivrer les objets de campement nécessaires pour remplacer ceux qui avaient été détériorés ou perdus dans les batailles des 14, 16 et 18. Le 2ᵉ corps, qui s'était battu à Forbach le 6 et n'avait pas cessé d'être en mouvement depuis cette époque, réclama un nombre si considérable de ces objets que l'approvisionnement restant en magasin fut bientôt épuisé, et l'intendant général dut en faire fabriquer en ville.

A cette occasion, j'avais à m'entretenir avec ce haut fonctionnaire, et j'appris que, rentré, dans la nuit du 15 au 16, d'une mission qui lui avait été donnée quelques jours auparavant dans le but de réunir des approvisionnements sur la route de Verdun, il était reparti quelques heures après, et que son suppléant lui-même avait quitté momentanément l'armée dans la soirée du 17, pour remplir aussi une mission dont je ne connus pas alors le but précis. Le maréchal n'avait pas cru utile de m'informer de ces détails importants.

Il nous avait été facile de voir que l'ennemi avait acheté cher son succès du 18 ; nous avions de notre côté un grand nombre de tués et de blessés, notamment dans le 6ᵉ corps. L'importance de la bataille n'était donc pas douteuse pour nous; néanmoins, cette appréciation put se faire plus exactement au moyen des renseignements qui furent recueillis de divers côtés.

Dès le 19 au matin, nous nous étions mis en relation avec l'ennemi par la voie des parlementaires, pour traiter d'un échange de prisonniers et particulièrement pour convenir d'une restitution de part et d'autre, et sans compter, des prisonniers gravement blessés. Dans ces diverses circonstances, on avait causé, et nous avions appris que le 18 août le roi de Prusse avait lui-même commandé l'armée allemande formée des 1ʳᵉ et 2ᵉ armées, présentant un effectif total de 250,000 hommes, et que l'ennemi avait eu, au moins, 18,000 tués ou blessés, nombres bien supérieurs à ceux que nous avions supposés. Nous eûmes plus tard la confirmation de ces renseignements par les rapports officiels de l'ennemi que nous lûmes dans les journaux allemands trouvés entre les mains des prisonniers que l'on faisait fréquemment, la nuit, aux avant-postes.

L'armée entière constata avec satisfaction que les pertes de l'ennemi avaient été notablement supérieures aux nôtres, et que cette fois encore elle avait été accablée par le nombre. Elle se rendit compte en même temps de ce qu'elle aurait pu faire si l'extrême droite de la ligne de bataille avait reçu les renforts qu'il était possible de lui envoyer, et, en définitive, il n'y eut qu'à s'applaudir de l'état moral des troupes. En effet, en cinq jours, l'armée avait livré trois grandes batailles, dans lesquelles elle avait éprouvé des pertes considérables; mais elle avait la conscience de n'avoir pas été battue, et elle envisageait avec une confiance virile les efforts qui lui restaient à faire. Il était impossible, d'ailleurs, qu'elle ne se rendît pas compte de sa situation sous Metz, entourée qu'elle était d'un ennemi qui lui était très supérieur par le nombre et dont elle ne pouvait se dégager que par un généreux effort. Elle avait été exposée à de grandes fatigues, mais elle les avait supportées hardiment, et son moral n'était pas atteint. Il était cependant devenu nécessaire de lui donner un peu de repos, et il était naturel d'en profiter pour remettre tout en ordre; mais il fallait d'abord s'assurer de l'importance des ressources de toute nature contenues dans la place.

Une situation fournie par l'intendant général fit connaître que les magasins renfermaient assez de vivres pour nourrir l'armée pendant un mois, mais qu'il n'y avait de viande fraîche que pour quinze jours, en réduisant la ration réglementaire de 350 grammes à 250 grammes, c'est-à-dire, en renonçant à la ration de campagne pour revenir à la ration de garnison, insuffisante, il est vrai, pour les troupes en marche, mais généralement adoptée pour les troupes en station. Les approvisionnements d'avoine ne dépassaient pas cette dernière durée. Dès le commencement de la concentration des troupes autour de Metz, vers le 25 juillet, la ration d'avoine avait été augmentée pour suppléer tout ou partie de la ration de foin qu'on ne pouvait pas toujours donner, faute d'arrivages suffisants dans les magasins. Ce n'est que plus tard et trop tard que cette ration fut réduite, et, même alors, le maréchal ne voulut y consentir que sur les instances réitérées et les plus pressantes de l'intendant général.

Je dis dès à présent qu'il opposa, par la suite, une résistance semblable, lorsqu'il fallut réduire les rations des différentes denrées qui concourent à l'alimentation du soldat, et particulièrement celle du pain. Il objectait que l'armée n'était destinée à rester sous Metz qu'un temps très court, et qu'elle ne consommerait pas, bien certainement, tous les approvisionnements existants dans les magasins; mais qu'il lui importait de ne pas laisser diminuer les forces du soldat, afin qu'il restât en complet état de supporter les fatigues considérables auxquelles, selon toute prévision, il ne pouvait pas tarder à être exposé. Au surplus, il donna des ordres itératifs pour que l'administration, par tous les moyens dont elle disposait, comblât les vides occasionnés dans les magasins de la place par les distributions faites à l'armée.

J'ai déjà dit par quels moyens il fut possible de donner des objets d'équipement et de campement aux troupes qui en manquaient. L'artillerie, de son côté, se mit à l'œuvre pour reconstituer l'approvisionnement de réserve de l'arsenal qui s'était amoindri par les récentes distributions faites dans toute l'armée. Elle fit confectionner des munitions de toute espèce. On avait d'ailleurs trouvé dans une gare, sous un amas de colis, quatre millions de cartouches Chassepot sur lesquelles on ne comptait pas. L'expérience ayant démontré l'infériorité de nos canons de 4, on les avait remplacés autant que possible par du 12 de campagne, et l'on avait adapté à nos obus des fusées percutantes, afin d'obtenir des effets d'éclatement semblables à ceux des projectiles ennemis.

La place de Metz était encombrée de dix-huit mille blessés, répartis dans les établissements hospitaliers qu'on avait organisés partout où cela était possible, et même chez les habitants. Mais les médecins, malgré le concours empressé de ceux de la ville, n'étaient pas en nombre suffisant. Il était à craindre aussi que le matériel des hôpitaux et les médicaments ne vinssent bientôt à manquer. Pour obvier à ces inconvénients, les ambulances divisionnaires furent supprimées, et l'on ne conserva que les ambulances des corps d'armée, qui furent, toutefois, renforcées en personnel et en matériel. L'excédent fut mis à la disposition de la place.

A cette occasion, le maréchal, m'entretenant des blessés, exprima le regret de ne pouvoir pas, à cause de ses occupations, aller les voir dans les hôpitaux. Je lui fis remarquer alors qu'il pouvait me déléguer pour cette visite que je ferais en son nom, mais il n'accueillit pas ma proposition.

Pendant les journées du 14 au 19, le maréchal avait reconnu la nécessité de réduire le nombre des voitures à la suite de l'armée; on a vu même qu'il avait ordonné, le 15, le licenciement du convoi auxiliaire de l'administration, composé entièrement de voitures civiles provenant de réquisitions. Il maintint cette dernière mesure et fit supprimer les voitures des cantinières, qui, plus que toutes les autres, étaient une cause d'embarras dans les convois. Enfin, il fit les recommandations les plus expresses pour que les bagages des officiers fussent réduits au strict nécessaire.

Tout en préparant l'armée à se remettre en mouvement dans les meilleures conditions possibles, le maréchal prit des mesures indiquant qu'il se préoccupait aussi de la place, et notamment de sa mise en état complet de défense. Je ne saurais dire en détail les ordres qu'il donna à ce sujet aux généraux commandants en chef de l'artillerie et du génie, et particulièrement à ce dernier, qui avait été nommé par l'Empereur gouverneur de la place de

Metz et occupait en même temps les deux emplois. Souvent, en effet, il recevait ces deux chefs de service ensemble ou séparément, s'entretenait avec eux des affaires qui les concernaient, et leur donnait ses instructions.

N'ayant jamais assisté à ces rapports, je n'ai connu les décisions qui ont été prises que par les ordres que me donnait le maréchal pour en assurer l'exécution. Ainsi ce n'est que par le compte rendu écrit du général commandant en chef de l'artillerie que je fus informé de la substitution du canon de 12 au canon de 4, là où il avait été possible de la faire, et de l'adjonction des fusées percutantes à nos obus. Je ne puis donc faire connaître ce qui a été dit et décidé entre le commandant en chef de l'armée et le gouverneur de la place de Metz, en ce qui concerne les prescriptions réglementaires relatives aux approvisionnements, à la police, etc., d'une ville en état de siège, et qui pouvait voir l'ennemi du haut de ses remparts. Je citerai, toutefois, un ordre à l'exécution duquel j'ai concouru. Les forts situés autour de Metz, Queuleu, Saint-Julien, Plappeville et Saint-Quentin, étaient à peine ébauchés au moment de la déclaration de guerre. Depuis ce moment, on y avait activé les travaux autant que l'avaient permis les agglomérations de troupes autour de la place, à l'occasion de la concentration de l'armée ; mais il y restait encore beaucoup à faire. D'un autre côté, il était bon que les troupes concentrées dans le camp retranché depuis le 19 août ne restassent pas inoccupées. Le maréchal prescrivit donc au 3ᵉ corps d'aller s'établir avec trois divisions sur la rive droite de la Moselle, savoir : deux divisions entre Saint-Julien et Queuleu, et une division dans les villages de Montigny et des Sablons. Ces troupes eurent à fournir des travailleurs pour l'achèvement des forts de Queuleu et de Saint-Julien. La 4ᵉ division du 3ᵉ corps fut provisoirement maintenue dans la position qu'elle occupait en avant du fort Saint-Quentin. Les 2ᵉ et 4ᵉ corps durent fournir de leur côté des travailleurs pour les forts de Saint-Quentin et de Plappeville.

Cependant, le maréchal commandant en chef se montrait préoccupé de sortir les armes à la main de la position défensive qu'il avait fait prendre à son armée. Il n'était point sans se demander si l'ennemi ne tenterait pas une attaque de vive force, ou même s'il ne bombarderait pas le camp et la place, lorsqu'il serait en possession des pièces de siège qu'on disait avoir été mises en route de Berlin à destination de Metz. Il reconnaissait, par suite, la nécessité où il était d'exécuter promptement un coup de vigueur. Il prescrivit donc au général Coffinières de rétablir sur la Moselle, en aval de la place, les ponts qui, après avoir été utilisés, avaient été levés le 15. En même temps, ayant appris que les ponts de la route de Thionville, sur les voies de terre et de fer, pour la traversée de l'Orne, avaient été détruits par l'ennemi, il voulut savoir quelle était la largeur de cette rivière et quelles facilités il pouvait avoir de faire rétablir les ponts rompus.

Lorsque le 2ᵉ corps passait la Moselle, le 14 août, il avait laissé dans la place la division Laveaucoupet, qui devait constituer le gros de la garnison. Depuis lors, cette division s'était refaite de ses fatigues, et, le 21 août, le maréchal demanda au général Frossard s'il n'était pas utile et convenable de la rappeler dans son corps d'armée et de la remplacer dans la place par la division Vergé, qui faisait aussi partie du 2ᵉ corps. Je n'ai jamais connu la réponse qui fut faite à ce sujet par le général commandant le 2ᵉ corps d'armée, mais ce projet ne fut pas suivi d'exécution.

Vers la même époque, le maréchal recommanda d'organiser dans chaque régiment des compagnies dites de partisans, qui devaient être commandées par des officiers actifs, vigoureux et entreprenants, et composées d'hommes agiles et intelligents, mais tous de bonne volonté.

Pour arrêter une détermination sur la direction à prendre en s'éloignant de Metz, le maréchal avait aussi besoin de connaître l'importance et la position des troupes qui bloquaient l'armée. — Au moment dont je parle, nous pouvions encore employer à cet effet un procédé par lequel nous avons obtenu quelques renseignements exacts et utiles. Sous prétexte d'échange de blessés prisonniers de guerre, le maréchal envoyait en parlementaires des officiers qui parlaient la langue allemande, tantôt dans une direction et tantôt dans une autre. Arrivés aux avant-postes ennemis, ces officiers se trouvaient quelquefois en situation de savoir par des causeries en apparence indifférentes, ou même par la seule vue des uniformes et des numéros fixés aux collets d'habits des troupes allemandes, quels étaient les corps en position devant nous dans les différentes directions, les bruits en circulation, etc., etc. Mais ce moyen nous manqua bientôt. Dès avant le 1er septembre, le général en chef de l'armée ennemie nous fit déclarer que nos parlementaires ne seraient reçus à l'avenir que sur la route de Moulins à Ars. Dès lors, il ne nous fut plus possible d'obtenir des renseignements du dehors que par les émissaires.

Nos communications avec Paris, par la voie de Frouard, avaient été interrompues dès le 14 août. Mais elles continuèrent par la voie de Thionville jusqu'au 17 au soir. Le dernier convoi emporta le chef d'escadron d'état-major Magnan, aide de camp du commandant en chef, ayant mission de faire connaître avec détail à l'Empereur les événements qui s'étaient accomplis depuis deux jours et la situation de l'armée. C'est aussi par ce convoi que partit l'intendant militaire de Préval, qui suppléait à l'armée l'intendant général Wolf, régulièrement absent.

Les communications du commandant en chef avec l'Empereur et le gouvernement n'eurent donc lieu, à partir du 18, qu'au moyen d'émissaires. Ces hommes purent d'abord remplir leurs missions sans trop de difficultés, mais l'ennemi ne tarda pas à resserrer le blocus de manière à former autour de nous une ligne ininterrompue et presque impossible à traverser. Dès lors, le service des émissaires devint de plus en plus périlleux, et le nombre de ceux qui continuèrent à s'en charger se réduisit en proportion. Cependant, jusqu'au 1er septembre, quelques hommes intelligents, énergiques et dévoués parvinrent à traverser les lignes ennemies dans les deux sens et permirent au maréchal Bazaine de faire parvenir des dépêches à l'Empereur, au maréchal de Mac Mahon, et d'en recevoir du dehors.

Je n'ai jamais eu connaissance, ni par le maréchal Bazaine ni autrement, des dépêches reçues ou envoyées. Les émissaires étaient conduits au maréchal à leur arrivée et ne partaient qu'après avoir été reçus par lui; mais je ne les voyais pas, et ceux d'entre eux qui ont déposé devant le conseil de guerre en reproduisant de prétendues conversations qu'ils avaient eues avec moi, ont certainement commis une erreur. Il en est un cependant avec lequel j'ai été un moment en relation à son départ de Metz pour Verdun, le 24, et à son retour le 30 août. C'est le sieur Macherez. Cet homme demanda à m'entretenir, le 24 dans l'après-midi, et me dit qu'il habitait le village de Vaux, et qu'ayant été témoin de l'incendie du village de Jussy qui avait eu lieu le 15 par le fait de l'armée prussienne, il était indigné et avait juré de tirer vengeance de ces atrocités. Il s'offrait donc sans condition pour porter des dépêches partout où il plairait au maréchal de l'envoyer. Sa profession de marchand ambulant, disait-il, lui avait rendu familières toutes les voies de communication des environs, mais particulièrement celles qui se trouvent dans la direction de Verdun, car c'était principalement dans cette région qu'il exerçait son industrie. Je le conduisis immédiatement chez le maréchal, qui l'accueillit. Quelques heures après, Macherez vint me dire qu'il avait reçu mission de porter à Verdun une dépêche pour le gouverneur de la place et une autre destinée à la maréchale Bazaine. Il me demanda en même temps mes commissions personnelles, et je lui remis un billet adressé à ma femme dans le seul but de lui donner signe de vie. Le lendemain au soir, 25, je vis reparaître Macherez ; il venait me rendre compte qu'il avait rencontré des difficultés imprévues pour traverser les lignes prussiennes, et m'instruire de ce retard afin que le maréchal pût, s'il le jugeait convenable, faire quelque addition à sa première dépêche ou la modifier. Il affirmait en même temps qu'il se remettrait en route dès le lendemain matin, qu'il avait l'assurance de ne pas être arrêté cette fois et d'arriver à Verdun le 27. Je le mis de nouveau en rapport avec le maréchal, et il ne reparut devant moi que le 30 dans la journée, porteur d'une dépêche du général Guérin, gouverneur de Verdun, qu'il remit lui-même au maréchal. Je fis ensuite donner 1,000 francs à cet homme pour reconnaître le service qu'il avait rendu à l'armée, et il se montra très reconnaissant, tout en déclarant qu'il ne demandait aucune rémunération et qu'il considérait déjà comme une grande récompense d'avoir pu se rendre utile à son pays. Je le congédiai en l'engageant à revenir et en lui donnant l'assurance que tout ce qu'il me demanderait lui serait accordé, s'il voulait continuer à nous servir. Il me fit de belles promesses, mais je ne le revis plus.

Il est encore un autre émissaire dont j'ai été un instant l'intermédiaire auprès du maréchal Bazaine. Je veux parler du sieur Prieskewitch, qui était à la suite de l'armée en qualité d'interprète de l'intendant de la garde impériale. Vers le 15 ou 20 septembre, cet homme avait été envoyé par le général Bourbaki comme demandant avec instance à être chargé d'une mission, se disant assuré de réussir et, en tout cas, résolu à exposer sa vie. Je le présentai au maréchal, qui l'ajourna d'abord et prit quelques jours après la résolution de ne pas l'employer. J'ai entendu dire plus tard que cette détermination avait été motivée par une dénonciation qui signalait Prieskewitch comme suspect d'espionnage. Je ne puis, d'ailleurs, rien affirmer à ce sujet, le maréchal n'ayant pas jugé à propos de m'en rien dire. Au reste, ce Prieskewitch est un des deux émissaires (l'autre était le sieur Valcourt, interprète du général Blanchard) qui furent envoyés par le maréchal Bazaine le 21 octobre, porteurs de la seule dépêche qui soit parvenue de sa part au gouvernement de la Défense nationale. A ce moment, il était beaucoup moins difficile de traverser les lignes ennemies. Aussi ces deux émissaires sont-ils parvenus promptement l'un et l'autre auprès du gouvernement de la Défense nationale, qui les a immédiatement décorés de la croix de chevalier de la Légion d'honneur, sur le simple exposé qu'ils ont fait des dangers imaginaires qu'ils avaient courus.

Cette espèce d'émissaires, ceux qui traversaient les lignes ennemies porteurs de dépêches, peu nombreux d'ailleurs, n'étaient pas les seuls dont nous disposions. Il y en avait d'autres qui, pendant la nuit et au moyen de certains subterfuges, passaient dans le camp allemand et en revenaient quelques jours après pour rendre compte de ce qu'ils y avaient observé. Ceux-ci ont continué à servir jusqu'à la fin, mais toujours dans les mêmes conditions, déclarant qu'ils pouvaient bien passer dans les camps prussiens et les parcourir pendant quelques jours sans être suspectés, mais qu'il leur était absolument impossible d'aller au delà sans être arrêtés comme espions et fusillés. Telle fut la réponse que me fit un jour à leur sujet le colonel Lewal, sous la direction duquel se trouvaient ces agents.

Après le 1er septembre, il était devenu impossible de trouver des hommes qui pussent ou voulussent se charger de porter des dépêches de l'autre côté de l'armée de blocus. Des tentatives avaient été inutilement faites, même par ceux qui avaient déjà rempli de semblables missions. Ils n'avaient pas pu traverser les avant-postes ennemis, et cependant il était naturel de penser que les Prussiens se gardaient moins bien du côté de l'intérieur de la France que du côté de Metz, et qu'une fois dans leur camp, il n'y avait plus de difficultés sérieuses pour aller plus loin. Je fis cette observation au colonel, qui objecta qu'il ne pouvait que reproduire les réponses qu'il avait reçues lui-même de ses agents, et que la résistance de ces hommes n'avait pu être vaincue par les promesses de grandes récompenses. Il ajouta que le véritable motif des refus qu'il avait éprouvés était peut-être que ces agents faisaient un service double, et que c'était ainsi qu'ils pouvaient traverser les lignes prussiennes; mais qu'une fois parvenus au delà de ces lignes, ils étaient probablement l'objet d'une surveillance très sévère dont ils ne pouvaient pas se dégager.

J'ai cru devoir m'étendre un peu sur cette question des émissaires parce qu'elle a été longuement agitée dans le conseil de guerre de Trianon, et qu'il y a été dit que, parmi les agents de la deuxième catégorie, il était possible d'en trouver, si l'on en avait demandé, pour porter des dépêches, après le 1ᵉʳ septembre, à Paris, à Tours ou à Bordeaux. J'estime que ce renseignement a manqué d'exactitude, et, en tout cas, il est en contradiction formelle avec la déclaration que m'a faite le colonel Lewal, qui était chargé de la direction et de la surveillance de ces agents.

Sur la proposition qui lui fut soumise par le pharmacien en chef de l'armée, le maréchal autorisa cet officier de santé à lancer des ballons légers et par conséquent non montés, emportant des lettres d'un très petit poids. Ces ballons pouvaient être portés, avant de s'abattre, jusqu'au delà des parties du territoire occupées par l'ennemi, surtout lorsque le vent les poussait vers le sud. Une note attachée au paquet de lettres avait pour but de prier les personnes entre les mains desquelles ce paquet tomberait de le porter au bureau de poste français le plus rapproché, afin que les dépêches pussent parvenir à destination. Ce service était fait sous la surveillance du gouverneur de la place de Metz et fonctionna comme on l'avait prévu, c'est-à-dire que quelques ballons tombèrent entre les mains de l'ennemi, mais le plus grand nombre furent recueillis par des mains françaises. Le maréchal ne crut pas devoir user de ce moyen pour communiquer avec le gouvernement de la Défense nationale, parce que, dit-il, il y avait trop de chances pour que ses dépêches tombassent entre les mains de l'ennemi. Pour le même motif, il ne voulut pas, m'a-t-on assuré, écrire à la maréchale par cette voie.

CHAPITRE IV

Prise d'armes du 26 août. — Conseil de guerre de Grimont. — Prise d'armes du 31 août. — Bataille de Noisseville.

En même temps qu'il mettait ses troupes en état de reprendre la campagne, le maréchal manifestait hautement ses intentions de départ, sans dire, toutefois, quel était son plan d'opérations. Le 24 août, il m'invita à lui envoyer le colonel Lewal, et je me conformai à cet ordre sans en pressentir le but. Le 25, l'armée fut prévenue, dès le matin, qu'elle devait se tenir prête à faire un mouvement. Dès le 19, en prévision de cette éventualité, les troupes avaient reçu l'ordre, comme je l'ai dit, de se compléter en munitions et de se pourvoir de vivres, de manière que les soldats fussent constamment approvisionnés pour trois jours, y compris la journée courante, et, tous les matins, des officiers de l'état-major général étaient envoyés auprès des commandants des corps d'armée pour activer l'accomplissement de ces mesures et s'assurer de leur exécution.

Dans la soirée du 25, vers huit heures et demie,

le maréchal me fit inviter de nouveau à lui envoyer le colonel Lewal, et, quelques instants après, cet officier supérieur revint avec les instructions relatives au mouvement que devait faire l'armée, le lendemain, 26, en se mettant en marche dès le point du jour. Le colonel se mit aussitôt en devoir de me communiquer ces instructions; mais, déjà, j'étais frappé du peu de temps qu'il était resté chez le maréchal, et, en rapprochant cette circonstance de l'invitation que j'avais reçue la veille de l'envoyer au commandant en chef, je ne pus m'empêcher de ressentir un froissement d'amour-propre en pensant que, suivant toute probabilité, les instructions avaient été préparées par le maréchal avec le colonel, sans ma coopération.

Cependant, le temps marchait; il importait que les ordres de mouvement fussent envoyés le plus tôt possible aux commandants des corps d'armée pour qu'ils pussent parvenir en temps utile dans les régiments, en passant par les divisions et les brigades. Je renfermai en moi-même le sentiment pénible que j'éprouvais, et je dis au colonel Lewal que nous n'avions pas de temps à perdre, et qu'il eût à dicter les ordres que lui avait donnés le maréchal aux officiers de l'état-major général qui étaient prêts pour ce service. J'ajoutai que j'en prendrais connaissance pendant la dictée à laquelle je voulais assister. Cette dictée étant terminée, le colonel Lewal me présenta le travail. Je lui répondis que ce que j'en avais entendu m'en avait donné une connaissance suffisante, et je l'invitai en même temps à le soumettre immédiatement à la signature du maréchal. Ces ordres furent promptement envoyés. Ils prescrivaient au 2ᵉ corps de traverser la ville de Metz et de prendre position, sa droite à la route de Sarrebruck et sa gauche un peu en avant du village de Ventoux. Le 4ᵉ corps devait passer la Moselle sur les deux ponts qu'on avait jetés en aval de la place et s'établir ensuite en avant de Grimont. Le 6ᵉ devait passer la Moselle après le 4ᵉ et aller prendre position à sa gauche, en s'appuyant à la Moselle; le 3ᵉ, qui était déjà sur la rive droite, devait occuper l'espace compris entre le 2ᵉ et le 4ᵉ. Enfin, la garde impériale avait l'ordre de passer la Moselle en suivant le mouvement du 6ᵉ corps, et d'aller s'établir en réserve en arrière du 4ᵉ corps.

Les 2ᵉ et 3ᵉ corps se conformèrent aux ordres donnés et occupèrent, le 26, de bonne heure, les positions qui leur avaient été assignées; le 4ᵉ commença son mouvement après l'heure qui lui avait été prescrite. Il s'ensuivit un retard, et le 6ᵉ corps, ne trouvant pas les ponts libres à l'heure où il se présenta, dut attendre sur la rive gauche. La garde impériale subit le contre-coup de ce retard. C'est ainsi que les troupes s'accumulèrent sur la rive gauche, et, faute d'une surveillance suffisante de la part des commandants des corps d'armée et des divisions, certaines troupes voulurent passer les ponts avant leur tour et ne firent qu'ajouter au désordre. Néanmoins, vers midi, tous les corps étaient en position, à l'exception de la garde, qui commençait à passer les ponts.

Le maréchal était monté à cheval à onze heures et demie, et arriva vers une heure à Grimont. Pendant le trajet, il m'annonça qu'il avait convoqué les commandants des corps pour connaitre leur avis, et il ajouta : « *Que vont-ils me dire ?* » Je n'en pouvais rien savoir ; mais à la manière dont le maréchal avait prononcé ces mots, il me parut qu'il attachait une importance extraordinaire aux avis qui allaient lui être donnés, et qu'il se croyait peut-être dans l'obligation de s'y conformer. Je crus alors devoir lui faire remarquer que, quels que fussent ces avis, c'était à lui seul qu'il appartenait de prendre une décision, et que la responsabilité ne pouvait peser que sur lui. Cette observation resta sans réponse.

Depuis que les troupes avaient quitté leur campement, une violente tempête s'était déchaînée sur nos têtes, et il pleuvait à torrents, vers une heure et demie, lorsque les commandants des corps d'armée et les commandants en chef de l'artillerie et du génie se trouvèrent réunis au château de Grimont, suivant l'invitation qu'ils avaient reçue. Le général Bourbaki seul manquait au rendez-vous. Les troupes attendaient avec calme, sur leurs positions, l'ordre de se mettre en mouvement.

Le maréchal commandant en chef fit connaître en peu de mots la situation de l'armée et son intention de gagner Thionville par la rive droite de la Moselle. Il considérait comme praticable de faire ce trajet avec toute son armée, avant que l'ennemi eût le temps d'accourir avec des forces suffisantes pour lui barrer le passage. L'armée française devait ensuite passer sur la rive gauche de la rivière par le pont de Thionville et gagner le nord de la France en se dirigeant vers Montmédy.

Après cet exposé succinct de son projet d'opérations, le maréchal pria les généraux qu'il avait convoqués de lui faire connaître leur avis. Ceux-ci, répondant successivement, déclarèrent tous qu'ils étaient prêts à marcher et à obéir aux ordres qui leur seraient donnés; chacun d'eux se portait garant pour ses troupes, mais avec des nuances qui, selon mon appréciation, étaient moins dans les paroles mêmes que dans la manière de les exprimer et dans les physionomies. On sentait que les 4ᵉ et 6ᵉ corps n'étaient pas encore tout à fait remis de la vive secousse du 18 août; le 3ᵉ corps, sans le dire catégoriquement, laissait deviner qu'il serait aise de consacrer quelques jours de plus à sa reconstitution.

Le général Frossard fut plus explicite, et, tout en affirmant que les troupes du 2ᵉ corps étaient aussi bien disposées que possible, il déclara que, pour le moment, elles étaient en bien meilleure situation pour la défensive que pour l'offensive. Puis, la parole fut donnée au général Soleille, qui opina nettement pour l'expectative, en raison de l'état de reconstitution incomplète où se trouvait l'armée, et surtout pour ne pas exposer à être dispersée cette armée du Rhin, qui était alors la principale ressource de la France, presque la seule, même en admettant qu'on fût parvenu à en former une nouvelle au camp de Châlons, sous les ordres du maréchal de Mac Mahon. Il estimait qu'en restant à Metz, l'armée du Rhin retenait autour d'elle les 250,000 hommes du prince Frédéric-Charles, ce qui permettait à la France de réunir toutes ses forces; que l'armée ennemie qui, après avoir vaincu à Frœschvillers, avait continué sa marche vers Paris, serait bientôt réduite par son insuffisance numérique à revenir sur ses pas; qu'alors commencerait pour l'armée du Rhin le rôle vraiment grand que les circonstances lui assignaient. N'ayant plus devant elle que des troupes démoralisées, elle les disperserait et les poursuivrait sans peine jusqu'à la frontière, avec l'aide des habitants, heureux de venger les injures récentes qu'ils avaient reçues. Quant à présent, l'armée du Rhin, si elle sortait de Metz, aurait à combattre peut-être plusieurs jours de suite, et il était à craindre qu'elle ne vînt bientôt à manquer de munitions. En tenant ce langage, le général Soleille ne pouvait oublier, disait-il, qu'en 1814, l'empereur Napoléon Ier avait un instant formé un semblable projet, et il croyait que les circonstances nous ayant mis en position de le réaliser, nous devions profiter de la bonne fortune qui nous était offerte. D'ailleurs, les forts autour de Metz avaient besoin d'être achevés et armés pour mettre la place en état de faire une défense honorable, et cette œuvre ne pouvait être accomplie promptement que par l'armée.

Le général Coffinières, invité à donner son avis à son tour, se borna à traiter la question au point de vue des intérêts de la place. Les forts, disait-il, bien qu'ils aient été améliorés depuis quelques jours, peuvent à peine résister à une attaque de vive force, et l'un d'eux, celui de Queuleu, encore ouvert à la gorge, aurait beaucoup de peine à ne pas succomber à une attaque venant des villages de Montigny et des Sablons, où l'ennemi pouvait s'établir sans obstacle, après le départ de l'armée. La place, réduite dès lors à ses défenses propres, serait bombardée à courte distance et, bientôt écrasée par les projectiles, serait forcée d'ouvrir ses portes. Il pensait donc, en se mettant au seul point de vue des intérêts de la place, que l'armée devait rester sous ses murs quelques jours encore.

Il fut bientôt facile de voir que les commandants des corps d'armée étaient frappés des arguments présentés par les généraux Soleille et Coffinières. Alors, le maréchal Bazaine prit de nouveau la parole et résuma ce qui venait d'être dit, mais de manière à laisser comprendre qu'il était disposé à adopter ces derniers avis ; puis, s'adressant nominativement à chacun des membres du conseil, il les invita à faire connaître leurs sentiments. Ils opinèrent tous pour la proposition motivée du général Soleille, et la séance était sur le point d'être levée, lorsque le général Bourbaki entra. A une première interpellation, cet officier général répondit qu'il fallait se porter en avant; mais le maréchal lui ayant exposé en peu de mots ce qui avait été dit avant son arrivée, il opina comme ses collègues.

Il fut donc décidé que l'armée resterait provisoirement sous Metz; mais les membres du conseil furent unanimes pour déclarer en même temps que les troupes ne devaient pas rester inactives, et que, par des entreprises fréquentes, il fallait les tenir en haleine et fatiguer l'ennemi. Le maréchal Bazaine fit des recommandations dans ce sens et déclara aux commandants des corps d'armée qu'il les autorisait à faire devant eux telles opérations qu'ils jugeraient utiles et qu'ils croiraient pouvoir exécuter avec leurs propres forces. Ces opérations devaient avoir le plus souvent pour résultat, sinon pour but, de recueillir des denrées de toute nature qu'on savait exister dans les villages situés en avant de nos avant-postes, et nous permettre de restituer à la place une partie de celles qu'elle serait obligée de fournir pour l'entretien de l'armée.

Le commandant en chef donna, séance tenante,

les ordres que rendait nécessaires la résolution qui venait d'être prise. Il fut convenu qu'on dirait aux troupes que le mauvais temps s'opposait à l'exécution du mouvement qui avait été projeté.

L'armée reçut l'ordre de s'établir de la manière suivante :

Le 2ᵉ corps, de la rive droite de la Moselle à la Seille, garnissant la levée du chemin de fer ;

Le 3ᵉ, se reliant par sa droite avec le 2ᵉ et allant jusqu'à Saint-Julien ;

Le 6ᵉ, appuyant sa droite à la rive gauche de la Moselle et son extrême gauche au Coupillon ;

Le 4ᵉ, se reliant au Coupillon avec le 6ᵉ et contournant le massif de Plappeville et de Saint-Quentin jusqu'à la Moselle, où devait arriver sa gauche.

La garde impériale et la réserve générale de l'artillerie reprirent leurs emplacements de la veille sur le versant est du massif de Plappeville et de Saint-Quentin, et au Ban-Saint-Martin.

Le maréchal était à peine rentré à son quartier général que le temps se remit tout à fait au beau. On remarqua que ses voitures de bagages, quoique chargées et attelées, n'avaient fait aucun mouvement.

J'ai assisté à la conférence de Grimont sans y avoir voix délibérative, et j'ai suivi avec la plus grande attention tout ce qui a été dit dans cette importante séance. N'ayant pas eu à émettre mon avis, ma responsabilité n'est assurément engagée en aucune manière par la décision qui a été prise. Je ne pense donc pas que les convenances m'interdisent de faire connaître à mon tour ce que ma mémoire a retenu des choses qui ont été dites et faites ce jour-là, puisque le président du conseil de guerre de Trianon n'a pas jugé à propos de provoquer une déposition complète de ma part à ce sujet.

Je dois avant tout déclarer que le maréchal Bazaine n'a nullement fait connaître que le maréchal de Mac Mahon, à la tête d'une armée qu'il avait reconstituée au camp de Châlons, venait au-devant de nous pour nous aider à nous dégager des étreintes de l'ennemi ; mais j'ai la conviction que, si cette dernière circonstance eût été connue, tous les membres de la conférence auraient opiné pour l'exécution immédiate du mouvement qui avait été préparé. Le maréchal Bazaine lui-même a constaté qu'il n'avait pas fait une semblable communication, et il a ajouté qu'il ne pouvait pas la faire, puisqu'il n'avait pas encore reçu la fameuse dépêche que le colonel Lewal assure lui avoir remise le 23, et faisant connaître que le maréchal de Mac Mahon avec son armée avait quitté le camp de Châlons pour se diriger vers Metz. Tout ce que je puis ajouter sur ce point, c'est que j'ai complètement ignoré la dépêche qui a été l'objet d'une discussion qu'on n'a probablement pas oubliée.

Ce n'est que le 31 août, comme les commandants

des corps d'armée, que j'ai connu le mouvement de l'armée du maréchal de Mac Mahon vers nous. Il est vrai que le colonel Lewal, dans sa déposition, a déclaré qu'il m'en avait fait part et m'avait dit particulièrement que cette dépêche était entre les mains du maréchal Bazaine depuis le 23 août. Le colonel Lewal a aussi affirmé avoir fait une communication semblable au maréchal Canrobert et au commandant Samuel. Ce dernier, interpellé dans le cours des débats, a répondu qu'en effet il avait reçu cette confidence, mais pendant sa captivité en Allemagne.

Le maréchal Canrobert, sur la question qui lui en fut posée par le président du conseil de guerre, a aussi répondu qu'il n'avait reçu cette même communication du colonel Lewal que très tard, et alors qu'elle n'avait plus qu'un intérêt rétrospectif. Je regrette que le président n'ait pas cru devoir me questionner à ce sujet, et c'est un motif de plus pour que je déclare ici que le colonel Lewal ne m'a entretenu de cette dépêche et des détails qui s'y rattachent que dans le courant du mois d'octobre, après le 10 (je ne puis préciser la date), au moment où, les esprits étant agités par les conseils qui se tenaient dans le cabinet du maréchal, on commençait à incriminer le commandant en chef de l'armée. Je dois ajouter que le récit du colonel Lewal me parut alors entaché de passion et peu admissible. Il était, en effet, hors de toute vraisemblance

CHAPITRE IV.

qu'un maréchal de France, généralissime des armées chargées de repousser l'ennemi hors du territoire, eût pu laisser ignorer à ses lieutenants un renseignement aussi important, au moment où il croyait devoir les consulter sur le meilleur parti qu'il y avait à prendre. Les débats du conseil de guerre ont rendu public tout ce qui peut être dit sur ce point, et tout le monde a pu fixer son opinion. Je n'ai donc pas à conclure.

On a aussi discuté sur l'assertion émise par le général Soleille au sujet des munitions. Ma mémoire ne me permet pas de reproduire les propres expressions dont le général s'est servi à cette occasion ; mais, d'après l'impression qui m'est restée, il n'a pas dit que nous n'avions de munitions que pour une bataille. Il s'est borné à prévoir que l'armée aurait probablement à combattre plusieurs fois pour se dégager, et c'est à la suite de ces combats répétés que, selon lui, nous étions exposés à manquer de munitions.

Au reste, on s'est étonné à bon droit que les commandants des corps d'armée se soient laissé convaincre et entraîner par cet argument sans le relever, parce qu'il manquait d'exactitude, et qu'ils devaient savoir, comme le général Soleille, qu'ils étaient approvisionnés en munitions aussi complètement qu'au début de la campagne. Ils le savaient, en effet, parce que c'était la vérité, et que les commandants de l'artillerie des corps d'armée, dont c'était le devoir, n'avaient certainement pas manqué de leur en rendre compte. Ils le savaient aussi parce qu'ils l'avaient lu dans une dépêche de l'état-major général, datée du 23 août, et par laquelle le commandant en chef les invitait à faire cette communication à leurs troupes.

Ce que je viens de dire a été reconnu et constaté dans les débats du conseil de guerre, où plusieurs commandants des corps d'armée ont été amenés à dire qu'ils n'ignoraient pas, le 26 août, qu'ils avaient été complètement réapprovisionnés en munitions de toute espèce. Mais, sans doute dans le but d'atténuer la faute des commandants des corps d'armée, il a été produit une dépêche du général Soleille, du 22 août, faisant connaître avec détail au commandant en chef les munitions existantes dans les corps, et dont une reproduction textuelle aurait dû, a-t-on dit, être envoyée aux commandants des corps d'armée pour mieux frapper leurs yeux. Je n'opposerai qu'une réponse à cette allégation, celle que j'ai eu l'occasion de faire dans ma déposition devant le général rapporteur et que j'ai signée. Cette prétention et le motif sur lequel elle s'appuie tendraient à reconnaître que MM. les commandants des corps d'armée ne prenaient pas la peine de lire toutes les lettres qu'ils recevaient du maréchal commandant en chef, et je ne leur ferai pas l'injure d'émettre une supposition semblable.

Au surplus, j'espère qu'on me permettra de dire

ici, comme je l'ai fait dans ma déposition devant le conseil de guerre, par suite de quelles circonstances les commandants des corps d'armée n'ont pas reçu la communication textuelle de la lettre du 22 août du général Soleille. Le 23 au matin, le maréchal Bazaine m'ordonna de faire connaître dans toute l'armée qu'elle était aussi complètement approvisionnée en munitions qu'au début de la campagne, et de recommander en même temps qu'on portât cette communication à la connaissance des troupes. Je me conformai à cet ordre du maréchal en faisant insérer la communication dont il s'agit dans une circulaire relative à des questions d'artillerie. Cette circulaire avait été expédiée vers le milieu de la journée, et bientôt après on me remit la lettre du général Soleille, du 22, que le maréchal avait conservée dans son cabinet jusqu'à ce moment. Il me parut alors que la communication textuelle de cette lettre était superflue, puisque ce qu'elle contenait avait été inséré dans la circulaire qui venait d'être envoyée.

A ce conseil de Grimont, il a été aussi beaucoup parlé des forts autour de Metz. Le général Frossard, en sa qualité d'officier du génie, a reconnu, après les généraux Soleille et Coffinières, que ces ouvrages étaient loin d'être en état de résister longtemps à une attaque sérieuse. Le fort de Queuleu, qui alors encore était entièrement ouvert à la gorge, lui paraissait très compromis. Les coureurs ennemis étaient venus, le 16 août, jusqu'à la porte Serpenoise, pendant que l'armée se battait à Rezonville. Le général rappela cette circonstance, de laquelle il concluait que l'occupation du village de Montigny par l'ennemi ne présentait aucune difficulté, et que, dès lors, rien n'était plus facile que de prendre à revers le fort de Queuleu. C'est, en effet, cette opinion qui prévalut. Le maréchal Le Bœuf seul protesta par quelques mots contre l'appréciation qui avait été faite de la force de résistance des forts; mais ses conclusions n'en furent pas moins conformes à celles des autres commandants des corps d'armée.

Une considération qui, selon moi, n'a pas été étrangère à l'opinion qui fut émise par les commandants des corps d'armée, le 26 août, dans le conseil de Grimont, c'est que le projet d'opérations auquel s'était arrêté le commandant en chef pour sortir du camp retranché de Metz ne leur inspirait qu'une confiance limitée. En effet, s'il était admissible que l'armée se portât tout entière, par une marche rapide, sous les murs de Thionville, en suivant la rive droite de la Moselle, cette armée n'était pas moins soumise à l'obligation de repasser sur la rive gauche pour gagner Montmédy, et pour effectuer ce passage, elle ne pouvait disposer que d'un seul pont, car le maréchal n'avait pas cru devoir se faire suivre d'un équipage de ponts, et n'avait aucune raison d'espérer qu'il trouverait dans Thionville et ses environs le matériel nécessaire pour y suppléer. Le passage sur la rive gauche de la Moselle devenait ainsi une opération très longue qui aurait retenu l'armée pendant deux jours, peut-être trois, autour de Thionville, et eût donné aux 250,000 hommes du prince Frédéric-Charles plus de temps qu'il ne leur en fallait pour venir nous barrer le passage, en abandonnant momentanément le siège de Metz.

Il est à remarquer, en effet, qu'en suivant la grande route et la voie ferrée qui conduisent de Metz à Thionville, le prince Frédéric-Charles avait à parcourir un chemin plus court que le nôtre sans craindre d'être arrêté par un combat quelconque, puisque toute notre armée eût été sur la rive droite de la Moselle. Une grande bataille contre un ennemi très supérieur en nombre était donc inévitable au débouché de Thionville.

A la vérité, il était permis au maréchal Bazaine de penser que, dans cette rencontre, la victoire reviendrait sous nos drapeaux; mais ce succès seul n'aurait probablement pas suffi pour nous permettre de gagner Montmédy, Sedan et Mézières, c'est-à-dire pour mettre la Meuse entre l'ennemi et nous. En effet, en se rappelant que nous étions presque au lendemain des batailles de Rezonville et de Saint-Privat, on se rendait facilement compte que les corps ennemis qui, depuis ces journées, avaient poursuivi leur marche vers l'ouest, devaient se trouver à peu près à la hauteur de Verdun, et que l'armée du prince de Prusse elle-même, celle qui, après Frœschwiller, avait suivi le maréchal de Mac Mahon, ne devait pas avoir dépassé Châlons.

Rien n'était plus facile à ces troupes que de gagner les places de la Meuse par une marche rapide de quelques jours, qui ne pouvait être inquiétée sérieusement. Il suffit, en effet, de jeter les yeux sur une carte pour reconnaître que ces troupes avaient à parcourir un trajet moins long que la ligne courbe, à laquelle l'armée française aurait été assujettie pour éviter de violer le territoire neutre. Ces considérations amenaient à penser qu'à partir de Thionville, sinon plus tôt, nous aurions à livrer des combats incessants dans lesquels l'armée, même victorieuse, se serait réduite chaque fois et était exposée à succomber tout entière ou à passer en territoire neutre pour éviter un désastre (1).

Il est vrai que, dans ce que je viens de dire, il n'est pas tenu compte de l'armée du maréchal de Mac Mahon. En effet, le 26 août et même jusqu'au 31, on ne croyait pas que cette armée pût être mise en état de reprendre immédiatement la campagne. Depuis le 6 août jusqu'au 12, nous avions été tenus exactement au courant de la marche ainsi que de l'état physique et moral des troupes

---

(1) Depuis que ceci a été écrit, j'ai lu ce qui a paru de l'ouvrage de M. de Moltke, et il m'a été facile de constater que ces prévisions étaient fondées.

qui avaient combattu à Frœschwiller, et même de celles du général de Failly, qui, quoique n'ayant pas combattu, avaient été entraînées dans cette retraite. Des officiers de l'état-major général avaient été journellement envoyés auprès de ces troupes, et avaient rendu compte de la situation déplorable où elles se trouvaient. On considérait comme impossible de les remettre en présence de l'ennemi avec quelques chances de succès, avant de les avoir reconstituées matériellement et d'avoir ramené parmi elles l'ordre et la discipline, sans lesquels il n'y a pas d'armée. Ces troupes étaient, d'ailleurs, celles qui devaient former le noyau le plus solide de l'armée à reconstituer. Autour d'elles devaient venir se grouper des troupes de nouvelle formation, telles que les 4es bataillons, sur lesquels l'opinion était indécise, et peut-être aussi les bataillons de la garde mobile, qui n'avaient encore été soumis à aucune épreuve, mais qu'on avait beaucoup de peine à croire capables d'arrêter un ennemi exercé, discipliné et animé par l'ascendant de la victoire.

Ces considérations, il est vrai, n'ont pas été émises dans le conseil du château de Grimont, le 26 août, mais elles n'étaient pas moins dans les esprits et dans les entretiens particuliers, et il en résultait la conviction que les troupes réunies au camp de Châlons étaient hors d'état, pour le moment, d'entreprendre une opération de guerre et, par suite, d'inquiéter les manœuvres de l'armée allemande. Ce n'était là, assurément, qu'une appréciation qui pouvait être erronée, mais elle s'appuyait sur tous les renseignements qui avaient été recueillis jusqu'alors, et l'on sait maintenant qu'elle était partagée par le maréchal de Mac Mahon lui-même, qui, pendant plusieurs jours, a beaucoup hésité avant de diriger son armée vers l'Est, et n'a pris, en définitive, cette détermination que sous l'influence d'une dépêche qui l'a induit en erreur.

Par toutes ces considérations, le projet d'opérations présenté le 26 août par le maréchal Bazaine nous exposait très sérieusement à être écrasés par le nombre. J'estime, je le répète, que cette conviction, partagée par les commandants des corps d'armée, ne fut pas étrangère à l'avis qu'ils exprimèrent, le 26 août, à Grimont.

On admettra donc, je suppose, que ce n'était pas par Thionville que l'armée du Rhin pouvait être ramenée au sein de la France. Mais, à mon sens, ce serait une erreur non moins grande de conclure que, le 26 août, il n'y avait rien de mieux à faire que de la maintenir dans le camp retranché sous Metz. C'était, au contraire, le moment précis de la remettre en campagne et de tenter un effort suprême, sans se dissimuler les difficultés et les périls d'une opération semblable, et en choisissant la direction à suivre qui présentait le plus de chances de succès, alors même qu'on ne pût la considérer comme parfaitement sûre. Cette direction était, à mon avis, la route de Metz à Lunéville, par Château-Salins, pour se jeter immédiatement après dans les Vosges. Sur cette route, nous n'avions pas de rivière à traverser et qui pût nous forcer à suspendre notre marche. Nous y aurions rencontré certainement des troupes allemandes échelonnées par détachements pour assurer les communications de l'ennemi en arrière de ses armées ; mais nous n'avions pas à craindre une armée compacte, si ce n'est celle qui formait le blocus de Metz et qui se serait mise à notre poursuite. Mais il n'était pas impossible de gagner celle-ci de vitesse, en réduisant notre convoi à sa plus simple expression. Quant aux armées en marche vers Paris, elles étaient trop avancées pour qu'elles eussent seulement la pensée de revenir sur leurs pas en temps utile pour nous faire obstacle.

Il y avait donc tout lieu d'espérer que nous pourrions nous faire jour, et j'estime que, jusqu'au commencement de septembre, c'était la meilleure direction qui pût être donnée à l'armée. Au reste, l'opinion que je viens d'exprimer était si simple et s'adaptait si bien à notre situation, qu'elle a surgi d'elle-même dans plusieurs esprits. En ce qui me concerne, j'en ai entretenu le maréchal Bazaine en peu de mots, mais comme je le devais, le 26 août, pendant que nous nous rendions à

Grimont, et, bien qu'il ne m'ait fait alors aucune réponse, j'ai espéré un instant, le 27 août, qu'il en avait été frappé lorsqu'il fit demander des renseignements sur ce qui se passait à Mercy-le-Haut, à Courcelles-sur-Nied, à Faulquemont et à Remilly. D'autres, sans doute, lui ont tenu un langage semblable ; mais on ne sait que trop maintenant qu'il n'a tenu nul compte de ces avis.

Les troupes ayant pris, le 26 août, les nouvelles positions qui leur avaient été assignées, on se remit à l'œuvre pour achever de les reconstituer autant que possible, et les préparer à forcer la ligne ennemie. Il ne fut bientôt douteux pour personne que chaque jour notre situation s'aggravait, puisque l'armée consommait les approvisionnements de la place, qui ne se renouvelaient pas, et qu'en outre, sans perte de temps, l'ennemi élevait autour de nous des lignes de circonvallation qui devenaient de plus en plus difficiles à franchir. Sur certains points, à Sainte-Barbe, par exemple, on voyait s'élever une batterie considérable dans une position fâcheuse pour nous. Ainsi que je l'ai déjà dit, des recommandations pressantes avaient été faites aux commandants des corps d'armée d'opérer, en avant de leurs fronts, des coups de main destinés à inquiéter l'ennemi, à soutenir le moral de nos troupes, et à augmenter nos approvisionnements en fourrages et autres denrées que l'on savait se trouver en abondance dans les villages environnants. Mais ces ordres eurent peu de résultats, et je n'ai pas appris que les approvisionnements de la place et de l'armée en aient été sensiblement rehaussés.

On arriva ainsi au 29 août. Pendant cette journée, le bruit se répandit en ville et dans les camps que l'armée allait faire un mouvement; mais aucun ordre ne fut donné à ce sujet. Ce n'est que le 30 au matin qu'il fut prescrit de compléter à un approvisionnement de trois jours les vivres que les troupes ont l'habitude d'emporter, et de se tenir prêt à partir vers le milieu de là journée. Quelques heures après, le maréchal fit savoir que le mouvement était retardé, mais qu'on devait cependant continuer à se tenir prêt. Dans l'après-midi, je fus informé par hasard que, d'après un bruit en circulation, le maréchal de Mac Mahon, parti du camp de Châlons avec son armée, se rapprochait de nous pour venir à notre aide, et que nous allions à sa rencontre. C'est alors pour la première fois que j'ai entendu parler de ce mouvement. Préoccupé des dispositions à prendre pour la marche des troupes, j'allai demander au maréchal de me donner ses instructions, afin de pouvoir y réfléchir et préparer les ordres; mais je ne pus rien obtenir, bien que j'aie fait plusieurs fois la même démarche avant la fin du jour. Le maréchal me dit seulement que, cette fois encore, nous passerions la Moselle, et que le colonel du génie Boissonnet, chef d'état-major du commandant en chef du génie de l'armée, avait reçu directement l'ordre de faire préparer sur les deux rives du fleuve les débouchés des trois ponts qui avaient été construits en face de l'île de Chambière, afin d'éviter les désordres qui s'étaient produits le 26, par suite d'encombrement. Je prescrivis à trois officiers de l'état-major général d'aller s'assurer de la manière dont ces débouchés avaient été préparés, et je les prévins en même temps que chacun d'eux serait chargé le lendemain de veiller à ce que, au moment du passage des troupes, on observât fidèlement les ordres qui seraient donnés.

Dans la soirée du 30, vers huit ou neuf heures seulement, le colonel Lewal dut, comme le 25, se rendre auprès du maréchal. Il revint quelques instants après, me rapportant des ordres d'après lesquels les dispositions à prendre pour le mouvement qui devait s'exécuter le lendemain 31 étaient les mêmes que celles qui avaient été prescrites pour la sortie du 26 août. Seulement, le 2e corps étant déjà sur la rive droite de la Moselle, toutes les troupes venant de la rive gauche devaient passer les ponts en aval de Metz et traverser Chambière. L'armée s'ébranla au point du jour, les 4e et 6e corps effectuant leur mouvement simultanément. Chacun de ces corps avait à sa disposition exclusive un des ponts, et, pour éviter que les troupes marchant parallèlement pussent se mêler et se confondre, la traversée de l'île Chambière avait été balisée au moyen de petits drapeaux de couleurs différentes indiquant les directions qu'elles devaient suivre. En outre, un officier de l'état-major général avait été envoyé à l'entrée de chaque pont afin de veiller à ce que chaque troupe ne fît usage que de celui qui lui était destiné. Enfin, l'ordre de mouvement prescrivait aux commandants des corps d'armée et des divisions de faire exercer de leur côté une surveillance semblable par les officiers de leurs états-majors.

Malgré tous ces soins, le mouvement ne se fit pas avec l'ordre et la rapidité qu'on avait espérés. On vit bientôt des troupes s'entasser confusément à l'entrée des ponts et en rendre l'approche difficile à celles dont le tour était venu de s'y engager; la traversée de l'île fut aussi l'occasion d'un certain désordre, quelques détachements n'ayant pas suivi, malgré le balisage, la ligne qui leur était tracée. La confusion n'était pas moins grande aux débouchés des ponts sur la rive droite, et plus d'une fois les corps et les divisions s'enchevêtrèrent de manière à intercepter la route. Il en résulta une perte de temps notable, et à midi toute la garde impériale était encore sur la rive gauche, attendant que les ponts fussent libres et à sa disposition. Quant à la réserve générale de l'artillerie, ce ne fut qu'à six heures du soir qu'elle se trouva sur la rive droite et en mesure de prendre part à l'action.

Il m'a été rendu compte plus tard que les états-majors des corps d'armée et des divisions s'étaient abstenus d'exercer la surveillance prescrite par le commandement pour le passage des ponts, et, ce qui est plus grave, si c'est possible, qu'un officier général à la tête de sa troupe s'étant présenté à l'entrée d'un pont qui n'avait pas été affecté au corps d'armée dont il faisait partie, avait été vainement invité à aller prendre celui qui lui était destiné et avait passé outre en forçant la consigne, au mépris des ordres donnés par le commandant en chef, lesquels lui étaient rappelés par l'officier de l'état-major général. Je fis connaître ce fait au maréchal; il ne me répondit que par un mouvement d'épaules.

A une heure, les commandants des corps d'armée étaient réunis à Grimont. (Les commandants en chef de l'artillerie et du génie n'étaient pas présents à cette conférence.) Cette fois, ils avaient été convoqués pour recevoir les instructions relatives à l'opération qu'on allait entreprendre. C'est à ce moment que le maréchal Bazaine leur fit connaître que deux dépêches venues, l'une le 29 par Thionville, l'autre le 30 par Verdun, mais à peu près identiques, lui avaient annoncé qu'une armée venant du camp de Châlons, sous les ordres du maréchal de Mac Mahon, était déjà rendue sur la Meuse ardennaise pour nous donner la main. Nous allions donc nous diriger vers cette armée en restant sur la rive droite de la Moselle que nous passerions à Thionville. A cet effet, nous devions d'abord forcer la ligne d'investissement, et pour y parvenir l'action devait être entamée par le 3⁰ corps, qui, appuyé à sa droite par le 2ᵉ, devait enlever d'abord le village de Noisseville en suivant la route de Sarrelouis. Le 4ᵉ corps et puis le 6ᵉ devaient conformer leurs mouvements à celui du 3ᵉ en se proposant pour objectif l'enlèvement de la position de Sainte-Barbe, d'où l'armée gagnerait Thionville en se rabattant légèrement à gauche.

Il était deux heures, lorsque les commandants des corps d'armée quittèrent Grimont pour rejoindre leurs troupes, et le maréchal Le Bœuf, sur lequel tout le mouvement devait se régler, reçut l'ordre de ne se mettre en marche qu'au moment où le commandant en chef ferait tirer un coup de canon pour lui donner le signal. Immédiatement après, le maréchal Bazaine se mit à parcourir le terrain occupé par les troupes du 4ᵉ corps et s'avança au delà de la ligne des tirailleurs, sur la route qui conduit à Villers-l'Orme. A 700 ou 800 mètres de ce village, et un peu à gauche de la route, il fit construire un épaulement afin d'y abriter une batterie destinée à contre-battre celles de l'ennemi qui ne pouvait pas manquer de prendre position en avant de Servigny; puis, en revenant sur ses pas, il se rapprocha de Grimont, et un peu en avant de ce château, sur la droite de la route, il fit construire un autre épaulement où, d'après ses ordres, on plaça trois canons à grande portée qui avaient été empruntés au fort Saint-Julien situé un peu en arrière.

A quatre heures, le commandant en chef exprima son étonnement de ce que le 3ᵉ corps restait inactif. Je dus lui rappeler qu'il avait prescrit lui-même au maréchal Le Bœuf de ne se mettre en marche qu'au signal du coup de canon, qui fut donné alors, et nous vîmes bientôt les troupes s'ébranler. L'action s'engagea rapidement et marcha aussi bien qu'on pouvait l'espérer. Les 4ᵉ et 6ᵉ corps, de leur côté, s'avancèrent en se conformant au mouvement du 3ᵉ corps, et, à la nuit, nos troupes étaient établies à Noisseville, Servigny et Villers-l'Orme.

Cependant, des positions qu'il occupait autour de Metz, l'ennemi avait pu observer de très bonne heure les mouvements effectués par notre armée et voir très distinctement le passage de la rivière opéré par les 4ᵉ et 6ᵉ corps, pendant que les 2ᵉ et 3ᵉ reprenaient les positions qu'ils avaient occupées cinq jours auparavant. Dès lors, il s'était mis en devoir de renforcer les points de sa ligne de circonvallation qui étaient menacés, et, en effet, il fut bientôt facile à nos guetteurs de constater que des troupes venant de droite et de gauche se concentraient peu à peu entre Noisseville et Sainte-Barbe. Ils remarquèrent toutefois que les colonnes venant de la rive gauche, après avoir traversé la Moselle en aval de la place, étaient bien moins nombreuses que celles qui arrivaient du côté opposé.

Quoi qu'il en soit, après avoir été chassées de leurs positions dès notre première attaque, les troupes ennemies renforcées devinrent assez compactes pour qu'elles pussent faire un retour offensif, pendant la nuit, dans le village de Servigny. Ce mouvement, exécuté dans l'obscurité par des forces supérieures en nombre, mit nos troupes dans l'impossibilité de résister. Elles ne se retirèrent toutefois qu'après avoir tenté vainement plusieurs retours offensifs. Le lendemain matin, un épais brouillard ne permit pas de recommencer l'action avant sept heures. Elle fut reprise vaillamment, mais nos soldats étaient fatigués, et l'ennemi avait mis à profit les vingt-quatre heures qui venaient de s'écouler pour réunir en avant de nos attaques toutes les forces en hommes et en artillerie dont il pouvait disposer. Aussi cessâmes-nous bientôt de gagner du terrain, et nous ne tardâmes pas à voir le mouvement rétrograde se prononcer. Le commandant en chef, jugeant qu'il n'y avait pas lieu d'insister davantage, donna l'ordre de la retraite et de reprendre les campements qu'on avait abandonnés la veille. Dès le soir même, chacun était rentré dans son bivouac.

Le maréchal Bazaine, resté sur le champ de bataille, le 31 août, jusqu'à dix heures du soir, fut presque constamment exposé au canon de l'ennemi, et, vers six heures, mon cheval fut tué sous moi et à côté de lui par un éclat d'obus. Au moment où le jour finissait, il se porta jusqu'à l'entrée du village de Villers-l'Orme que nos tirailleurs occupaient, afin de s'assurer par lui-même de notre véritable situation. Il fit là quelques recommandations de détail, et, pensant que l'action ne serait pas reprise avant le jour (la nuit était très obscure), il se dirigea vers le village de Saint-Julien pour s'y reposer pendant quelques heures.

Le lendemain matin 1er septembre, je me rendis auprès de lui avant le point du jour pour prendre ses ordres, et il me dicta une note confidentielle qu'il me prescrivit de faire communiquer sans retard aux commandants des corps d'armée par les quatre colonels attachés à l'état-major général, dans la discrétion desquels il avait confiance, me dit-il. Je dictai, en conséquence, cette note aux colonels Lewal, d'Andlau (1), Lamy et Ducrot, qui l'écrivirent sur leurs calepins et reçurent l'ordre d'aller en donner communication chacun à un commandant de corps d'armée. Voici cette note :

« Selon les dispositions que l'ennemi aura pu
« faire devant nous, nous devons continuer l'opé-
« ration entreprise hier, qui doit : 1° nous conduire

(1) Dans un livre que j'ai entendu qualifier de pamphlet et qui a été jugé avec une juste sévérité dans les débats du conseil de guerre par l'avocat du maréchal, le colonel d'état-major d'Andlau n'a pas craint de rendre publique cette note qui ne lui avait été confiée qu'à titre confidentiel et pour le service. Il suffit d'énoncer cet acte heureusement rare dans l'armée pour qu'il soit apprécié comme il le mérite.

« à occuper Sainte-Barbe, et 2° faciliter notre
« marche vers Bestainville. — Dans le cas contraire,
« il faudra tenir dans nos positions, s'y fortifier, et
« ce soir nous reviendrons alors sous Saint-Julien
« et Queuleu. Faites-moi dire par le retour de l'of-
« ficier qui vous remettra cette note ce qui se passe
« devant vous. »

Après m'avoir dicté cette note, le maréchal me donna lecture de deux dépêches qu'il venait de préparer pour l'Empereur : l'une en prévision du succès de notre opération, l'autre dans la prévision contraire. Il se proposait d'envoyer du champ de bataille même celle des deux dépêches qui se trouverait conforme au résultat du combat. Elle devait être remise à un émissaire sûr, se faisant fort de traverser la ligne ennemie à la faveur du trouble qui suit ordinairement les batailles. Je ne sais si la seconde de ces dépêches a été envoyée.

La retraite de nos troupes, le 1er septembre, ne fut pas inquiétée par l'ennemi, et l'on a prétendu qu'elle avait été ordonnée trop vite. Je dois dire à ce sujet que le maréchal Le Bœuf a écrit sur le champ de bataille une note au crayon d'après laquelle la division Fauvart-Bastoul, du 2e corps, qui avait été mise momentanément à sa disposition, aurait exécuté, malgré ses ordres, un mouvement en arrière qui, en découvrant sa droite, avait entraîné son corps d'armée. Le général Fauvart-Bastoul s'est défendu de cette accusation lorsqu'il l'a connue, et, comme tant d'autres, ce fait sera peut-être toujours controversé.

Dans ces deux journées, les 3ᵉ et 4ᵉ corps furent à peu près seuls engagés. Le 2ᵉ se maintint dans les positions qu'il avait dû prendre au début, sauf la division Fauvart-Bastoul qui prit réellement part au combat. Le 6ᵉ n'eut à faire le coup de feu que par ses lignes de tirailleurs. La garde ne brûla pas une amorce. La cavalerie resta partout inactive. L'artillerie, au contraire, fut largement employée, j'entends les batteries des 3ᵉ et 4ᵉ corps et quelques-unes de celles de la réserve générale.

Il a été dit que le 31 août et le 1ᵉʳ septembre, le maréchal Bazaine n'avait pas eu l'intention de percer la ligne ennemie, et qu'au contraire, dès le 31 août au matin, il avait résolu de ramener son armée dans le camp retranché sous Metz. Je n'ai été témoin d'aucun fait, je n'ai pas entendu une seule parole, avant ou après le 1ᵉʳ septembre, qui me permette d'affirmer d'une manière catégorique quelles ont été les intentions du commandant en chef de l'armée. Les débats qui ont eu lieu devant le conseil de guerre ont mis ceux qui les ont suivis en position de fixer leur opinion à ce sujet. Je me bornerai donc à exposer les réflexions qui me furent suggérées le 30 août au soir et les deux jours suivants par les ordres de mouvement qui furent donnés et la manière dont le combat fut engagé.

Le 31 août, je m'attendais à ce que le commandant en chef se rendrait de bonne heure à Grimont, afin de veiller lui-même à la meilleure disposition de ses troupes avant le combat et de les mettre en mouvement le plus tôt possible. Je ne fus donc pas peu surpris de ne le voir monter à cheval qu'à onze heures et demie. Ma surprise augmenta lorsque j'appris que les commandants des corps d'armée avaient été convoqués à Grimont pour recevoir des instructions, et enfin je cherchai vainement une explication satisfaisante des différentes causes qui retardèrent jusqu'à quatre heures le commencement de l'action. Il me fut impossible de ne pas voir que nous perdions un temps précieux, et que les forces ennemies placées devant nous grossissant de minute en minute, la tâche imposée à nos braves soldats, déjà passablement ardue, allait devenir de plus en plus difficile. Je regrettais que le commandant en chef n'eût pas réuni les commandants des corps d'armée la veille à son quartier général pour leur donner des instructions, et que les 4° et 6° corps n'eussent pas commencé de meilleure heure le passage de la Moselle. Avec ces précautions élémentaires, l'opération pouvait sans difficulté s'engager à midi et même avant, si le commandant en chef avait cru ne pas devoir attendre que toute son armée eût passé la Moselle, comme il le pouvait, je crois, pour donner le signal de l'attaque. C'était plus qu'il n'en fallait pour que nos têtes de colonnes pussent gagner et dépasser Refontay, le château de

Gras, Sainte-Barbe, etc., avant que la ligne ennemie eût pu être renforcée d'une manière suffisante pour les arrêter ; c'était la trouée faite, et l'armée entière y aurait passé avec plus ou moins de dommages.

Qu'en serait-il résulté? Je crois fermement que l'armée du Rhin se serait mise le soir même ou le lendemain matin au plus tard en contact avec Thionville, et qu'elle aurait été bientôt groupée autour de cette place, surtout si son commandant en chef avait eu soin (j'ai vivement regretté cette omission) de lui faire connaître le but suprême qu'elle avait à atteindre, en s'adressant aux sentiments de patriotisme et d'honneur qui l'animaient. Cette conviction est aujourd'hui d'autant plus grande pour moi que, d'après ce que l'on sait maintenant, le prince Frédéric-Charles, bien que prévenu de ce qui se passait sur la rive droite de la Moselle, resta lui-même sur la rive gauche, ne s'éloignant pas du plateau de Gravelotte où il maintint la presque totalité des troupes de son armée qui occupaient les positions de ce côté. Il voulait, en effet, se tenir en mesure de venir promptement en aide, si cela devenait nécessaire, à l'armée allemande qui, au même moment, se trouvait en présence de l'armée du maréchal de Mac Mahon.

On peut donc affirmer, je crois, que le 31 août et le 1er septembre, l'ennemi était dans les conditions les moins favorables pour s'opposer à la marche de l'armée de Metz. Mais cette armée rendue à Thionville n'eût été qu'à sa première étape. Elle aurait eu encore à atteindre Montmédy, Sedan et Mézières pour regagner l'intérieur de la France et concourir à la défense du territoire. L'aurait-elle pu? Cette question a été agitée, et des opinions divergentes ont été émises.

En ce qui me concerne, je ne saurais que reproduire à ce sujet les réflexions que j'ai faites à propos du projet de sortie du 26 août. Dans l'un et l'autre cas, en effet, notre armée, en la supposant parvenue à Thionville, y aurait été suivie par l'armée entière du prince Frédéric-Charles et se serait trouvée, à partir de ce moment, en présence des difficultés que j'ai signalées. La place de Thionville, qui n'était alors que peu approvisionnée, n'aurait pu lui fournir qu'un faible ravitaillement, et bientôt, poussée par la plus grande des nécessités, la faim, elle se serait de nouveau vue dans l'obligation de forcer le passage à travers l'armée du prince Frédéric-Charles, réunie cette fois en une masse compacte. Le combat pouvait être heureux pour nous, et, dans ce cas, nous aurions eu encore à passer sur le corps de la grande armée ennemie qui avait anéanti à Sedan l'armée du maréchal de Mac Mahon, et dont une grande partie aurait certainement marché à notre rencontre.

Pouvions-nous espérer de sortir avec succès de ces différentes épreuves? Certes, le Dieu des armées nous redevenant favorable, cet heureux résultat pouvait être attendu du courage et de l'énergie de nos troupes ; mais il n'était pas dans la probabilité des choses humaines, et il reste toujours cette conséquence que, ne prenant en considération que les probabilités, la trouée par Thionville nous acculait à une impasse dont nous ne pouvions sortir que par une défaite ou en passant en pays neutre. J'ai donc la conviction intime que le 31 août, mieux encore que le 26, c'était en se dirigeant sur Château-Salins, Lunéville et les Vosges qu'on avait les meilleures chances de rendre à la France tout ou partie de cette armée dont elle a été si cruellement privée pour sa défense contre l'invasion. Mais je dois reconnaitre en même temps qu'à ce moment le commandant en chef de l'armée du Rhin, lié par les diverses dépêches qu'il avait adressées à l'Empereur et au maréchal de Mac Mahon depuis les batailles des 16 et 18 août, et qui avaient déterminé la marche vers Metz de l'armée reconstituée au camp de Châlons, s'était mis lui-même dans l'obligation rigoureuse de se diriger vers les places du Nord.

On a dit que le maréchal de Mac Mahon avait voulu, en partant du camp de Châlons, replier son armée sur Paris, et qu'il n'avait cédé, en la dirigeant vers la Meuse, qu'aux représentations du gouvernement qui avait insisté pour qu'il secondât *le plan du maréchal Bazaine*. Si cela est, il est permis de penser que ce plan lui-même est la plus grande cause de nos malheurs.

Quelques jours après le 1ᵉʳ septembre, j'entrais dans le cabinet du maréchal au moment où le général Changarnier en sortait. Les derniers mots de la conversation prononcés en ma présence et sans la moindre apparence de mystère me firent comprendre qu'il avait été question de nos combats, et que le maréchal s'était plaint que ses ordres n'étaient pas exécutés comme ils devaient l'être. Je pus alors constater une fois de plus la tendance regrettable du maréchal Bazaine à rejeter sur ses commandants de corps la responsabilité de tout ce qui arrivait de fâcheux dans l'armée. Je l'avais entendu déjà, dans plusieurs circonstances, insinuer que ses lieutenants manquaient d'intelligence de la guerre et négligeaient quelquefois, peut-être avec une intention calculée, de se conformer aux ordres qu'il leur donnait. J'ai lieu de croire que je n'ai pas été le seul à entendre ces insinuations, mais j'étais mieux placé que d'autres pour reconnaître combien peu elles étaient fondées et quel était le motif qui les dictait. Parmi les lieutenants du commandant en chef de l'armée du Rhin, il ne s'en trouvait pas un seul qui n'eût pour lui la déférence qui lui était due et ne mît le plus grand soin à lui obéir en toutes choses. Mais, soit par nature, soit par calcul, le maréchal Bazaine ne pouvait pas se résoudre à exercer le commandement d'une main ferme et vigoureuse. Trop souvent ses ordres manquaient de précision et même étaient accompagnés d'une phrase ou d'un mot sujet à observations. Dans bien des cas, on pouvait croire qu'ils prêtaient volontairement à l'équivoque (1). Enfin, si quelquefois ses lieutenants faisaient des observations qu'il avait en quelque sorte provoquées, il les accueillait ou plutôt il s'y soumettait, et en même temps il se plaignait de ne pouvoir pas obtenir l'exécution de ses ordres.

Il ne pouvait cependant pas se dissimuler que ces mêmes généraux, qui lui présentaient avec déférence les observations provoquées par lui, étaient prêts à obéir militairement à ses ordres s'ils avaient été donnés avec la netteté et la préci-

(1) Cette assertion est grave; mais je ne crois pas pouvoir l'omettre. Bien des fois, en effet, il m'est arrivé de faire remarquer au maréchal ce qu'il y avait d'ambigu dans les instructions qu'il envoyait à ses lieutenants et dans la manière de les présenter. Mes observations n'étaient même pas écoutées, et, de bonne heure, il me parut utile d'éviter que le maréchal ou d'autres pussent m'attribuer à moi-même ce qu'il y avait de contraire à la précision dans la correspondance qui sortait des bureaux de l'état-major général. A cet effet, je prenais note avec un soin extrême des prescriptions du maréchal en reproduisant ses expressions et ses tournures de phrase. Ensuite, je faisais écrire presque textuellement les lettres qui m'avaient en quelque sorte été dictées et que les officiers de l'état-major général étaient ensuite chargés de présenter à la signature du maréchal. Ces officiers avaient toujours l'ordre d'insister pour que le maréchal prît une connaissance complète des lettres avant d'y apposer sa signature, et s'assurât par lui-même qu'elles étaient en tout point conformes aux instructions qu'il m'avait données.

sion habituelles aux hommes qui savent prendre une décision et ont la ferme volonté de la faire exécuter sans en décliner la responsabilité. Mais, je l'ai déjà dit, il n'avait pas assez de confiance en lui-même pour exercer le commandement de cette manière, et, en définitive, écrasé par le sentiment de sa responsabilité, il lui semblait qu'elle était partagée par ceux qui étaient les plus élevés après lui lorsqu'il les avait consultés, même indirectement. En même temps, il dépréciait ces mêmes lieutenants, et, pour mieux parvenir à son but, il les attaquait par le ridicule, croyant se grandir lui-même par comparaison dans l'esprit de ceux qui l'entendaient. Cependant, il accueillait avec une bonhomie trompeuse tous ceux qui l'approchaient, et il m'est arrivé plusieurs fois de le voir faire une très gracieuse réception à ceux que, quelques instants auparavant, mais en leur absence, il avait accablés non seulement de ses sarcasmes, mais encore de ses insinuations malveillantes. Il se croyait populaire et voyait avec un dépit mal dissimulé tout ce qui pouvait attirer sur d'autres que lui l'attention publique. C'est dans ce sens qu'on peut dire qu'il était jaloux du commandement. Il était facile de le voir aux soins qu'il prenait de rejeter les insuccès sur ses sous-ordres.

La conduite du maréchal Bazaine à l'égard de son chef d'état-major général était conforme à celle qu'il tenait à l'égard de ses commandants des corps d'armée. On a vu déjà que, dès le 13 août, il prit soin de me tenir à l'écart et de me laisser ignorer non seulement ses projets, mais encore les renseignements qu'il recevait et quelquefois même les ordres qu'il donnait. En même temps, dans les rapports fréquents que j'avais avec lui pour le service, il me recevait avec la froide bienveillance qu'il m'avait témoignée précédemment. J'en vins à penser que j'avais peut-être inexactement apprécié ses procédés à mon égard, et je pus croire qu'en mettant de côté toute susceptibilité et continuant à servir avec zèle et dévouement, je parviendrais à obtenir sa confiance et à avoir auprès de lui la position qui m'était due. Mais le maréchal ne tint aucun compte ni de mon abnégation personnelle, ni des bonnes intentions qui me l'avaient dictée, ni de ma manière de servir, et chaque jour il m'était facile de constater que ma situation ne s'améliorait pas. Je n'étais pour lui qu'un secrétaire. Je ne savais rien des rapports verbaux qui lui étaient faits, je n'assistais pas plus que par le passé aux rapports fréquents auxquels étaient appelés successivement les commandants en chef de l'artillerie et du génie. Il ne recevait en ma présence l'intendant général intérimaire que lorsque je le lui amenais pour obtenir de lui une décision sur une mesure à prendre. Des trois grands chefs de service, celui-ci était le seul à me rendre compte exactement de tout ce qui se passait entre le commandant en chef et lui, et qu'il m'importait de savoir. C'est ainsi que je fus informé de la détermination du maréchal Bazaine de fixer lui-même les allocations attribuées à ses fonctions de commandant en chef de l'armée du Rhin et à celles des officiers des différents grades qui, par conséquence de ce nouveau commandement, se trouvaient investis de fonctions qui n'existaient pas sous le commandement en chef de l'Empereur.

Dans les premiers jours de septembre, le maréchal m'avait remis une lettre officielle qui lui avait été adressée par le général Coffinières dans le but de faire fixer les allocations qui lui étaient dues en sa qualité de gouverneur de la place de Metz. J'exprimai l'avis que ces nouvelles allocations ne pouvaient être déterminées que par le ministre de la guerre, auquel la demande du général Coffinières serait soumise le jour, que je supposais prochain, où nous serions de nouveau en communication avec le gouvernement, et, sur ma proposition, approuvée par le maréchal, il fut répondu officiellement dans ce sens au général Coffinières.

Cependant, quelques jours après, M. Gaffiot, sous-intendant militaire, qui, en l'absence de l'intendant général Wolf et de l'intendant de Préval, remplissait les fonctions d'intendant en chef de l'armée, vint me trouver pour me consulter, dit-il, au sujet du tarif des allocations nouvelles qu'il avait préparé, en exécution des ordres verbaux que lui avait donnés le commandant en chef. Ce tarif reproduisait, parait-il, par analogie, les allocations qui avaient été attribuées, par le ministre de la guerre, à l'armée d'Orient de 1854 à 1856. J'en pris connaissance et je ne crus devoir faire d'observations que sur un seul point, celui qui me concernait. D'après ce projet de tarif, il m'était alloué 30,000 francs pour frais de bureau, et cette somme me paraissant exagérée, je priai M. Gaffiot de la réduire au moins à 25,000 francs. Quelques jours après, le maréchal Bazaine me remit le tarif ainsi modifié, revêtu de son approbation, et me donna l'ordre de le faire mettre à exécution.

J'ai dit que je n'avais jamais eu connaissance des communications que se faisaient le maréchal Bazaine et le gouverneur de la place de Metz, ni des résolutions qu'ils arrêtaient de concert dans les rapports auxquels je n'assistais pas. Il en résulte que j'ai été complètement étranger aux dispositions qui ont été prises concernant la place. Mais il y avait une partie du service à laquelle je devais tous mes soins et sur laquelle, de bonne heure, j'appelai l'attention sérieuse du maréchal commandant en chef. Sur toute la ligne de nos avant-postes, les habitants des villages situés entre nos lignes et celles de l'ennemi demandaient à entrer en ville, sous prétexte d'affaires ou même d'apporter quelques provisions, et comme ces allées et venues pouvaient faciliter l'espionnage, il importait de les surveiller.

Le maréchal fit alors les recommandations les plus expresses pour que nul ne pût traverser nos lignes, dans un sens ou dans l'autre, s'il n'était muni d'un laissez-passer. Il restait à dire par quelle autorité devaient être délivrés ces laissez-passer. Comme il s'agissait des avant-postes de l'armée, j'émis l'avis que le chef d'état-major général seul devait être chargé de ce soin. Mais le maréchal Bazaine me répondit que les villages suburbains, même ceux qui se trouvaient entre les deux lignes des avant-postes, étaient sous l'autorité du commandant de la place, par la raison que le rayon d'action de celui-ci s'étendait bien au delà de ces villages, et, se basant sur cette considération, il décida que les laissez-passer seraient délivrés aux gens du pays par le gouverneur de la place, et qu'ils seraient signés par le chef d'état-major général toutes les fois qu'ils concerneraient des émissaires de l'armée.

Cette interprétation du règlement n'était assurément pas de nature à faire cesser les abus. Je crus devoir le faire remarquer, en insistant sur la difficulté qu'il y aurait à exercer un contrôle efficace sur les laissez-passer, puisqu'ils pouvaient émaner de deux autorités différentes, dont une seule, celle du chef d'état-major général, pouvait avoir action sur les commandants des avant-postes, juges forcés de la validité des permis qui leur étaient présentés. Mais le maréchal Bazaine ne maintint pas moins sa décision. Il ne voulait, disait-il, sous aucun prétexte, amoindrir l'autorité du gouverneur de la place. Quant aux abus qui se produisaient tous les jours et qui lui étaient signalés, il crut pouvoir les détruire en faisant à toute l'armée, et à plusieurs reprises, des recommandations pour que, sur toute la ligne des avant-postes, on se conformât scrupuleusement aux prescriptions réglementaires. Cependant, ces recommandations n'ayant pas produit tout l'effet qu'il en attendait, il invita, le 8 septembre, les commandants des corps d'armée à mettre à l'ordre le titre VIII du règlement sur le service en campagne concernant les avant-postes, avec injonction de faire lire ce titre pendant toute une semaine à l'appel de midi.

A la veille des sorties du 26 et du 31 août, il m'était à peu près démontré qu'il y avait de la part du maréchal parti pris de me tenir à l'écart; mais ma conviction à cet égard fut complète lorsque j'eus appris d'une manière certaine que le maréchal avait préparé le dispositif de ces sorties et son projet d'opérations avec un des officiers placés sous mes ordres et en prenant soin de me le laisser ignorer. Dès lors, je me devais à moi-même de ne pas conserver des fonctions qui étaient, en quelque sorte, paralysées entre mes mains, et je pris la résolution de demander à en être relevé aussitôt que l'armée du Rhin se retrouverait en relation avec le gouvernement. La pensée m'était venue d'abord de me retirer à l'instant même, en offrant ma démission au maréchal (1); mais la situation où nous nous trouvions était périlleuse, et je ne crus pas pouvoir m'y soustraire ; j'étais convaincu, d'ailleurs, que, d'une manière ou d'une autre, l'armée ne pouvait pas rester longtemps séparée du reste de la France.

Me considérant comme moralement forcé de rester, je résolus de faire une tentative pour provoquer une explication de la part du maréchal, que je ne désespérais pas de toucher par la loyauté de ma démarche. Sans m'écarter de mes devoirs de subordonné, je lui déclarai qu'en appelant auprès de lui

(1) A plusieurs reprises déjà, j'avais songé à résigner mes fonctions entre les mains du maréchal Bazaine. Chaque fois, la réflexion m'a fait renoncer à ce projet. Je ne pouvais pas me mettre, de mon propre fait, dans le cas de ne plus prendre part aux travaux de l'armée et aux dangers dont elle n'a pas cessé d'être entourée. En renonçant à mes fonctions, il fallait que je fusse assuré d'obtenir en échange un commandement de mon grade dans l'armée, et en aucun moment il ne m'a été possible d'avoir cette assurance ; la loyauté de ma conduite vis-à-vis du maréchal Bazaine n'ayant pu vaincre sa malveillance à mon égard, j'avais la conviction profonde que sous l'inspiration de ses sentiments hostiles, en me donnant un successeur, il s'abstiendrait de me donner aussi la compensation qui m'était due. Son imagination aigrie lui aurait fait trouver, je n'en pouvais douter, des prétextes spécieux pour me tenir en dehors de l'armée, simple spectateur des événements. Je ne pouvais pas m'exposer à un traitement semblable, et je résolus de conserver jusqu'à la fin les fonctions dont j'étais revêtu, en continuant à les remplir avec conscience et abnégation, comme c'était mon devoir. Mais j'aspirais de tous mes vœux à cette fin, et je dois dire que le

un des officiers sous mes ordres pour préparer le dispositif des mouvements des 23 et 31 août sans me faire participer à ce travail, il avait violé la règle hiérarchique et porté atteinte à mon autorité et à mon légitime amour-propre. Il se dispensa de me répondre, sans me dire le motif de son silence. J'ajoutai alors que je ne pouvais admettre une semblable irrégularité que par exception et à la condition que le colonel Lewal, à qui j'allais donner des ordres formels à ce sujet, me rendrait compte sans aucun retard de tout ce qui pourrait se passer entre lui et le maréchal concernant le service. Ces ordres furent immédiatement donnés, et je n'ai pas appris que, depuis ce moment, le maréchal se soit mis de nouveau en relation avec cet officier supérieur pour affaires de mon service.

langage que j'entendais tenir au maréchal m'a longtemps fait espérer qu'elle ne tarderait pas à venir.

Jusqu'au 20 octobre, le maréchal a saisi toutes les occasions de déclarer dans les termes les plus formels qu'il était pressé de s'éloigner de la place de Metz avec son armée, par un effort vigoureux, et, dans les derniers temps, il aimait à dire, en écartant avec horreur toute pensée de capitulation, que cette sortie s'exécuterait coûte que coûte, convaincu que, l'énergie aidant, elle était possible. Tous ceux qui l'ont approché ont pu lui entendre tenir ce langage, qui, dans sa bouche, était en quelque sorte devenu un lieu commun, et, jusqu'au 20 octobre, il a été permis d'y croire. Cette pensée était pour moi un grand soulagement, et j'entrevoyais avec une joie ineffable le jour où, rentré en France et en relation avec le gouvernement, il me serait possible de demander avec instance mon changement de position. Le bonheur suprême, à mes yeux, c'était de me soustraire à la haute et puissante autorité du maréchal Bazaine, en restant dans la ligne stricte de la discipline et du devoir.

CHAPITRE IV.

Quelques jours après cet incident, j'eus une nouvelle occasion de faire appel à la confiance du maréchal. Il venait de donner de l'avancement et des décorations aux officiers de l'état-major général, et même il s'était montré très généreux. Je le remerciai, et, cette circonstance me paraissant favorable, je lui fis observer que, dans la situation grave où nous nous trouvions, il importait au bien du service que je fusse initié à ses projets, afin de pouvoir le seconder. Il me répondit aussitôt d'un ton sec qui ne lui était pas habituel : « *Dans les circonstances présentes, je ne prends conseil de personne !* » Je n'avais pas un mot à ajouter et je me retirai.

A partir de ce moment, je me suis tenu dans une discrète réserve, convaincu plus que jamais que le maréchal Bazaine ne voulait avoir dans son chef d'état-major général qu'un agent passif, et appelant impatiemment l'heure où il me serait moralement possible de me démettre de mes fonctions.

Le maréchal Bazaine ne m'a donc jamais fait confidence de ses projets, ni avant ni après le 1ᵉʳ septembre, et il ne m'est pas possible de dire quels étaient ceux qu'il méditait à l'époque où ce récit est arrivé. Il n'a cependant jamais cessé d'exprimer devant moi l'intention de tenter une nouvelle sortie, et en effet, dès le lendemain du 1ᵉʳ septembre, il fit quelques dispositions qui furent interprêtées dans ce sens. Tout en caressant la pensée que la question se dénouerait peut-être ailleurs, il sentait la nécessité plus grande que jamais de ne pas rester inactif, et, tout d'abord, de s'étendre en avant de lui. Il voulait ainsi se mettre en meilleure situation d'agir lorsque le moment opportun se présenterait, et il avait aussi pour but d'augmenter les approvisionnements de son armée. C'est alors que le général Frossard fut invité, le 2 septembre, à étudier une opération tendant à l'occupation de Mercy-le-Haut, et que, le 3, le maréchal Canrobert fut invité à débusquer du château de Ladonchamps une grand'garde ennemie qui l'occupait.

Je n'ai jamais vu les réponses qui ont été faites au sujet de ces opérations, et j'ignore si elles ont été reçues par écrit ou de vive voix; mais il est certain qu'à cette époque il n'a rien été fait ni vers Mercy-le-Haut ni à Ladonchamps, et il me semble entendre encore la voix du commandant en chef se plaignant à cette occasion de ce qu'il ne pouvait obtenir des commandants des corps d'armée qu'ils fissent contre l'ennemi les opérations les plus simples. J'ai aussi le souvenir qu'à ce sujet, je fis remarquer au maréchal que le général Frossard avait été invité *à étudier* l'opération sur Mercy-le-Haut, et non pas à l'exécuter, et que le maréchal Canrobert, au lieu d'un ordre formel d'exécution, n'avait reçu qu'une invitation peu précise et qui laissait à son appréciation une certaine latitude.

Je proposai en même temps de donner de nouveaux ordres, et dans des termes qui ne laisseraient aucune prise à l'hésitation ni aux observations. Je ne reçus pas de réponse, et ces affaires en restèrent là.

CHAPITRE V

L'armée apprend la catastrophe de Sedan. — L'armée apprend la révolution du 4 septembre. — Mission du général Bourbaki. — Opérations sur Peltre, Ladonchamps et Colombey. — Conseil de guerre du 4 octobre. — Opérations sur les grandes et petites Tapes. — Conseil de guerre du 10 octobre.

C'est le 3 septembre que nous eûmes les premières nouvelles de la catastrophe de Sedan, par un officier de l'état-major général qui avait été envoyé en parlementaire pour un échange de prisonniers blessés. Ces nouvelles venant de l'ennemi parurent invraisemblables et suspectes, bien qu'elles fussent corroborées par des hourras répétés et venant du camp prussien, que nos avant-postes entendirent le même soir. Elles furent donc tenues secrètes ; mais, deux jours après, elles nous parurent moins improbables. Deux hommes rentrèrent dans Metz et déclarèrent qu'ils avaient fait partie d'une colonne de prisonniers de guerre faits à Sedan et s'étaient évadés.

Ce même jour, en effet, nos guetteurs avaient remarqué à l'horizon de longues colonnes de poussière venant de l'ouest et se dirigeant vers l'est par le sud de Metz, au sujet desquelles on avait fait des conjectures. Une rumeur vague s'était répandue dans la place et dans les camps que c'était l'ennemi qui, après avoir éprouvé une grande défaite, se repliait vers l'Allemagne. On assurait même que le roi Guillaume se hâtait de revenir à Berlin, qu'il avait passé la nuit non loin de Metz, et qu'un émissaire secret était venu en instruire l'évêque et le directeur du collège des Jésuites. Mais, le 7 septembre, cette illusion fit place à la triste réalité.

Le lendemain des batailles de Rezonville et de Saint-Privat, le commandant en chef, dans le but, dit-il, de ménager nos approvisionnements de vivres, avait renvoyé à l'ennemi environ 1,500 prisonniers que nous lui avions faits dans les différents engagements qui avaient eu lieu depuis le commencement de la campagne, et avait demandé, en même temps, qu'en échange on lui renvoyât un nombre égal de prisonniers français tombés entre ses mains dans les mêmes circonstances. Le général en chef allemand avait répondu que les prisonniers français étaient déjà rendus en Allemagne, et qu'il se mettait en mesure d'en faire revenir le nombre nécessaire pour accomplir l'échange. Mais le 7 septembre, il nous envoya par les avant-postes de Moulins 750 soldats français, non pas de ceux qui avaient combattu autour de Metz, mais de ceux qui avaient appartenu à l'armée du maréchal de Mac Mahon et venaient de Sedan. Ces 750 hommes avaient été choisis dans les troupes d'infanterie appartenant aux différents corps d'armée, probablement afin que nous fussions informés par eux des divers incidents qui avaient amené la grande catastrophe. Parmi eux, il n'y avait pas un seul homme appartenant aux armes spéciales, et on les avait arrêtés avant qu'ils eussent passé la Moselle, afin de nous les renvoyer par la route d'Ars. Ils étaient l'explication vivante de ces longues colonnes de poussière qui avaient été observées à l'horizon par les guetteurs et qui continuèrent à être vues pendant plusieurs jours.

Par ces 750 hommes que le maréchal Bazaine fit répartir dans tous les régiments d'infanterie de son armée, la vérité fut bientôt répandue dans la place et dans les camps. Les récits qui circulaient firent connaître d'une manière générale le combat de Beaumont, la concentration de l'armée autour de Sedan, son investissement par l'ennemi et sa capitulation après la blessure du maréchal de Mac Mahon. Les hommes qui avaient appartenu au 12ᵉ corps d'armée étaient fiers de dire qu'ils avaient combattu énergiquement jusqu'au dernier moment, et que les autres corps s'étaient promptement trouvés hors d'état de soutenir la lutte.

Il est facile d'imaginer la consternation de toute l'armée lorsqu'elle apprit ces funestes nouvelles; mais son moral n'en fut pas sensiblement atteint, et bientôt nos soldats ne furent plus animés que d'un sentiment, celui de la vengeance. Cette évolution morale s'accentua encore davantage quelques jours après la prise de Strasbourg.

De même qu'il nous avait renvoyé des prisonniers de guerre faits à Sedan en échange d'une partie de ceux qu'on lui avait rendus, l'ennemi, voulant que l'armée de Metz connût toutes les circonstances qui avaient accompagné le siège et la capitulation de Strasbourg, nous rendit, pour achever de s'acquitter envers nous, quelques centaines de prisonniers de guerre provenant de cette place. Il y avait parmi ceux-ci des sous-officiers très énergiques et animés des sentiments les plus patriotiques. Pendant qu'on les acheminait tous vers nous, quelques habitants, éludant la surveillance allemande, avaient pu se mettre en relation avec eux et leur avaient annoncé que les montagnes des Vosges étaient occupées par des bandes considérables de francs-tireurs qui harcelaient les derrières des armées ennemies et s'apprêtaient à ouvrir la voie jusqu'à Metz à une armée qui se formait dans le centre de la France.

Ces nouvelles, ayant été répandues, avaient produit le meilleur effet. Mais on eut soin de tenir aussi secrets que possible les renseignements détaillés qui furent donnés, le 18 septembre, sur les événements de Sedan, par un lieutenant-colonel de cavalerie revenant de Mayence comme prisonnier de guerre échangé. Cet officier supérieur nous donna des détails circonstanciés sur ce qui s'était passé dans les différents corps d'armée pendant les tristes journées des 1er et 2 septembre.

Durant une heure entière, il avait tenu ses auditeurs attentifs par les récits les plus navrants et qui, hélas! n'étaient que trop véridiques. Pour ceux qui l'ont entendu, le 18 septembre fut un véritable jour de deuil.

Le 10 septembre, nous apprimes la révolution du 4 septembre, par deux voies différentes. Un capitaine d'infanterie rentrant de captivité par échange apporta un journal qui faisait connaître sommairement la disparition du gouvernement impérial, la proclamation de la République et les noms des membres du nouveau gouvernement. Quelques heures plus tard, ces renseignements étaient confirmés par un soldat qui, après avoir été soigné à Ars-sur-Moselle d'une blessure qu'il avait reçue à la bataille de Rezonville, était parvenu à s'échapper et à rentrer dans Metz, portant avec lui une des affiches qui avaient été placardées sur les murs de Nancy pour faire connaître ces événements à la population. Le lendemain, les mêmes nouvelles nous furent apportées par un officier de l'état-major général qui, ayant été envoyé en parlementaire, s'était procuré un journal allemand, la *Gazette de la Croix*.

Ces grands événements ne pouvaient manquer de se répandre, et le maréchal jugea convenable de les porter lui-même à la connaissance des commandants des corps d'armée et des généraux de division qu'il convoqua à cet effet, le 12, à son quartier général. Dans cette réunion, il fit la lecture des articles de journaux qu'il avait reçus rendant compte des événements, et s'abstint de tout commentaire pouvant avoir une apparence politique. Il ajouta seulement qu'il n'en savait pas davantage que ce qu'il avait lu. Puis, ne croyant sans doute pas pouvoir se dispenser d'indiquer le rôle que, dès ce moment, il se proposait d'assigner à l'armée, il déclara qu'il s'abstiendrait de grandes luttes, et que, en attendant les ordres du gouvernement, l'armée devait être tenue en éveil par de petites opérations dont il engagea les commandants des corps d'armée à prendre l'initiative. Enfin, il invita les officiers généraux à faire connaître à leurs troupes les graves changements qui étaient survenus dans le gouvernement de la France.

Cette communication ne fut suivie d'aucune observation importante. La conférence se prolongea néanmoins pendant une demi-heure environ ; mais la plus grande partie de ce temps fut consacrée à des questions d'administration intérieure des corps de troupe qui furent soulevées presque sans motif, si ce n'est dans le but d'éviter tout commentaire et particulièrement toute demande d'instructions qui aurait pu être faite.

Quelques jours après, le 16 septembre, le commandant en chef fit part à toute l'armée, par la voie de l'ordre, des événements du 4 septembre, et fit connaitre en même temps les noms des membres du nouveau gouvernement. A cette occasion, il exprima en quelques mots l'opinion que l'armée n'avait à se préoccuper que de la défense du pays contre l'étranger et les ennemis de l'ordre social.

Il y avait à la suite de l'état-major général un secrétaire d'ambassade, M. Debains, qui avait été envoyé dès le début de la guerre sans attribution connue de moi, et qui, si je ne me trompe, était chargé par le major général des communications à faire à la presse. M. Debains était resté à l'état-major général après le départ de l'Empereur ; mais, réduit bientôt à l'inaction, il pensa qu'après la révolution qui venait de s'accomplir, ses services seraient plus utiles ailleurs qu'à l'armée. Par suite, il demanda et obtint l'autorisation d'essayer, le 12 septembre, de franchir, sous un faux nom, les lignes prussiennes. Cette tentative n'eut pas de succès, mais M. Debains passa toute une journée à Ars, en attendant que l'autorité supérieure allemande eût statué sur sa demande de passage, et, pendant ces longues heures, il eut de fréquents entretiens avec les officiers qui l'avaient arrêté. Il eut même toute facilité de prendre connaissance des journaux allemands que possédaient ces officiers.

N'ayant pas pu obtenir l'autorisation de franchir les lignes allemandes, et rentré à Metz, M. Debains rédigea une note destinée à faire connaitre au maréchal Bazaine les nouvelles qu'il avait recueillies dans les journaux et dans ses conversations avec les officiers allemands, et il la mit sous les yeux du commandant en chef. Celui-ci jugea utile de la communiquer aux commandants des corps d'armée et m'ordonna de leur en envoyer copie à titre confidentiel. J'étais occupé à un travail important lorsque je reçus cet ordre, et je chargeai le lieutenant-colonel Nugues, de l'état-major général, de faire faire ces copies sous sa dictée, par des officiers, me réservant d'en prendre connaissance ultérieurement. Bientôt après, le lieutenant-colonel Nugues vint me faire remarquer combien étaient graves les renseignements contenus dans cette note, et il ajouta qu'il considérait comme dangereux et coupable de la transmettre, attendu qu'elle ne pouvait que jeter le découragement dans l'armée. Je lus alors ce rapport, et je n'hésitai pas à partager l'opinion que m'avait exprimée le lieutenant-colonel Nugues. On jugera de l'impression que j'éprouvai par les conclusions que je transcris ci-après :

« En résumé », disait M. Debains, « 600,000
« Allemands sur le territoire français. Plus d'ar-
« mée régulièrement organisée en France, si ce
« n'est celle de Metz ; pas d'enthousiasme vigou-
« reux pour la cause nationale dans les provinces
« envahies ; union complète des Allemands pour
« le triomphe de la cause ; toute discussion sur la
« forme de l'État allemand remise après la fin de

« la guerre ; pas de chances de l'intervention ar-
« mée de l'Autriche ; l'Autriche et la Russie tra-
« vaillant à la paix sans avoir encore signifié à la
« Prusse les bases à accepter ; grand effort de
« l'armée ennemie sur Paris ; Metz laissé à l'arrière-
« plan ; siège prochain dans six ou huit jours,
« quand la grosse artillerie sera arrivée. »

Je me rendis immédiatement auprès du maréchal. Je le priai de relire la note de M. Debains, et de peser toutes les conséquences démoralisantes qu'elle pouvait avoir si la communication en était faite dans l'armée ; je fis remarquer que, d'ailleurs, les renseignements donnés par M. Debains n'avaient rien d'authentique. Ils avaient été puisés dans des conversations avec des officiers ennemis et dans leurs journaux, et tout portait à croire qu'ils étaient au moins entachés d'exagération, et probablement mensongers. Je lui demandai, en conséquence, de renoncer à la communication qu'il se proposait de faire. Le maréchal ne prit pas la peine de réfuter mes observations. Il se borna à me répondre que les commandants des corps d'armée lui demandaient tous les jours et à toute heure de recevoir communication des renseignements importants qui lui parvenaient ; qu'ils se plaignaient même de n'avoir été informés de certains événements que par la voix publique. Le maréchal se disait fatigué de ces plaintes, et voulait en éviter le renouvellement en donnant à ses lieutenants un témoignage de sa confiance et de sa loyauté. Il faisait enfin remarquer que ces renseignements n'étaient donnés qu'à titre confidentiel, et que les commandants de corps d'armée étaient, à ses yeux, au-dessus de tout soupçon de se laisser démoraliser. Cependant, prenant en considération, dans une certaine mesure, les observations que je lui avais soumises, il consentait, dit-il, à ce que la note ne fût pas envoyée en copie. Un officier de l'état-major général devait se rendre auprès de chacun des commandants des corps d'armée, et lui donner lecture de l'expédition qui lui avait été destinée sans la laisser entre ses mains. Sur de nouvelles instances que je crus devoir faire, le maréchal consentit, en outre, à ce que les conclusions de la note ne fussent pas lues.

C'est ainsi que fut transmise cette communication. Elle n'était certes pas exempte de danger; mais restreinte à une simple lecture, que j'avais d'ailleurs recommandé de faire rapidement, elle avait perdu une grande partie de son importance. En effet, la plupart des commandants des corps d'armée en avaient à peine conservé le souvenir, lorsqu'il en a été parlé devant le conseil de guerre. Au reste, nous ne tardâmes pas à reconnaître que M. Debains avait accepté trop facilement certains renseignements, qui furent reconnus inexacts. La place de Strasbourg n'était pas tombée le 9, comme l'affirmait la note,

J'ai dit que l'effet moral produit sur l'armée par la catastrophe de Sedan n'avait laissé aucun indice de démoralisation, et qu'au contraire le sentiment de la vengeance n'avait pas tardé à rester seul dans tous les cœurs. Le moment est venu de faire connaître aussi comment furent accueillies les premières nouvelles de la révolution du 4 septembre, et les impressions qu'elles produisirent sur les esprits. Assurément, l'armée n'avait pas pensé à la possibilité d'un aussi grave événement, et cependant elle ne laissa paraitre aucune émotion dans un sens quelconque, de telle sorte qu'il était presque permis de croire à son indifférence sur cette matière. Il n'y eut pas même une apparence de manifestation en faveur de la République. C'est à peine si, parmi les officiers de divers grades, quelques-uns, placés plus ou moins en évidence, profitèrent de cette occasion pour affirmer sans bruit les sentiments libéraux qu'on leur connaissait. D'autres, un peu plus nombreux, commencèrent à répudier, dès ce moment, les convictions qu'ils avaient manifestées jusqu'alors en faveur du principe impérial. Il fut même facile de remarquer, parmi eux, certains hommes qu'on croyait irrévocablement attachés par la reconnaissance à la personne de l'Empereur et à celle de l'Impératrice qui les avaient comblés de faveurs. Quant à ceux qui restaient dévoués quand même à la cause impériale, ils n'avaient pas la parole, ou du moins ils n'en usaient qu'avec une discrète réserve, de sorte qu'il était difficile de les compter. Cependant, ces derniers, forts de ce que la République n'était pas proclamée dans l'armée, n'abandonnaient pas toute espérance.

Le maréchal, de son côté, qui, je crois, avait été comme tout le monde surpris par l'événement, n'exprimait aucun sentiment dans un sens ou dans l'autre, et donnait satisfaction à toutes les opinions, en déclarant qu'il maintiendrait le *statu quo* dans l'armée jusqu'au moment où elle serait déliée de son serment. Il disait aussi, sans se préoccuper de rester conséquent avec cette déclaration, qu'il attendait que le gouvernement de fait qui s'était établi à Paris le 4 septembre, lui notifiât son avènement.

Dans l'affectation que le maréchal mit à tenir ce langage, il fut facile de voir un moyen prudent et habile d'attendre les événements pour se prononcer définitivement et, peut-être, devenir l'arbitre de la situation. Il n'est pas impossible, en effet, que le maréchal crut pouvoir disposer de l'armée à son gré. Cette illusion était partagée par les partisans de l'Empire, dont la plupart faisaient partie de la garde impériale. Il eût été dangereux, d'ailleurs, d'enlever à cette garde son titre, c'est-à-dire ses privilèges, et surtout sa solde exorbitante, pour la remettre au rang des troupes de la ligne. Elle constituait une masse imposante dont le maréchal Bazaine entendait ne pas se séparer, et au moyen de laquelle il se croyait assuré d'entraîner l'armée dans la voie politique où il lui plairait de la conduire.

Cependant, le doute traversait par instants son esprit, et, pour ne pas être exposé à perdre sa haute position, il parlait de manière à donner satisfaction à tous les sentiments. Mais ces propos n'étaient tenus par le maréchal que dans les conversations privées, et ne pouvaient se répandre qu'avec lenteur. Ils ne furent l'objet d'aucun acte officiel, de telle sorte que l'armée, à laquelle on ne disait pas si elle restait impériale ou si elle devenait républicaine, vivait dans une incertitude complète, qui pouvait être prise pour de l'indifférence. Au fond, ce n'était, pour le moment, qu'un détail sans importance sérieuse. Quelle que fût la division des esprits sur la forme du gouvernement, ils étaient tous d'accord sur un point, celui du sentiment national. Il fallait attendre, disait-on, que la France manifestât ses volontés, et l'armée, qui entendait ne pas se séparer de la nation, s'y conformerait avec déférence. Provisoirement, elle n'avait qu'à remplir sa mission : combattre l'ennemi et le rejeter, si c'était possible, hors du sol de la patrie.

Il ne régnait donc dans les rangs aucune surexcitation, et il ne pouvait pas en être autrement, puisqu'on n'y savait presque rien de ce qui se passait en dehors de l'enceinte du camp retranché de Metz, et qu'on y était absolument étranger aux agitations de la France. Cependant, il était impossible que les premières nouvelles, répandues soudainement, n'apportassent pas un certain trouble dans quelques esprits. Voici, en effet, ce qui arriva.

Le maréchal Canrobert ayant donné l'ordre que, dans son corps d'armée, les officiers nouvellement promus fussent reconnus le dimanche suivant dans leur grade, les colonels et autres officiers chargés de prononcer la formule, au lieu de dire : *Au nom de l'Empereur!* hésitèrent d'abord et puis dirent, les uns : *Au nom du peuple français!* les autres : *Au nom de la République française!* ou bien encore : *Au nom du gouvernement de la Défense nationale!* Informé de ce qui avait eu lieu, le maréchal Canrobert alla, m'a-t-on assuré, en conférer avec le commandant en chef, et les officiers continuèrent à être reconnus au nom de l'Empereur. Cet incident n'est pas arrivé jusqu'à moi par la voie officielle, et l'état-major général n'a pas eu à s'en occuper. Je l'ai appris par le général de Chanaleilles, dans la brigade duquel les faits se sont passés.

La révolution du 4 septembre avait agité la ville de Metz bien plus profondément que l'armée. L'opinion républicaine, qui y était depuis longtemps représentée par une partie considérable de la population, puisa dans cet événement de nouvelles forces qui s'accrurent encore par les publications des journaux. Il eût été facile, en vertu de l'état de siège, de modérer l'expansion turbulente de ces feuilles, qui n'étaient pas moins répandues dans les camps que dans la place, et il est probable que cette question a été agitée entre le commandant en chef de l'armée et le commandant de la place dans leurs rapports ordinaires. Mais, comme je n'ai jamais assisté à ces rapports, j'ignore entièrement les motifs pour lesquels la presse messine est restée libre de traiter à son gré des questions politiques brûlantes qui pouvaient avoir pour conséquence la division de l'armée, au moment où celle-ci ne devait trouver que dans l'union son salut et peut-être celui du pays. Je n'ai sur cette question que des présomptions, mais je n'hésite pas à les faire connaître, parce que tout ce que j'ai vu et entendu par la suite me donne lieu de les considérer comme fondées.

Le commandant en chef, soit de lui-même, soit par suite des entretiens fréquents qu'il avait avec les commandants des corps d'armée, aurait voulu contraindre les journaux à modérer leur langage; mais le gouverneur de Metz, tout en déplorant les excès de presse qui lui étaient signalés, refusait de les réprimer par la force de son autorité, en alléguant que la violence aurait pour résultat de surexciter toute une population qu'il croyait plus facile et plus sage de conduire par la persuasion. Il attendait donc pour sévir les ordres du commandant en chef qui s'abstenait d'en donner, sous le prétexte qu'il ne voulait pas s'ingérer dans les affaires de la place. Le maréchal croyait, par ce subterfuge, mettre sa responsabilité à couvert. Quoi qu'il en soit, je considère comme incontestable que les journaux de Metz qui, dans une certaine mesure, ont exprimé l'opinion dominant dans la ville, ont notablement contribué à agiter les esprits de l'armée, d'abord au point de vue purement politique, et plus tard au point de vue de la discipline.

Cependant, le maréchal Bazaine ne cessait pas de se montrer préoccupé du moyen de ramener son armée au cœur de la France. Le 10 septembre, par exemple, il me sembla qu'il préparait un mouvement dont j'ai toujours ignoré le plan et le but. Il voulut savoir quel était l'état des ponts et s'ils pouvaient être utilisés après les pluies et la crue de la Moselle que nous venions de subir. C'est aussi vers cette époque qu'il eut l'idée de faire exécuter par la rive droite une irruption de cavalerie, dans le but de faire à travers la ligne ennemie une trouée par laquelle, espérait-il, l'armée entière passerait. Il appela le général du Preuil pour le charger de cette mission, et j'entrai par hasard dans son cabinet au moment où celui-ci désignait les quatre régiments qu'il désirait avoir de préférence pour exécuter cette vigoureuse opération. Je ne fus, toutefois, qu'un auditeur fortuit de cet entretien, et ni le lendemain ni les jours suivants, je n'entendis plus parler de ce projet. J'ignore les motifs pour lesquels on l'abandonna, mais j'estime qu'il avait peu de chances de réussir.

Le 14 septembre, le maréchal Le Bœuf fut invité à étudier une opération dont il devait être chargé avec tout son corps d'armée, sur Courcelles-sur-Nied, où l'ennemi avait réuni des approvisionnements de vivres considérables. Mais cette opération ne fut jamais exécutée. Le maréchal Bazaine y renonça, non sans se plaindre de son lieutenant, à la suite des observations verbales ou écrites qui lui furent faites et que je n'ai jamais connues.

En même temps, le commandant en chef prescrivait de prendre sur toutes les faces du camp retranché des dispositions défensives contre une attaque de vive force. Afin de pouvoir se rendre compte à tout instant de la nature des difficultés qu'il pourrait rencontrer le jour où il croirait devoir faire une nouvelle tentative pour forcer les lignes ennemies, il fit donner ordre aux généraux commandant l'artillerie et le génie des corps d'armée de lui envoyer chaque jour des bulletins de renseignements sur les travaux exécutés par l'ennemi en avant de leur front.

Depuis longtemps la ville se plaignait de ce que ses approvisionnements de comestibles étaient enlevés à tout prix par l'armée, chez les marchands, au grand détriment des habitants. Vers le milieu de septembre, ces plaintes devinrent plus vives, notamment en ce qui concerne le pain. Les boutiques de boulangers étaient en quelque sorte assiégées par les soldats et étaient devenues presque inabordables pour la clientèle civile. Pour faire cesser cet état de choses et assurer la police de la place, le maréchal mit, le 17, cent gendarmes à la disposition du gouverneur de Metz.

A la même époque commençaient sur une grande échelle les pertes de chevaux pour insuffisance de nourriture, et le 22 septembre les régiments de cavalerie se trouvaient réduits à deux escadrons par régiment. Les pertes en chevaux dans l'artillerie étaient à peu près dans la même proportion. On voyait ainsi, chaque jour, les forces vives de l'armée diminuer et disparaître, et l'on attendait avec anxiété l'ordre d'agir. Mais, à cette époque, les opérations se bornèrent à quelques fourrages qui furent exécutés de vive force, particulièrement par le 3ᵉ corps, dans les villages situés entre les lignes des deux armées. Les résultats, peu importants par les quantités de denrées qui furent rapportées, étaient loin de compenser, disait le commandant en chef, les pertes en tués et blessés que nous éprouvions dans ces engagements.

Le 25 septembre, l'armée était complètement remise de ses fatigues; les hommes, n'ayant pas souffert sensiblement de la réduction de la ration de vivres, étaient dans le meilleur état possible. La ration de pain n'était plus que de 500 grammes depuis le 15, mais en même temps la ration de viande, qui, depuis le 4, était donnée en viande de cheval, à raison de 350 grammes, avait été portée à 400 grammes. Les distributions d'avoine et de fourrages, réduites d'abord peu à peu, avaient cessé. Beaucoup de chevaux avaient succombé faute de nourriture ou avaient été livrés à l'administration pour l'alimentation de l'armée; mais, grâce aux soins minutieux que l'on mettait partout à utiliser tout ce qui pouvait tenir lieu de fourrages, il en restait encore un assez grand nombre pour que l'armée pût faire un effort sérieux. Tout le monde désirait cet effort et s'y attendait; le langage du maréchal autorisait d'ailleurs cette croyance. On sentait que tout retard ne pouvait être que préjudiciable, parce qu'on savait qu'il ne restait des vivres que pour quinze jours environ. Il était d'ailleurs facile de voir que nous ne pouvions manquer d'être bientôt réduits à l'impuissance, faute de chevaux.

Ce même jour, 25 septembre, le commandant en chef fit donner l'ordre au général Desvaux de prendre le commandement de la garde impériale en remplacement du général Bourbaki, en mission. Voici ce que j'ai su des circonstances et des événements qui avaient amené cette mesure.

Depuis la tentative infructueuse faite le 31 août et le 1er septembre pour forcer la ligne ennemie à

Noisseville et à Sainte-Barbe, l'armée avait vu augmenter et perfectionner tous les jours les travaux effectués autour d'elle par l'ennemi, dans le but de resserrer le blocus. Dès les premiers jours de septembre, les émissaires secrets s'étaient trouvés dans la presque impossibilité de franchir les avant-postes allemands. Quelques-uns seulement avaient pu partir, mais on ne savait pas s'ils étaient parvenus jusqu'au nouveau gouvernement ; aucun d'eux n'était revenu, et le maréchal n'avait reçu aucune communication de celui-ci.

Nous ignorions donc ce qui se passait au delà de notre horizon, car si la catastrophe de Sedan et la disparition du gouvernement impérial nous avaient été révélées par les voies que j'ai indiquées, aucune notification officielle n'était venue confirmer ces nouvelles et nous en faire connaître les conséquences. On se demandait donc si le gouvernement de la Défense nationale était accepté en France. Je n'en doutais pas, pour ma part, et je crois pouvoir affirmer que c'était aussi le sentiment de la grande majorité de l'armée; mais l'incertitude était dans quelques esprits, et cette incertitude s'appuyait sur des propos venus de l'ennemi, propagés par le maréchal lui-même et desquels il résultait que les départements voyaient avec répugnance au pouvoir des hommes qui ne présentaient pas à tous les yeux des garanties d'ordre suffisantes. Ces propos étaient tenus au maréchal Bazaine par des officiers de l'état-major du prince Frédéric-Charles, qui étaient envoyés avec une discrétion apparente, mais avec une intention préméditée qui me semble ne pouvoir être mise en doute.

N'ayant pas été dans la confidence du maréchal, je ne saurais dire en détail comment les choses se passaient; mais des différents propos qui sont parvenus jusqu'à moi, je crois pouvoir tirer quelques indications générales que je considère comme contenant en germe la vérité. Ainsi, j'appris un jour que le maréchal avait écrit au prince pour lui demander communication des nouvelles relatives à l'état politique de la France, et qu'après avoir fait attendre sa réponse, Son Altesse Royale avait envoyé un officier chargé de s'entretenir avec le maréchal et de lui remettre quelques fragments de journaux découpés aux endroits qui pouvaient servir la thèse que le prince avait intérêt à faire prévaloir.

Le maréchal demanda une autre fois, le 16 ou le 17 septembre, m'a-t-on assuré, l'autorisation d'envoyer au prince son premier aide de camp, le général Boyer, pour recevoir les renseignements qu'il lui importait d'avoir; mais le prince refusa cette visite et se borna à faire une réponse courtoise.

Que se passa-t-il alors dans l'esprit du maréchal? Ses intimes seuls pourraient répondre à cette question. En ce qui me concerne, je ne puis que

répéter les propos que j'ai entendus de sa propre bouche et que je n'ai pas été le seul à entendre. Il s'en était fait un thème qu'il cherchait à imposer avec l'autorité qu'il tenait de sa haute position et dont il semble avoir tiré sa ligne de conduite jusqu'au dernier moment. C'était le thème de la théorie constitutionnelle : « Nous avons », disait-il, « une
« Constitution récemment approuvée par un plé-
« biscite qui a réuni la presque unanimité des suf-
« frages et qui a prévu le cas qui se présente. L'Em-
« pereur est prisonnier de guerre, et l'Impératrice
« régente a cru devoir quitter la France pour nous
« épargner de plus grands malheurs ; c'est au con-
« seil de régence à gouverner la France en s'ap-
« puyant sur le Sénat (1), la Chambre des députés
« et le Conseil d'État. Je ne puis reconnaître autre
« chose tant que l'armée n'aura pas été déliée de
« son serment, et le gouvernement de fait qui s'est
« établi à Paris le sait si bien, qu'il n'a pas cru
« devoir me notifier son avènement et ne m'a pas

---

(1) Le maréchal Bazaine tenait à maintenir l'importance du Sénat. Un jour qu'il soutenait cette opinion, je lui fis remarquer qu'en France, le Sénat n'avait pas l'autorité morale et l'influence que la Constitution avait voulu lui attribuer, et qu'à cette heure il ne pouvait nous être d'aucun secours. Il s'anima alors contre moi, disant qu'il connaissait mes sentiments politiques, que je ne pouvais pas en avoir d'autres, et qu'il savait dans quel monde je vivais à Paris ; que ne pas admettre la grande importance et l'influence du Sénat, c'était de l'envie. Je ne crus pas devoir le suivre sur ce terrain.

« même donné signe de vie depuis qu'il est entré
« en fonction. »

On lui faisait alors observer, mais en vain, que le vide qui s'était produit à la tête du gouvernement impérial n'était pas précisément celui qui avait été prévu par la Constitution ; que, pour apprécier exactement la situation de la France, il convenait de se rendre compte des circonstances dans lesquelles nous nous trouvions, et surtout des événements qui les avaient amenées ; que s'il n'avait encore reçu aucune communication du gouvernement de la Défense nationale, il n'en fallait pas conclure que celui-ci n'avait pas cherché à se mettre en relation avec lui, les communications entre Paris et Metz étant complètement interrompues par la vigilance de l'ennemi. Rien ne pouvait ébranler sa conviction, pas même, m'a-t-on assuré, les instances pressantes de ses deux neveux, qui étaient au nombre de ses officiers d'ordonnance et voyaient avec chagrin leur oncle se jeter dans une fausse voie.

Telle était à mes yeux la situation d'esprit du maréchal Bazaine lorsque, le 25 septembre, vers cinq heures du soir, il me prescrivit de donner l'ordre au général Desvaux de prendre, en vertu de son ancienneté de grade, le commandement de la garde impériale en remplacement du général Bourbaki, en mission. A ce moment, j'ignorais encore que le général Bourbaki eût quitté l'armée et comment il était parti ; mais je me rappelai ce que j'avais vu la veille, et je m'abstins de toute observation, bien convaincu d'avance qu'elle serait inutile.

Le récit qui va suivre est le résultat de mes souvenirs personnels et des renseignements que m'a donnés, le 26 ou le 27 septembre, M. Arnous-Rivière, capitaine de la compagnie de partisans, qui commandait d'une manière permanente la grand'garde de Moulins et avait mission de recevoir les parlementaires.

Le 23 septembre, un peu avant la nuit, un parlementaire ennemi se présenta à nos avant-postes de Moulins, remit une dépêche et s'éloigna aussitôt. Au moment où ce parlementaire regagnait ses lignes, le capitaine Arnous-Rivière aperçut auprès de lui un individu qu'il n'avait pas encore remarqué, à cause de la demi-obscurité du moment, et il lui adressa ces questions : Que faites-vous là? D'où venez-vous? Que voulez-vous? « Je viens », répondit cet homme, « pour voir le maréchal « Bazaine que je dois entretenir et chez lequel je « vous prie de me faire conduire. Ma venue est le « véritable motif qui a amené le parlementaire que « vous venez de recevoir. » Le capitaine Arnous-Rivière conduisit alors cet individu auprès du général de Cissey, commandant la 1re division du 4e corps d'armée, de qui dépendaient les avant-postes de Moulins, et, d'après les ordres de celui-ci, l'envoyé mystérieux fut conduit par un des officiers de son état-major divisionnaire, et dans la voiture du capitaine Arnous-Rivière, auprès du commandant en chef de l'armée à son quartier général. Aux termes des règlements, cet homme aurait dû être retenu aux avant-postes et y attendre qu'il eût été statué sur sa demande par le commandant en chef, auquel il aurait fallu en référer (1).

Au moment où il arrivait au quartier général du maréchal, cet inconnu, invité à dire quel était le nom de la personne que l'on devait annoncer, répondit: « *C'est inutile, je m'annoncerai moi-même.* » Il pénétra pour ainsi dire d'autorité dans le salon, d'où le maréchal l'emmena aussitôt dans son cabinet. Ils restèrent en conférence pendant plus d'une heure, après quoi l'inconnu rentra à Moulins, avec l'intention de retourner immédiatement de l'autre côté des lignes prussiennes. Mais le service parlementaire ne se fait que pendant le jour, et les Prussiens sont stricts observateurs de la règle. Notre

---

(1) Cette formalité tutélaire ayant été négligée par le capitaine Arnous-Rivière, le général de Cissey devait l'observer et s'en est également affranchi. Au conseil de guerre de Trianon, il a été constaté que les choses se passaient de la même manière toutes les fois que des parlementaires demandaient à parler au maréchal Bazaine, et le président a paru un instant rechercher si cette inobservation du règlement était due à la négligence dans le service des avant-postes ou à des ordres donnés par le maréchal. Les débats ne me paraissent pas avoir éclairci ce point. Je puis et je dois seulement affirmer ici que si le maréchal a donné des ordres à ce sujet, il les a donnés directement et sans que l'état-major général en ait jamais rien su. La lumière se serait peut-être faite si le général de Cissey avait été appelé à témoigner devant le conseil de guerre.

clairon de grand'garde sonna vainement, et ce ne fut que le lendemain matin que l'inconnu put se rendre au château de Corny, où le prince Frédéric-Charles avait établi son quartier général. Il était revenu, le même jour 24 septembre, vers midi, à Moulins, d'où le capitaine Arnous-Rivière le conduisit de nouveau chez le maréchal, dans sa voiture. Chemin faisant, il parla de la situation de la France en proie à l'anarchie, disait-il, déclarant que le gouvernement impérial seul pouvait sauver le pays. Il connaissait beaucoup, ajoutait-il, Canrobert et Bourbaki, et se proposait de les voir; il désirait savoir s'ils étaient bien éloignés du Ban-Saint-Martin.

Dès l'arrivée de son visiteur, le maréchal conféra brièvement avec lui et se rendit bientôt après au quartier général du général Bourbaki et à celui du maréchal Canrobert, sans les rencontrer ni l'un ni l'autre. Il rentra ensuite au Ban-Saint-Martin, où le général Bourbaki, qui y était venu, fut mis en communication avec l'inconnu. Le maréchal Canrobert arriva, de son côté, vers cinq heures, s'entretint pendant vingt minutes avec le maréchal Bazaine dans le jardin, et fut introduit ensuite dans le cabinet du commandant en chef, qui y entra avec lui. Dès lors, on conféra à quatre. Le général Bourbaki ne tarda pas à rentrer chez lui pour y prendre des vêtements civils, et partit avec l'inconnu à la nuit close. Mais ils durent coucher à Moulins et ne franchirent les avant-postes des deux armées que le lendemain 25, de bonne heure.

Qu'allait faire le général Bourbaki? Qu'a-t-il fait? Je l'ai ignoré jusqu'au jour où je l'ai appris par le procès, et je ne crois pas que le maréchal Bazaine se soit jamais exprimé nettement à ce sujet. Je lui ai d'abord entendu dire que l'Impératrice l'avait prié de lui envoyer le général Bourbaki, grand ami de la famille impériale, ex-aide de camp de l'Empereur et actuellement commandant en chef de sa garde, et qu'il n'avait pu le lui refuser. Une autre fois, il disait que le général Bourbaki était allé demander à l'Impératrice de délier l'armée du serment de fidélité qu'elle avait prêté à l'Empereur. Une troisième fois, il paraissait ignorer le but de la mission du général, comme si les choses s'étaient passées sans son intervention, et il s'étonnait de ne pas le voir revenir. Enfin, on m'a assuré, mais je ne puis rien affirmer à cet égard, que dans les derniers temps, le maréchal s'était plaint d'avoir été joué par M. de Bismarck, qui lui avait envoyé un intrigant pour l'entraîner dans une voie où il regrettait de s'être engagé. Il paraît évident, en effet, que cet individu, qu'on a su plus tard porter le nom de Régnier, était de connivence avec le général en chef prussien, qui ne lui aurait assurément pas permis de parvenir jusqu'à nous, s'il n'eût été certain que cette démarche était faite dans l'intérêt de l'armée allemande.

L'Association internationale de Genève fournissait, d'ailleurs, un moyen facile de voiler cette intrigue, au moins dans les premiers moments. En effet, lorsque M. Régnier fut amené à nos avant-postes, le 23 au soir, le parlementaire avait pour prétexte une dépêche qui motiva, le lendemain 24, l'ordre que je reçus du maréchal de faire droit à la demande qu'elle contenait. Cette dépêche venait d'un membre de l'Association internationale de Genève qui se disait Luxembourgeois et réclamait le renvoi dans leur pays de six ou sept médecins, ses compatriotes, membres aussi de l'Association internationale et qui étaient venus à Metz, avant le blocus, pour y donner leurs soins aux blessés. Jusqu'alors, le maréchal n'avait pas cru devoir laisser partir ces médecins, malgré la demande réitérée qu'ils en avaient faite, dans la crainte qu'ils ne révélassent notre situation à l'ennemi; la mission de M. Régnier auprès du maréchal marchant au gré de ses désirs, il avait dû aller demander au prince Frédéric-Charles l'autorisation nécessaire pour que le général Bourbaki pût franchir les lignes prussiennes, et il était revenu en toute hâte. Mais lorsque, le 24 au soir, il emmena le général Bourbaki, il avait aussi à sa suite les médecins luxembourgeois qui servirent de masque au général pour passer les lignes des deux armées sans être reconnu. Le maréchal Bazaine put donc me dire quelques jours après, sans doute pour me faire prendre le change et parce qu'il supposait qu'on avait remarqué son mystérieux visiteur, qu'il n'avait pas pu refuser les médecins luxembourgeois aux instances pressantes de l'envoyé qui avait traversé deux fois les avant-postes à cet effet.

Quel qu'ait été le but de la mission du général Bourbaki, il est évident que le gouvernement prussien était dans le secret, puisque le général n'a pu franchir qu'avec l'autorisation du prince Frédéric-Charles les lignes ennemies pour se rendre auprès de l'Impératrice. Je puis dire aussi, d'après le récit qui fut fait devant moi par le général Boyer à son retour de Versailles, que le général Bourbaki, après avoir échoué dans sa mission, ayant demandé à aller reprendre le commandement de la garde impériale, se vit refuser par le prince Frédéric-Charles l'autorisation de traverser de nouveau ses lignes; mais cette autorisation lui fut ensuite accordée par la volonté expresse du Roi, qui se considérait (paraît-il) comme engagé d'honneur. Le général avait même dû écrire au souverain pour le remercier. Nous pouvions donc penser qu'il reparaîtrait à l'armée, mais on sut plus tard qu'il avait accepté du gouvernement de la Défense nationale le commandement supérieur des troupes chargées de la défense du territoire dans le nord de la France.

Les débats du procès de Trianon ont mis en évidence des détails sur cet épisode que je me suis abstenu de reproduire, par l'unique raison que, suivant la détermination que j'ai prise et à laquelle je me conformerai jusqu'à la fin, je ne relate que les faits et les paroles que j'ai vus ou entendus, ou qui sont parvenus à ma connaissance d'une manière certaine, avant le moment de la capitulation.

Dans les jours qui suivirent le départ du général Bourbaki, des mesures furent prises qui me donnèrent lieu de croire à un prochain mouvement dans la direction de Thionville, par la rive gauche de la Moselle. La voie du chemin de fer dans l'intérieur de nos lignes fut déblayée et rendue propre à la circulation comme si elle devait être utilisée ; on vit des locomotives la parcourir. La communication entre les deux rives par le pont de Longeville était rétablie. Le 2 octobre, de nouvelles recommandations étaient faites d'alléger les bagages ; le train des équipages militaires, dont le nombre des chevaux était considérablement réduit, fut réorganisé et réparti également dans tous les corps d'armée ; enfin, on fit distribuer, le 3 octobre, deux jours de biscuit et la dernière ration de lard restant en magasin.

Pendant que ces préparatifs se faisaient, diverses opérations étaient entreprises en avant de nos lignes. Le 27 septembre, un coup de main hardi fut exécuté sur Peltre, sous le commandement du général Lapasset. En même temps, le 6° corps faisait une tentative sur le château de Ladonchamps, et le 3° corps entreprenait un fourrage dans le village de Colombey. A Peltre, nous obtînmes un grand succès, les Prussiens furent surpris, et nos troupes enlevèrent le village avec le plus grand entrain. Mais comme, d'après les ordres du maréchal, elles ne devaient exécuter qu'un coup de main, elles se retirèrent presque aussitôt, emmenant avec elles, comme prisonnières de guerre, la plus grande partie des troupes prussiennes qui occupaient ce point. Dès le soir de ce jour, les Prussiens vengèrent leur échec en incendiant le château de Mercy-le-Haut, les Petites-Tapes, la Maison-Rouge et le village de Peltre lui-même. L'attaque du château de Ladonchamps avait également réussi; mais, par suite d'un malentendu, la position avait été abandonnée le soir par nos troupes, et ce n'est que le 2 octobre que nous en primes possession d'une manière définitive, en y installant une batterie de 12 de siège.

Depuis le 2 septembre, un service d'observation, confié aux officiers de l'état-major général, avait été établi au fort Saint-Quentin dans le but de faire connaître aussi promptement que possible au maréchal commandant en chef les mouvements que l'ennemi pouvait effectuer autour de nous. Le maréchal supprima ce service le 26 septembre, et le même jour, par suite du même ordre, les officiers de l'état-major général furent chargés de recevoir à la grand'garde de Moulins-lez-Metz et de lui amener les parlementaires allemands qui pouvaient se présenter. Le capitaine de France, appelé par son tour à ce service, le 29 septembre, reçut, vers le milieu de la journée, un officier allemand qui, sous prétexte d'apporter quelques lettres adressées à des officiers de notre armée, venait faire savoir officiellement que la place de Toul avait capitulé le 25 septembre, et celle de Strasbourg le 28. Le parlementaire fût amené au maréchal conformément à l'ordre donné, et la nouvelle positive de la capitulation de ces deux places, se répandant de proche en proche, ne tarda pas à être connue de toute l'armée.

C'est à partir du 30 septembre que la ville de Metz reçut de l'armée 50 chevaux par jour pour l'alimentation des habitants.

Telle était notre situation lorsque le maréchal convoqua, le 4 octobre, dans l'après-midi, les commandants des corps d'armée. Il avait pour but de consulter ses lieutenants au sujet d'un projet de mouvement tendant à essayer avec toutes ses troupes de forcer les lignes prussiennes. Il exposa d'abord en quelques mots la situation de l'armée au double point de vue des vivres qui diminuaient d'une manière inquiétante, et du moral des troupes qui se ressentait évidemment des événements politiques connus et des déclamations des journaux. Sur ces deux points les commandants des corps d'armée firent entendre des récriminations déjà vives et pleines d'aigreur, mais qui n'étaient que le prélude de celles qui se reproduisirent plus tard. Ils n'admettaient pas que nos approvisionnements ne pussent pas être rehaussés au moyen des ressources considérables qui, selon eux, se trouvaient en ville. En ce qui concerne les journaux, ils taxèrent de faiblesse l'indulgence pratiquée à leur égard par l'autorité chargée de les contenir et de les réprimer au besoin.

Le maréchal Bazaine, faisant entendre par son attitude que ces récriminations ne pouvaient s'adresser qu'au gouverneur de la place de Metz qui n'assistait pas à la séance, s'abstint d'y faire aucune réponse, mais il y mit un terme en exprimant la confiance qu'elles tomberaient bientôt d'elles-mêmes par le seul fait du départ de l'armée. Il ne se faisait cependant pas illusion sur les difficultés qu'elle rencontrerait pour franchir les lignes ennemies, mais il pensait que la tentative devait nécessairement être faite. Après avoir étudié différents projets, il y en avait un auquel il s'était arrêté et qu'il allait exposer, afin de savoir si le conseil y donnait son approbation.

L'armée entière, disait-il, prendrait la direction de Thionville, le 6ᵉ corps et la garde marchant sur la rive gauche de la Moselle; le 4ᵉ corps, débouchant par la droite de ses lignes, suivrait les hauteurs qui, sur cette rive, dominent la vallée; le 3ᵉ corps s'avancerait en même temps par la rive droite et protégerait le mouvement de ce côté;

enfin, le 2ᵉ corps ferait l'arrière-garde. En proposant ce plan d'opérations, le maréchal ne l'imposait pas. Il ne se dissimulait pas qu'il pouvait donner lieu à certaines objections ; mais, n'ayant pu en trouver un qui lui parût préférable, il demandait qu'on l'examinât et, s'il était rejeté, qu'on lui en proposât un autre. Il priait MM. les commandants des corps d'armée de l'éclairer, car il avait l'intention de se conformer à l'avis qui lui serait donné.

Ce projet ne fut l'objet d'aucune observation importante, si ce n'est de la part du maréchal Le Bœuf, qui, à première vue, trouvait un peu lourd le rôle destiné à son corps d'armée. Séparé de tous les autres corps par la rivière, il lui semblait difficile, même avec cinq divisions, dont une de cavalerie, de marcher longtemps ayant devant lui ou sur son flanc droit et bientôt derrière lui des forces qui devaient être supérieures aux siennes, sinon dans le premier moment, au moins quelques instants après qu'il serait sorti de ses lignes. Il s'engageait, du reste, à examiner le projet avec soin et à dire ensuite au maréchal commandant en chef s'il croyait pouvoir l'exécuter. En tout cas, il était prêt, ajoutait-il, à obéir aux ordres qui lui seraient donnés, quels qu'ils fussent.

Ces objections étaient faciles à prévoir ; mais, sans les discuter, le maréchal Bazaine répondait : « Sortir de nos lignes sans combattre est impos- « sible. Je vous ai présenté le plan d'opérations qui

« m'a paru offrir le moins de difficultés ; si vous ne
« l'acceptez pas, veuillez m'en indiquer un autre
« qui sera discuté à son tour, et nous ferons ensuite
« ce qui aura été décidé par le conseil. » La séance
fut levée sur cette dernière observation, et ce n'est
que plusieurs jours après que je sus que le maréchal
Le Bœuf, après mûr examen, avait persisté dans ses
premières appréciations, en s'appuyant sur l'avis des
généraux de division de son corps d'armée. Ceux-ci
pensaient que, dans le projet présenté, leurs troupes
étaient sacrifiées sans que le salut des autres corps
d'armée en fût mieux assuré. Je n'en ai plus entendu
parler depuis.

Le lendemain de cette réunion, le 5 octobre, l'ordre
fut donné de faire rentrer dans la place tous les malades et les malingres, de sorte que l'on crut que
l'armée allait enfin se porter en avant. Mais il n'en fut
rien, je n'ai jamais su pourquoi, et le 6 octobre il fut
enjoint de nouveau au maréchal Le Bœuf d'exécuter
l'opération sur Courcelles-sur-Nied dont j'ai déjà
parlé, mais qui ne fut jamais entreprise. J'ai même
ignoré quelle réponse fut faite à cette dernière
invitation.

Le 7 octobre eut lieu le grand fourrage exécuté
par le maréchal Canrobert sur les Grandes et les
Petites-Tapes. La division de voltigeurs de la garde
fut mise à sa disposition pour cette opération, afin
de donner à cette troupe d'élite l'occasion de faire
quelque chose, qui lui avait manqué depuis la

bataille de Rezonville. Le mouvement qui allait se faire dans la vallée de la Moselle devait être appuyé à gauche par une division du 4ᵉ corps qui avait reçu l'ordre d'occuper les positions de Vigneulles et de Saulny, pendant que, sur la rive droite, le maréchal Le Bœuf, avec une division du 3ᵉ corps, devait pousser jusqu'à Chieulles, de manière à contre-battre et contenir l'ennemi à Malroy. Le but était de s'emparer des fourrages et du blé qu'on supposait exister dans les deux fermes des Grandes et des Petites-Tapes. Les troupes qui prirent part à cette opération reçurent l'ordre de laisser leurs sacs au bivouac, ce qui excluait toute pensée de continuer le mouvement jusqu'à Thionville.

L'opération, vaillamment exécutée par la garde, ne donna aucun résultat comme fourrage, mais nous fimes un nombre relativement considérable de prisonniers, et l'ennemi éprouva, en outre, des pertes sérieuses en tués et blessés. Les nôtres, quoique moins grandes, furent hors de proportion avec les résultats obtenus.

Le lendemain, le maréchal Bazaine disait que cette tentative avait démontré l'impossibilité pour l'armée de percer par la vallée de la Moselle en se dirigeant vers Thionville, les positions occupées de ce côté par l'ennemi étant très fortes, garnies d'une artillerie considérable et protégées par la présence de troupes nombreuses. En outre, le maréchal se déclarait peu satisfait de la manière dont le mouvement du maréchal Canrobert avait été appuyé, à gauche par le 4° corps et à droite par le 3°. Ses intentions, disait-il, n'avaient pas été suivies, et il avait constaté de ses propres yeux avec quelle mollesse les troupes avaient agi, notamment celles du 4° corps dans le bois de Vigneulles, où les hommes profitaient du moment où ils n'étaient pas vus pour s'arrêter derrière un arbre, un buisson, et revenir à leur bivouac. Le chemin qu'ils suivaient, disait le maréchal, était jalonné par ces hommes comme par une traînée de fourmis.

De son côté, dans le rapport qu'il eut à faire sur cette opération, le maréchal Canrobert exprima nettement la pensée qu'il n'avait été appuyé ni sur sa droite ni sur sa gauche.

Jusqu'au moment actuel, j'avais eu plusieurs fois l'occasion d'entendre le maréchal Bazaine déclarer en termes très formels qu'il ne se résignerait jamais à capituler, et que, s'il ne pouvait pas parvenir à remettre l'armée en rase campagne, il terminerait, plutôt que de se rendre, par une sortie désespérée. Ce langage, d'après les renseignements qui me sont parvenus, était tenu à toutes les personnes qui venaient voir le maréchal, et particulièrement à ceux qui exprimaient la crainte d'avoir à subir le sort de l'armée de Sedan.

Il était difficile, en effet, de se faire illusion. Lorsque, le 19 août, l'armée avait dû venir prendre position sous le canon des forts et de la place de Metz, on ne croyait pas qu'il existât dans les magasins de la place les moyens de la faire subsister pendant plus de quarante à quarante-cinq jours. Depuis ce moment, cinquante jours s'étaient écoulés, et les approvisionnements n'étaient pas épuisés, puisqu'il nous restait encore, outre des chevaux très amaigris, quelques faibles quantités de farine et de blé. Mais chaque jour on se rendait mieux compte de la situation sous ce rapport, et maintenant il était facile de voir que nous touchions au moment où, les vivres manquant absolument, un parti décisif devait être pris de toute nécessité. Ce sentiment était celui de tous les esprits un peu observateurs, et ceux qui avaient accès auprès du maréchal ne manquaient pas de s'y rendre, afin d'obtenir aux meilleures sources des renseignements sur l'avenir qui leur était destiné. Tous recevaient à peu près la même réponse, et chacun, en se retirant, pouvait croire que, d'une manière ou d'une autre, l'armée échapperait à une capitulation. Les dispositions de détail prises par le maréchal pour mettre l'armée en mesure d'agir me donnaient la même assurance.

C'est à travers toutes ces agitations que se sont écoulés les dix premiers jours du mois d'octobre et qu'ont été faits les préparatifs qui, aux yeux de tous, précédaient le mouvement désormais inévitable de l'armée. Ainsi un recensement avait fait connaître qu'il existait en ville environ 1,500 chevaux en très bon état qu'on pouvait, par voie de réquisition, affecter aux services de l'artillerie et de la cavalerie, de l'artillerie surtout, qui avait alors presque entièrement perdu les siens, faute de nourriture. En outre, le maréchal fit distribuer, par anticipation, aux officiers, la solde d'octobre et, un peu plus tard, celle de novembre. En même temps, nos vivres s'épuisaient rapidement. Le 9 octobre, la ration de pain avait été réduite à 300 grammes, et, par compensation, la ration de viande de cheval avait été portée à 750 grammes. Loin d'être une prodigalité, cette dernière mesure ne faisait que mettre en consommation des chevaux qui ne pouvaient plus faire aucun service et étaient destinés à succomber dans un délai très rapproché. C'était le seul expédient possible pour ne pas perdre un moyen d'alimentation d'autant plus précieux que les denrées de toute nature devenaient de plus en plus rares et menaçaient de nous manquer tout à fait.

Cependant, l'état des esprits dans l'armée et dans la ville de Metz, loin de se calmer, devenait chaque jour plus agité, et il n'en pouvait pas être autrement. Officiellement, toutes les choses se passaient comme si le gouvernement impérial présidait encore aux destinées de la France, et cependant tout le monde savait que la ville de Metz et la zone étroite de terrain occupée par l'armée sous ses murs étaient les seuls points de la France où ce pouvoir fût encore reconnu. Les journaux de la ville, qui continuaient à paraître et étaient lus avidement dans les camps, incomplètement contenus par l'état de siège, exprimaient hautement leur prédilection pour le gouvernement républicain et se montraient plus impatients que jamais de le voir proclamer. L'armée se taisait, mais il était évident que les esprits étaient en travail, et que la perspective de l'avenir, au double point de vue politique et militaire, était l'objet des réflexions et même des entretiens du plus grand nombre.

D'ailleurs, la situation présente pouvait à peine se maintenir quelques jours encore. Dès le 30 septembre, l'intendant général avait fait connaître que les approvisionnements en magasin ne permettaient pas de subvenir aux besoins de l'armée au delà du 11 octobre. Les chevaux disparaissaient rapidement, bien plus par le manque de nourriture que par la nécessité de les faire concourir à l'alimentation de l'armée, et ceux qui restaient étaient tellement affaiblis qu'il était difficile d'en attendre un service même médiocre. Enfin, la mission Bourbaki, quelle qu'elle fût, n'avait pas eu de résultat; on n'en avait aucune nouvelle.

Ces considérations, je le suppose, déterminèrent le maréchal Bazaine à convoquer, le 10 octobre, à quatre heures et demie, à son quartier général, les généraux commandant les corps, ainsi que l'artillerie et le génie de l'armée et l'intendant général. Le chef d'état-major général assistait également à ce conseil, mais, comme dans les précédents et ceux qui suivirent, sans y avoir voix délibérative.

Par une lettre du 7 octobre, qui ne me fut pas communiquée, le maréchal Bazaine avait exposé la situation de l'armée à ses lieutenants et les avait invités à lui faire connaître, par un rapport écrit, et après avoir consulté leurs généraux de division, leur avis sur ce qu'il convenait de faire dans les circonstances présentes. Ces rapports, qui sont restés entre les mains du maréchal, ne me furent connus que par la lecture de quelques-uns d'entre eux (ceux du général Coffinières, du général Desvaux et du maréchal Canrobert) qui fut faite au commencement de la séance par le maréchal Bazaine lui-même. Ils concluaient unanimement à ce que l'armée se fît jour les armes à la main à travers les lignes ennemies, à moins que, par une convention honorable, elle ne fût autorisée à rentrer en France avec armes et bagages.

Aussitôt après cette lecture, trois questions furent examinées successivement : la question des approvisionnements, la question militaire proprement dite et enfin la question politique.

La situation des magasins était très attristante. Les denrées de toute nature servant à l'alimentation de l'armée étaient sur le point de manquer, même en diminuant encore pour chacune d'elles le taux déjà très restreint de la ration. La viande de cheval était encore en abondance, mais les denrées fourragères et l'avoine manquaient absolument, et les chevaux, réduits pour tout aliment aux herbes devenues rares et aux quelques feuilles qu'on trouvait encore sur les arbres, mouraient d'inanition. Il y avait, dans ces circonstances, tout avantage à maintenir à un taux élevé la ration de viande, puisqu'on faisait ainsi consommer par le soldat, à son profit, des animaux qu'il eût fallu abattre dès le lendemain, puis enfouir péniblement. On craignait même que la mortalité ne devînt tout à coup tellement considérable que l'enfouissement ne pût plus se faire aussi exactement qu'il le fallait dans l'intérêt sanitaire de l'armée. La ration de viande de cheval, portée depuis le 9 à 750 grammes, était donc facile à donner et permettait en même temps de réduire celle des autres denrées, celle du pain surtout, qui venait d'être ramenée à 300 gr., après avoir été pendant quelques jours à 500 gr. La ration de sel avait été réduite depuis longtemps à sa plus simple expression, 2 grammes; heureusement une source d'eau salée située à Bellecroix fournissait dans une certaine mesure l'eau nécessaire à la soupe des hommes et celle qui était employée à la fabrication du pain. A ces conditions, la subsistance de l'armée était assurée jusqu'au 16 octobre.

Cet exposé de la situation des vivres n'était pas

admis, tant s'en faut, sans contestation. Tous les bruits plus ou moins fondés qui étaient colportés en ville et dans les camps furent de nouveau répétés en conseil, et le général Coffinières fut directement l'objet des récriminations les plus vives et les plus acerbes. Les habitants, disait-on, possédaient des approvisionnements considérables, notamment en blé, que les perquisitions n'avaient pas su ou voulu découvrir. Le gouverneur de la place n'avait pas agi avec la vigueur nécessaire, et l'on insinuait qu'il pactisait avec l'opposition politique qui se produisait dans Metz.

On se plaignait alors sur un ton passionné des articles violents publiés par les journaux qui étaient répandus à profusion dans les camps et lus avec avidité par les soldats. Non seulement ces feuilles demandaient ouvertement que la République fût proclamée, mais elles attaquaient le commandant en chef de l'armée et elles insinuaient que si nous étions encore sous les murs de Metz, si nous n'avions pas fait une sortie en masse, culbuté l'ennemi et rejoint le centre de la France, il fallait l'attribuer aux calculs intéressés du maréchal. On se demandait comment le gouverneur de la place pouvait laisser paraître de semblables accusations, alors que l'état de siège lui donnait le pouvoir de contenir et même de supprimer les journaux.

Le général Coffinières se défendit avec calme et protesta hautement contre les imputations dont il était l'objet. Il fit remarquer qu'il était aussi attaqué par les mêmes habitants et les mêmes journaux; qu'on l'accusait de traiter avec trop de ménagements; que si le mécontentement était grand dans Metz et se manifestait d'une manière un peu vive, c'était le résultat des circonstances; qu'il mettait tous ses soins à ramener le calme dans les esprits. Il n'usait, il est vrai, qu'à son corps défendant des moyens violents; mais les formes adoucies qu'il employait n'excluaient pas l'énergie qui lui était commandée par la situation même. Sa tâche était, ajoutait-il, des plus difficiles, et il demandait qu'on voulût bien lui en tenir compte. En ce qui concerne les approvisionnements qu'on supposait exister chez les habitants, il y avait là une exagération évidente sur laquelle il appelait la plus sérieuse attention du conseil. Les perquisitions qui avaient été exécutées par son ordre avaient déjà donné des résultats; il allait, suivant les désirs du conseil, prescrire d'en faire une nouvelle qui serait menée de manière à mettre l'armée sûrement en possession de toutes les denrées qui pouvaient être retirées aux habitants. On se trompait, d'ailleurs, étrangement en pensant que la ville était abondamment pourvue de toutes choses et surtout de blé. Les prétendues révélations qui avaient été faites reposaient sur des suppositions erronées et n'étaient peut-être pas exemptes d'intentions coupables. Le général se disait entièrement dévoué à ses devoirs envers l'armée et la France, mais il ne pouvait pas oublier qu'il avait été chargé du commandement de la place, en prévision d'un siège à soutenir, et il demandait qu'au point de vue des approvisionnements les intérêts de la ville restassent distincts de ceux de l'armée. En supposant que celle-ci gagnât la campagne comme on y paraissait résolu, il fallait que la place ne fût pas laissée dans une situation qui l'obligeât à capituler dès les premiers jours faute de vivres. Cette ville, d'ailleurs, avait, depuis plus de six semaines, fourni abondamment aux besoins de toute sorte de l'armée. On n'y voyait que des officiers et des soldats achetant à tout prix les denrées qui paraissaient sur le marché, et les habitants se plaignaient amèrement de ne pouvoir rien se procurer pour leurs propres besoins. Malgré la surveillance la plus stricte exercée par ses ordres, le pain était subrepticement acheté pour être consommé dans les camps, au grand détriment de la ville, qui, elle aussi, était rationnée pour cette partie importante de l'alimentation.

Le général Coffinières ne niait pas, d'ailleurs, l'agitation politique qui se produisait et avait motivé des critiques acerbes, mais il ne la considérait pas comme dangereuse, et il était convaincu qu'en agissant avec ménagements et par voie de persuasion, il contiendrait mieux les passions surexcitées qu'en usant de rigueur. Il ne croyait pas qu'il fût possible de ne pas tenir compte des grands événements qui s'étaient accomplis en France depuis six semaines, et il croyait être dans le droit chemin en usant de modération envers tout le monde.

Ces paroles du général Coffinières ne restaient pas sans réplique. La ville, disait-on, avait, en effet, nourri l'armée ; mais, sans l'armée, elle aurait succombé depuis longtemps. Dès le 15 août, c'est-à-dire aussitôt que les derniers bataillons de l'armée eurent quitté la place, les coureurs ennemis étaient venus à Montigny et s'étaient montrés impunément à la porte Serpenoise. A cette époque, les forts de Queuleu, Saint-Julien, Plappeville et Saint-Quentin étaient loin d'être terminés, et celui de Queuleu particulièrement était encore ouvert à la gorge et incapable de résister à une attaque de vive force venant de Montigny et des Sablons. Dès lors, la place, promptement réduite à son enceinte, se serait trouvée, sous le rapport de la défense, dans une situation encore plus défavorable que celle de Strasbourg, qui avait cependant succombé le 28 septembre. L'armée, revenue sous Metz, avait complété les défenses non seulement en achevant les forts, mais encore en les armant. En outre, c'était uniquement à sa présence qu'il fallait attribuer l'absence de tout bombardement. Les plaintes formulées par la place ou en son nom étaient donc au moins irréfléchies.

On reconnaissait cependant que, malgré tout, il fallait laisser à la place les approvisionnements nécessaires pour prolonger sa défense, après le départ de l'armée, autant que le comportait l'état de ses fortifications. Tout calcul fait, les rations de toute nature étant réduites autant que possible, l'armée se trouvait approvisionnée jusqu'au 16 octobre, sans toucher aux approvisionnements spéciaux de la place. Jusque-là, tous les moyens devaient être employés pour augmenter ses ressources, l'intendant devait faire des achats qui ne semblaient pas impossibles, et le gouverneur de Metz devait prescrire des réquisitions partout où les commissions qu'il avait instituées reconnaîtraient l'existence de quelques denrées. Les commandants des corps, pour compléter ces mesures, auraient à faire effectuer des recherches et des réquisitions semblables dans les villages situés dans le rayon de leur commandement respectif.

Ces mesures, admises d'un commun accord, furent complétées par l'adoption d'une proposition qui fut faite par le général Coffinières tendant à faire fabriquer le pain avec de la farine de boulange, tout en maintenant la même ration réduite. On devait obtenir par ce moyen une augmentation de ressources équivalente à un jour de pain pour toute l'armée. Enfin, on n'abandonna pas la question administrative sans se préoccuper des hôpitaux de la place. Les ambulances de l'armée durent leur envoyer tout ce qui ne leur était pas absolument indispensable en matériel et en médicaments.

On passa ensuite à la question militaire. Le moment était venu de prendre un parti sans tarder. Personne ne songeait à une capitulation, même déguisée. Le danger d'attendre la dernière heure pour agir était patent et reconnu de tous les membres du conseil. Il était urgent de décider par quelle opération on tenterait de forcer les lignes ennemies. Tous les rapports que le maréchal Bazaine avait demandés aux membres du conseil concluaient, comme je l'ai déjà dit, à tenter une sortie vigoureuse et en masse, à moins que l'armée n'obtînt l'autorisation de sortir de ses lignes avec armes et bagages pour rentrer librement en France.

Le maréchal exprima la même opinion; puis il ajouta qu'il avait étudié avec le plus grand soin le moyen de sortir les armes à la main et que, sur toutes les directions, cette opération présentait les plus grandes difficultés. Il ne proposa, du reste, aucun projet, et, sans qu'il le dît nettement, on sentait qu'à son avis ce que l'armée n'avait pas pu faire le 31 août et le 1er septembre était maintenant bien plus difficile pour elle. Il lui fut aisé, en effet, de la montrer entourée d'une ligne continue de tranchées et de batteries armées d'une artillerie nombreuse, puissante et bien servie, tandis qu'elle était elle-même considérablement amoindrie, les hommes étant affaiblis par suite d'une nourriture insuffisante, et son artillerie ainsi que sa cavalerie étant presque nulles faute de chevaux.

Cet exposé du maréchal ne donna lieu à aucune observation, et il ne fut pas présenté par les membres du conseil de projet d'opérations, de sorte que la question militaire, sur laquelle on semblait être d'accord, fut promptement épuisée, sans que l'on arrivât à conclure. La question politique se présenta alors pour ainsi dire d'elle-même.

Depuis six semaines, certains esprits, sans tenir compte des événements survenus en France et qui ne leur étaient connus qu'imparfaitement, ne consultant, d'ailleurs, que leur imagination, avaient pensé que l'armée du Rhin pouvait être appelée à un grand rôle. Ils supposaient l'ennemi embarrassé de sa victoire au milieu de la France agitée par les passions des partis les plus avancés. L'Europe, ayant besoin de paix et d'ordre, ne saurait, pensaient-ils, jouir de ce bienfait tant que la France ne serait pas rentrée dans le calme. Mais un gouvernement, quel qu'il soit, ne peut conquérir ce calme qu'en s'appuyant sur la force, et l'armée du Rhin était la seule qui pût remplir ce rôle en France. Elle s'était fait respecter par l'ennemi, qui n'avait pas encore pu la vaincre; l'esprit de discipline qui l'animait était un sûr garant de la confiance qu'elle devait inspirer, et le roi de Prusse ne pouvait pas mieux faire que de la rendre au gouvernement appelé à traiter de la paix avec lui.

Entraînés dans cette voie, ces optimistes voyaient la France entière se groupant autour de cette armée et promptement rendue à la paix intérieure et extérieure. C'était une utopie, sans doute; mais elle était admise par ces esprits qui ne voulaient ou ne pouvaient pas connaitre l'état réel de la France, et qui, surtout, ne voyaient pas qu'il ne fallait compter ni sur la générosité du roi de Prusse, ni même sur la crainte que peut lui inspirer le développement, ailleurs que dans ses États, des passions politiques les plus avancées. L'illusion est, d'ailleurs, facile pour ceux que le malheur poursuit, et une idée qui semble contenir le salut est alors bien vite acceptée presque sans examen. C'est ainsi qu'on s'abstenait de dire à la disposition de quel gouvernement serait mise cette armée.

Pour ma part, cependant, je considérais dès lors comme hors de toute contestation, et ma conviction à cet égard n'a fait que s'accroître depuis cette époque, que, si disciplinée qu'elle fût, l'armée du Rhin ne consentirait pas à se mettre aveuglément au service d'un parti, et qu'elle n'obéirait qu'à ceux qui représenteraient à ses yeux les volontés du pays.

Quoi qu'il en soit de cette réflexion, l'utopie que je viens d'indiquer n'avait pas tardé à se répandre; elle avait même été accueillie par quelques-uns comme une planche de salut, et lorsque le conseil se vit dans l'impossibilité absolue de produire un projet d'opération pouvant tirer l'armée de la situation critique où elle se trouvait, la pensée put être émise par le maréchal commandant en chef, sans être considérée comme irrationnelle et sans être combattue efficacement, qu'en s'adressant au roi de Prusse, on le trouverait peut-être disposé à nous sortir d'embarras. On supposa qu'au nom de l'ordre et de la paix, l'envoyé du maréchal Bazaine recevrait un bon accueil. On savait, d'ailleurs, bien qu'on n'en fît pas la déclaration ouverte, que le gouvernement prussien était favorable au rétablissement de l'Empire ; mais on espérait aussi ou l'on feignait d'espérer que, dans un intérêt aussi grand que celui de la paix, il ne se refuserait pas à traiter avec le gouvernement de fait établi à Paris et à Tours, si c'était nécessaire. Il n'y eut, du reste, qu'une courte discussion sur ces différents points, qui furent à peine indiqués, comme si l'on craignait de parler trop clairement.

Le maréchal Bazaine avait proposé de s'adresser au roi Guillaume dans le but d'obtenir, par une convention excluant toute pensée de capitulation, que l'armée pût honorablement rentrer en France avec armes et bagages, et cette proposition fut acceptée à l'unanimité. La plupart des membres du conseil partageaient évidemment la pensée intime du maréchal Bazaine, dont ils avaient probablement reçu des confidences. Le plus petit nombre, et parmi ceux-ci le général Coffinières, qui l'exprima en quelques mots, considérait que la négociation proposée n'était qu'un leurre habilement insinué par M. de Bismarck pour nous conduire à l'entier épuisement de nos vivres. Au reste, les conclusions unanimement votées auraient été rejetées, c'est mon intime conviction, s'il n'avait été formellement stipulé que, dans le cas où les conditions offertes par le roi Guillaume ne seraient pas honorables pour nous, on aurait recours à la voie des armes.

Immédiatement après ce vote, le général Boyer, premier aide de camp du maréchal Bazaine, fut désigné pour se rendre à Versailles, à l'effet de remplir la mission qui en était la conséquence. Il fut décidé, en même temps, sur la proposition du général de Ladmirault, que les négociations seraient entamées dans moins de quarante-huit heures, afin qu'elles pussent être terminées avant l'épuisement de nos approvisionnements de vivres. Le conseil répéta plusieurs fois pendant la séance, et notamment au moment de se séparer, que si l'ennemi n'offrait pas des conditions honorables pour nous, l'armée tenterait, coûte que coûte, de s'ouvrir un passage par les armes.

Je sortis de cette conférence le cœur navré de ce que j'avais entendu et de la détermination qui y avait été prise. Il était donc vrai, de l'aveu unanime des commandants des corps d'armée et de leurs divisionnaires, que l'armée était désormais impuissante pour s'ouvrir un passage, les armes à la main, à travers l'ennemi, et qu'elle devait renoncer au rôle national et patriotique pour lequel elle avait été créée! A sa formation, tous les éléments avaient été choisis avec le plus grand soin; les meilleurs officiers, les meilleures troupes avaient été appelés à en faire partie. A Borny, à Rezonville, à Saint-Privat, à Noisseville, elle avait noblement répondu à la confiance que la France avait mise en elle; elle était fière d'avoir lutté dans ces batailles mémorables contre un ennemi supérieur en nombre qui n'avait pas pu la vaincre. Elle se préparait à de nouvelles épreuves pour défendre le sol de la patrie envahie, lorsque, par un système inqualifiable de temporisation, on l'avait laissée s'amoindrir physiquement et moralement. Maintenant, privée du plus grand nombre de ses chevaux et de ses canons, à la veille de succomber sous la pression de la famine, ses chefs les plus élevés et les plus respectés, au lieu de la conduire au combat, n'attendaient son salut que de la générosité problématique de l'ennemi. Je me demandais si j'avais bien entendu, et je sentais, en même temps, que les arguments qui avaient été produits pour démontrer l'impuissance dans laquelle était tombée cette armée étaient difficiles à réfuter, puisqu'ils émanaient des hommes les plus autorisés, dont le dévouement patriotique était au-dessus de toute discussion.

Il n'avait été rien dit, pendant la délibération, qui pût faire espérer une réponse favorable du roi de Prusse, et les déclarations qui avaient été faites donnaient lieu de penser que l'armée n'obtiendrait l'autorisation de rentrer en France qu'à la condition de protéger la restauration de l'Empire. Je ne pouvais me persuader qu'elle accepterait ce rôle, et je prévoyais, si elle était mise à cette épreuve, des divisions funestes pouvant entraîner à leur suite de graves désordres et les horreurs de la guerre civile. Je ne comprenais pas que ces considérations fussent restées inaperçues.

J'étais aussi douloureusement frappé de la facilité avec laquelle le maréchal commandant en chef avait fait accepter par le conseil la solidarité de la détermination qui venait d'être prise. Le 26 août, il l'avait associé d'une manière subreptice à la pauvre résolution qui fut adoptée ce jour-là; le 4 octobre, il lui avait fait entendre qu'il le rendait solidaire de l'inaction de l'armée en ne donnant pas son approbation au projet d'opérations qu'il lui avait présenté. Il l'avait amené, cette fois, par une pente insensible et par une abdication à peine voilée de son autorité, à faire les déclarations les plus graves et à donner son approbation à une démarche dont le but n'était que vaguement défini et qui, dans le cas le plus favorable, ne pouvait avoir qu'un résultat fatal pour l'armée. Et ce n'était pas sous forme d'avis que le conseil s'était prononcé, c'était sous forme de résolution, le maréchal Bazaine disant très ouvertement qu'il n'entendait faire autre chose qu'exécuter la décision qui serait prise. Comment donc des généraux, qui auraient dû être éclairés par cette déclaration, n'avaient-ils pas répondu qu'ils n'avaient pas de décision à prendre, et qu'ils ne pouvaient partager ni l'autorité ni la responsabilité du commandant en chef? Comment, au lieu de repousser toute solidarité, avaient-ils accepté ce jour même, 10 octobre, la part de responsabilité qui leur était offerte dans une décision ne pouvant être prise que par le commandant suprême? Assurément, cette responsabilité ne pouvait pas être effective, et on l'a bien vu dans les débats du conseil de guerre de Trianon; mais ne restait-il pas une responsabilité morale dont il n'a pas été dit un seul mot dans ces mêmes débats? Cette pensée n'a pas cessé de m'obséder pendant toute la durée de la conférence du 10 octobre, et, à tout instant, j'ai cru qu'une voix au moins allait s'élever pour rappeler à chacun sa véritable part de responsabilité et laisser au commandant en chef le soin de prendre seul une décision. Il n'en a rien été, et je ne cesserai de le regretter. A mes yeux, en effet, la mission du général Boyer ne pouvait avoir qu'une conséquence funeste. Si elle réussissait, c'était la division dans l'armée, prélude d'une guerre civile détestable. Si elle échouait, nous regretterions une perte de temps peut-être irréparable, les forces de nos pauvres soldats s'affaiblissant de plus en plus à chaque heure qui s'écoulait, par suite de la misère et de l'insuffisance de nourriture.

CHAPITRE VI

Départ du général Boyer pour Versailles. — Conseil de guerre du 12 octobre. — Conseil de guerre du 16 octobre. — Le général Boyer revient de Versailles. — Conseil de guerre du 18 octobre. — Conseil de guerre du 19 octobre. — Le général Boyer part pour Hastings. — Conseil de guerre du 24 octobre.

Dans la matinée du 11 octobre, un parlementaire portait aux avant-postes prussiens une lettre du maréchal Bazaine au prince Frédéric-Charles, demandant que son premier aide de camp, le général Boyer, pût se rendre à Versailles pour soumettre au Roi les propositions adoptées par le conseil. La séance du 10, ouverte à quatre heures, n'avait été levée que vers huit heures et demie. L'impossibilité de communiquer avec l'ennemi pendant la nuit obligea donc le maréchal à n'envoyer son parlementaire que dans la matinée du 11. Le prince répondit d'abord par un refus. Cependant, quelques heures plus tard, un officier de son état-major apportait l'autorisation demandée et venait chercher le général Boyer, qui partit le 12, un peu après midi. Je me rappelai alors que, dans la matinée du 10 octobre, le commandant en chef avait renvoyé au prince Frédéric-Charles cinq officiers prussiens qui avaient été faits prisonniers dans les différentes rencontres que nous avions eues avec l'ennemi; et quoiqu'en même temps le prince Frédéric-Charles eût été prié de nous renvoyer un nombre égal d'officiers français, je ne pus m'empêcher, lorsque le général Boyer fut autorisé à quitter Metz, de supposer que l'acte de générosité du maréchal avait eu pour but de se rendre le prince favorable.

Je me suis demandé à ce moment comment le maréchal Bazaine avait été amené à croire que ses propositions pourraient être agréées. Je n'ai depuis lors rien trouvé dans mes souvenirs pouvant me donner une explication catégorique sur ce point. Il me parut néanmoins que le maréchal ne se serait pas jeté dans cette voie s'il n'avait pas eu quelque motif d'espérer que sa démarche serait accueillie, et je conjecturai que, dans les différents entretiens qu'il avait eus avec les officiers du prince Frédéric-Charles, il était convenu de ce qu'il devait faire, et que la mission du général Boyer était peut-être un commencement d'exécution des mesures concertées avec le commandant en chef ennemi.

On a dit depuis que le seul but du maréchal Bazaine avait été de gagner du temps et de conduire ainsi l'armée jusqu'au jour où, parvenue à sa dernière ration de vivres, elle serait forcée de capituler. J'avoue que cette pensée ne m'est venue ni le

10 octobre ni les jours suivants, et je ne me rappelle pas qu'elle ait été exprimée en ma présence par qui que ce soit avant la signature de la capitulation.

Le départ du général Boyer fut bientôt connu de l'armée, qui ne se rendit pas exactement compte du but de la mission que cet officier général allait remplir. Si, d'une part, on entrevoyait la possibilité de sortir d'une situation perplexe, il était bien impossible aussi de ne pas concevoir une grande inquiétude en réfléchissant au rôle qu'on voudrait assigner à cette armée en lui rendant la liberté sous condition. Aussi n'étaient-ils pas rares, ceux qui ne désiraient nullement le succès de cette négociation, qui semblait d'ailleurs impossible, bien que le but à atteindre ne pût pas en être précisé. En effet, si l'on ne savait pas exactement ce qui se passait au dehors de Metz, le peu de renseignements qui pénétraient dans la ville et dans les camps ne permettaient pas de croire que le roi de Prusse consentit à rendre l'armée du Rhin à un autre gouvernement que celui de l'Empereur. Il n'était même pas présumable que cette concession pût être faite autrement qu'à la suite d'un traité de paix, et il était facile de voir que ce traité ne serait obtenu qu'au prix d'une partie de notre territoire. Mais ni l'Empereur ni l'Impératrice ne pouvaient consentir à cette cession, et s'ils y eussent adhéré, il était évident qu'à ce moment, la France entière aurait énergiquement protesté. Un traité de paix fait dans ces conditions, au mois d'octobre, devait donc amener, suivant les probabilités, un soulèvement spontané de la France presque entière contre l'Empire. L'armée du Rhin, dont les sentiments patriotiques ne pouvaient pas être mis en doute, n'aurait pas consenti à remplir un rôle de parti et se serait divisée. Tel était le triste résultat qu'il était facile de prévoir, et, parmi ceux qui l'entrevoyaient, il n'en était pas un qui ne fît des vœux pour qu'un pareil malheur nous fût épargné.

Le conseil fut de nouveau convoqué par le maréchal, le 12 octobre, à deux heures de l'après-midi. Les questions politiques et militaires étant tenues en suspens par la mission du général Boyer, on ne s'entretint d'abord, dans cette séance, que de la question administrative, afin de se tenir prêt à agir dans le cas où les négociations échoueraient. Après une nouvelle discussion sur les approvisionnements de vivres, dans laquelle on ne fit que reproduire les observations et les arguments qui avaient été présentés l'avant-veille, on convint de nouveau que des perquisitions seraient faites tant en ville que dans les villages environnants, dans le but d'augmenter nos ressources alimentaires.

Cependant, une réunion des commandants des corps d'armée ne pouvait pas avoir lieu sans qu'il y fût question des manifestations qui se produisaient en ville, et surtout du langage des journaux. Le général Coffinières, attaqué de nouveau sur ces deux points, maintint avec fermeté ses protestations antérieures et ses préférences motivées pour la conduite modérée qu'il avait tenue jusque-là. Précisément, la veille, avait eu lieu à l'hôtel de ville une manifestation républicaine, et l'aigle avait été enlevée du drapeau qui était resté flottant au-dessus de la porte principale de l'édifice municipal. En même temps, le général Coffinières s'était trouvé en présence d'une prétendue députation qui avait envahi son cabinet sans avoir pu être arrêtée par la garde. Il n'en fallait pas davantage pour mettre le gouverneur de la place sur la sellette. Le général Frossard, ainsi que le maréchal Le Bœuf, furent très violents à son égard, et demandèrent formellement que l'aigle fût replacée au haut de la hampe du drapeau de l'hôtel de ville.

Le général Coffinières se défendit avec énergie, faisant remarquer qu'on exagérait l'importance de l'agitation de la veille, et, après avoir fait observer que l'aigle du drapeau seule avait été enlevée, il ajouta qu'il lui avait paru plus prudent de n'y attacher aucune importance, et qu'il ne la ferait rétablir que sur un ordre écrit du maréchal. Cet ordre ne fut pas donné, et l'affaire en resta là. La séance fut levée sans que les esprits fussent entièrement rentrés dans le calme habituel. Il me sembla, d'ailleurs, que chacun était préoccupé de sa situation personnelle vis-à-vis de ses troupes. On craignait évidemment que l'insuffisance de la ration de vivres venant s'ajouter aux souffrances qu'avait à supporter le soldat par suite d'un mauvais temps continu, il ne s'ensuivît du mécontentement et peut-être quelques actes contraires à la discipline. Sur les demandes qui furent faites, on décida que les rations de vin et d'eau-de-vie qui avaient été allouées pour tenir lieu de la partie retranchée de la ration de pain, seraient données en nature, et non plus au moyen de l'indemnité représentative. En outre, les officiers n'avaient, jusquelà, reçu aucun dédommagement pour la réduction de la ration de pain, et il fut décidé que les capitaines, les lieutenants et les sous-lieutenants recevraient un franc par jour à titre d'indemnité. On se sépara ensuite, en se livrant aux conjectures sur la réponse qu'on espérait recevoir bientôt de la bouche du général Boyer, au sujet de la négociation dont il avait été chargé. Avant de se retirer, les membres de la conférence signèrent le procès-verbal de la séance du 10 octobre, que le maréchal avait fait rédiger dans son cabinet et que je n'ai pas connu, parce que la lecture n'en fut pas faite. Je n'eus pas à donner ma signature, qui ne me fut, d'ailleurs, pas demandée, puisque je n'avais pas voix délibérative.

Le maréchal Bazaine ne s'était fait que peu d'illusions sur le résultat de la mission qui avait été confiée à son premier aide de camp. Pour être prêt à tout événement, dès le jour où il avait dû renoncer au projet de sortie par la route de Thionville, il en avait étudié un autre dont il n'avait encore parlé à personne, m'assura-t-il, lorsqu'il m'en entretint, le 13 au matin.

Jusqu'alors tous les projets d'opérations avaient été connus à l'avance par l'ennemi, qui entretenait au milieu de nous des espions nombreux et habiles. Cette fois, le maréchal voulait que le secret fût très exactement gardé, et il me donna à entendre qu'il ne me le confiait que parce qu'il ne pouvait pas faire autrement. Il s'agissait de sortir sur trois colonnes par les routes de Strasbourg, de Nomény, et celle qui conduit à Coin-lez-Cuvry et Coin-sur-Seille, pour gagner Lunéville et Nancy, puis les Vosges, etc.

Le maréchal désirait savoir quels ouvrages l'ennemi avait élevés sur ces directions et comment ils étaient gardés. La section des renseignements de l'état-major général donna ces indications, qui étaient constamment tenues à jour sur un plan à grande échelle, au moyen des renseignements apportés par les émissaires du 2ᵉ degré et des rapports journaliers des commandants de l'artillerie et du génie des corps d'armée sur les travaux exécutés par l'ennemi en avant de leurs fronts. Je mis ces indications sous les yeux du maréchal qui, à cette occasion, me répéta à plusieurs reprises que l'armée ne capitulerait pas, et que si elle était faite prisonnière de guerre, ce serait les armes à la main. C'était, d'ailleurs, le langage que je lui avais toujours entendu tenir, et, assurément, personne n'eût osé en exprimer un autre. Mais, à ce moment, cette déclaration avait une signification particulière, par suite de la grave situation où se trouvait l'armée. Il était évident pour tous que si nous devions faire un effort, nous n'avions pas à nous attarder davantage. Déjà même, quelques voix prononçaient furtivement les mots : *Il est trop tard!* comme pour y habituer peu à peu les oreilles les plus susceptibles. Je ne pouvais donc pas douter de la sincérité avec laquelle le maréchal se préparait à frapper un coup de vigueur, coûte que coûte. Plusieurs fois déjà, des opérations avaient été annoncées et préparées dans une certaine mesure sans que l'exécution eût suivi; mais, cette fois, les choses se présentaient dans des circonstances telles qu'elles semblaient devoir immanquablement aboutir.

On s'était flatté que la mission du général Boyer serait de courte durée, et qu'il pourrait être rentré le troisième jour, c'est-à-dire le 15 ; mais on n'avait pas suffisamment tenu compte des lenteurs forcées ou préméditées du voyage. Ce fut donc avec une surprise mêlée de désappointement que le maréchal reçut du prince Frédéric-Charles, le 15 au matin, une lettre reproduisant une dépêche de M. de Bismarck datée de Versailles, le 14, à quatre heures et demie du soir, et faisant connaître que le général Boyer venait d'arriver et avait eu immédiatement sa première entrevue avec le chancelier fédéral. Le général ne devait donc pas rentrer avant le 17, et, comme la situation était pressante, et que, par la réflexion, on avait presque acquis la conviction que la négociation ne pouvait pas aboutir, le maréchal Bazaine convoqua, le 16, à deux heures de l'après-midi, les commandants des corps d'armée. Le conseil ne fut pas moins agité que les précédents. La situation se tendait de plus en plus à toute heure, et l'on sentait mieux que jamais l'urgence de l'action. On persistait à exclure toute pensée de capitulation, et, comme on commençait à ne plus croire au succès de la mission du général Boyer, il fallait préparer l'armée à faire un mouvement.

Afin de mettre les commandants des corps d'armée à même de juger de quel côté l'opération devait être entreprise de préférence, il convenait de leur faire connaître quels ouvrages l'ennemi avait construits autour de nous, ainsi que l'importance et la répartition de ses forces. En conséquence, et sur la demande qui lui en fut faite par ses lieutenants, le commandant en chef me donna l'ordre de leur envoyer une copie de la note que j'avais mise sous ses yeux l'avant-veille, et du plan (1) qui la complétait. En même temps, on se préparait à pourvoir le

---

(1) Ce plan a été critiqué, mais il n'en était pas moins aussi exact qu'il pouvait l'être, en ce sens qu'il était la simple reproduction des renseignements que recevait l'état-major général, et dont j'ai indiqué l'origine. Assurément, on ne pouvait pas s'attendre à

soldat des vivres qui lui étaient nécessaires pour opérer pendant deux ou trois jours. Il était enfin de plus en plus décidé qu'il ne serait fait aucun emprunt aux approvisionnements des vivres spéciaux de la place. On n'arrêta pas cependant de plan d'opération, bien qu'on eût examiné le dernier projet du maréchal, celui qui consistait à prendre la direction de Château-Salins et Lunéville pour gagner les Vosges.

Je m'attendais, dès ce moment, à recevoir les instructions nécessaires pour transmettre les ordres d'exécution de ce mouvement. Le 17, le maréchal me fit remarquer que le 18 et le 19 octobre étant les anniversaires de la bataille de Leipsick, nous ne pouvions pas nous mettre en marche un de ces deux jours. Il me rappela qu'en Crimée, on regretta d'avoir tenté le 18 juin 1855 l'attaque de vive force qui fut faite contre Malakoff sans aucun succès. Les Anglais, disait-on alors, avaient choisi ce jour-là avec empressement parce qu'il était l'anniversaire de Waterloo, et, par cette raison, nous aurions dû l'exclure. Quoi qu'il en soit, il était acquis pour moi que l'armée ne s'ébranlerait ni le 18 ni le 19, c'est-à-dire que le 20 au plus tôt. Cette déclaration dissipa mes dernières illusions et me jeta dans la consternation. Réfléchissant à l'horrible situation dans

---

l'exactitude mathématique des choses représentées, mais on n'y trouvait pas moins des indications utiles et méritant d'être prises en considération.

laquelle nous nous trouvions, j'en arrivai à reconnaître que, par une pente insensible, l'armée avait été conduite sur le bord de l'abîme, et qu'il ne lui restait plus qu'un pas à faire pour y être précipitée.

Le général Boyer ne rentra que le 17, entre deux et trois heures du soir. Le maréchal s'enferma aussitôt avec lui, et je ne le vis qu'un instant, à cinq heures, pour lui soumettre, selon l'habitude, les affaires courantes du moment. Ne croyant pas, sans doute, pouvoir se taire absolument au sujet de la réponse qui lui avait été apportée, il me dit brièvement que ses propositions n'avaient pas été acceptées, que le Roi voulait des garanties et déclarait que le gouvernement impérial seul pouvait les lui donner; que, dès lors, nous n'avions qu'à nous préparer à combattre, ne serait-ce que pour l'honneur du drapeau. Il ne me chargea pas, du reste, de convoquer les commandants des corps d'armée. Je pensai qu'il avait fait lui-même la convocation, et que, peut-être, il ne jugeait pas nécessaire de m'appeler à cette réunion. Le lendemain matin, 18 octobre, cependant, je reçus l'ordre de convoquer le conseil pour deux heures après midi, et je regrettai qu'on eût perdu une demi-journée, qui, dans les circonstances présentes, me paraissait précieuse, si l'on avait l'intention d'agir.

Le général Boyer dut d'abord rendre compte de sa mission et le fit succinctement. Il avait eu, disait-il, deux conférences avec M. de Bismarck, qui lui avait fait connaître l'état d'anarchie dans lequel se trouvait la France ; le gouvernement installé à Paris et à Tours (1), ajoutait-il, n'était ni reconnu ni obéi dans les départements. Les hommes de désordre dominaient par la terreur sur un grand nombre de points, notamment à Lyon et à Marseille, où ils faisaient flotter le drapeau rouge. La fin de cet état de choses était ardemment désiré par les gens honnêtes, et, en attendant, on commençait à demander des garnisons prussiennes pour protéger les personnes et les propriétés. Le général Boyer avait vu la garde nationale de Versailles faire le service concurremment avec les troupes allemandes ; Rouen avait aussi été occupée, sur la demande pressante des habitants ; il en serait bientôt de même du Havre ; les troupes qui devaient s'y rendre étaient déjà en route. On donnait à entendre, sans l'affirmer, que Lille était sur le point de faire semblable demande. Il n'existait plus en France de troupes régulières ; les régiments revenus de Civita-Vecchia et de l'Algérie, auxquels avaient été adjoints des gardes mobiles pour composer une armée de 30 ou 40,000 hommes, venaient d'être battus et dispersés à Artenay, en avant d'Orléans. Paris tenait, il est

(1) Dès les premiers jours de septembre, j'avais fait remarquer au maréchal Bazaine que l'ennemi lui communiquait seulement les nouvelles favorables aux idées qu'il avait intérêt à faire prévaloir, et qu'en outre il les présentait à un point de vue exagéré. Mais mon observation fut accueillie avec une mauvaise humeur marquée.

vrai; mais on s'était abstenu de l'attaquer, et si le château de Saint-Cloud avait été brûlé, c'était par le canon du Mont-Valérien.

Le roi de Prusse était le premier à déplorer cet état de choses, et son plus grand désir était d'y mettre un terme; mais il ne pouvait traiter qu'avec un gouvernement présentant quelques garanties, et celui qui s'était imposé à la France manquait absolument de cette condition essentielle. M. Jules Favre, avec lequel M. de Bismarck avait eu des pourparlers, n'était qu'un avocat beau parleur et nullement un homme d'État. Il ignorait même la géographie de son pays.

M. de Bismarck prenait à cœur la démarche du maréchal Bazaine et désirait la voir réussir, parce que, à ses yeux, c'était le seul moyen d'arriver à la conclusion de la paix, objet de tous ses vœux. Mais la proposition du maréchal telle qu'elle était ne pouvait conduire à aucun résultat pratique. Avant de permettre à l'armée du Rhin de venir se mettre à la disposition du gouvernement pour assurer le maintien de l'ordre en France et le fonctionnement régulier de ce gouvernement, l'armée allemande devait réclamer et recevoir des garanties. Le caractère et la portée de ces garanties n'étaient pas clairement énoncés, mais le général Boyer faisait comprendre qu'il s'agissait, sinon d'un traité, du moins des bases d'un traité de paix que devait signer ce gouvernement, en s'engageant à les faire accepter plus tard par les pouvoirs politiques compétents, et il insinuait qu'une cession de territoire formerait le fond de ces bases.

Le maréchal Bazaine n'avait pas qualité pour conclure ce traité, et s'y refuserait probablement si on le lui proposait; mais l'Impératrice régente, l'Empereur étant prisonnier de guerre, avait l'autorité nécessaire pour cela. Il fallait seulement qu'elle pût s'appuyer sur une troupe dévouée et suffisamment nombreuse, et c'était le rôle qu'avait à remplir l'armée du Rhin pour sauver la France de l'anarchie.

Le général Boyer faisait remarquer, d'ailleurs, que pendant son voyage il n'avait pas pu s'entretenir avec des Français. On lui avait à peine permis de prendre connaissance de quelques journaux. Pendant son séjour à Versailles, il y avait eu devant l'hôtel des *Réservoirs* une manifestation dont il avait été la cause, le bruit s'étant répandu en ville qu'un officier général français y était descendu; mais cette manifestation avait été dissipée par la force. Tout le long de la route, à l'aller et au retour, il avait rencontré de nombreux convois de troupes allemandes, sans préjudice de celles qui encombraient toutes les localités. Il en avait surtout remarqué un grand nombre depuis Frouard jusqu'à Metz.

La question qui venait d'être posée d'une manière si catégorique, mais comme venant de M. de Bismarck, ne fut pas, d'abord, tout à fait comprise, et le maréchal Bazaine crut devoir y revenir et l'expliquer pour en faire ressortir toute la portée. Il n'y avait plus à se faire illusion, et il fallait choisir entre trois partis : se faire jour par les armes ou donner suite au projet de M. de Bismarck, à moins qu'on ne préférât une capitulation.

Personne n'admettait qu'il fût possible de capituler; il ne restait donc plus qu'à se décider entre un combat qu'on savait ne devoir présenter que peu de chances de succès, mais que l'on considérait comme inévitable pour sauver l'honneur du drapeau, et une démarche auprès de l'Impératrice, pour lui demander d'intervenir auprès du roi de Prusse. Le combat était, au fond, le sentiment de tous les membres du conseil; mais nos braves soldats, affaiblis par les privations de toute espèce, les fatigues et la misère, étaient, disait-on avec douleur, hors d'état de le livrer, sans artillerie et sans cavalerie, avec quelque espoir de réussite, et leurs chefs ne pouvaient se résoudre à les conduire à une perte presque certaine.

La seconde alternative, présentée avec habileté, permettait d'éluder ou au moins d'ajourner cette triste nécessité. On disait à peine, et sans s'y arrêter sérieusement, que l'Impératrice ne pourrait rien obtenir sans consentir à d'importants sacrifices de territoire, et que cette condition serait probablement un obstacle insurmontable au succès de la démarche à faire auprès d'elle. Le premier but, le plus essentiel, le seul que le conseil eût en vue, était de délivrer l'armée et de sauver la France de l'anarchie qui lui paraissait évidente. Quelques membres, peut-être, entrevoyaient aussi avec satisfaction la possibilité de restaurer l'Empire ; mais je ne crois pas me tromper en avançant que pour la plupart d'entre eux, sinon pour tous, le sentiment qui dominait, c'était le besoin pressant de tirer l'armée de la situation critique où elle se trouvait. Ce sentiment était même si puissant qu'on n'apercevait pas le danger politique auquel on s'exposait.

Toutefois, avant de prendre une détermination, le conseil se demanda jusqu'à quel point il était possible de compter sur le dévouement de l'armée. En admettant que l'Impératrice, cédant aux circonstances, admit la proposition qui devait lui être faite, et que l'armée de Metz, rendue à la liberté, fût mise en demeure d'assurer par la force l'exécution des dispositions arrêtées entre l'Allemagne et la France représentée par l'Impératrice, était-on assuré que les troupes obéiraient à l'impulsion qui leur serait donnée par le commandant en chef ? La plupart des membres du conseil répondaient à cette question par l'affirmative. Ils ne doutaient pas que les soldats ne suivissent aveuglément leurs chefs partout où ceux-ci jugeraient utile de les conduire ; cependant, on estima qu'il y avait lieu de s'en assurer d'une manière précise; il fut donc convenu que chaque commandant de corps d'armée consulterait le soir même les généraux placés sous ses ordres et rapporterait le lendemain matin les réponses qui lui seraient faites.

Le 19 octobre, à huit heures et demie du matin, le conseil était en séance. Sur les cinq commandants des corps d'armée, trois déclarèrent que leurs généraux étaient disposés à les suivre et répondaient de leurs troupes. Les deux autres, protestant de leur dévouement personnel et de celui de leurs généraux prêts à se sacrifier aux intérêts de l'Empire, ajoutèrent qu'ils n'étaient pas certains que leurs troupes les suivissent dans cette voie. Ceux-ci considéraient comme imprudent d'entraîner l'armée dans une lutte ayant pour objet la politique intérieure; les autres, rappelant le plébiscite, estimaient qu'on ne saurait songer à se séparer des sentiments les plus répandus dans le pays, qu'ils affectaient de considérer comme favorable à l'Empire. Les avis des généraux de l'armée n'étaient donc pas identiques. La délibération qui suivit fit connaître en outre que dans quelques corps les généraux de division seuls avaient été consultés, et que dans d'autres corps les généraux de brigade avaient aussi été entendus. Un commandant de corps d'armée avait même jugé à propos d'adjoindre les colonels à ses généraux.

Par suite de ces divergences, on décida d'abord

que les questions seraient posées de nouveau, mais le temps pressait, et il n'était plus possible d'ajourner la résolution définitive. Il fut facile de voir alors combien étaient perplexes les membres du conseil; mais il me parut évident que la proposition allait être repoussée. Le général Changarnier, qui était présent à cette séance et qui assista également aux séances suivantes, prit alors chaudement la parole en faveur de la proposition et fut très vif contre les membres du gouvernement de la Défense nationale, qu'il qualifia sévèrement. Je l'avais bien vu, à mon grand étonnement, arriver à Metz dans les premiers jours d'août et admis dans la familiarité de l'Empereur. Mais cette inconséquence dans la conduite d'un vieillard de soixante-quinze ans s'expliquait à mes yeux par l'intérêt qu'il avait toujours témoigné aux choses militaires et le désir de revoir de près et à l'œuvre cette armée dans laquelle, à une autre époque, il avait vaillamment figuré. Rien n'indiquait alors qu'après avoir été un ennemi acharné de l'Empire, il en était devenu un des partisans les plus dévoués. C'est cependant la révélation qu'il nous fit dans la séance du conseil que je raconte, et c'est seulement après l'avoir entendu que je me rendis compte du motif pour lequel il avait été appelé à y assister.

Deux jours avant cette séance, deux capitaines du génie (l'un d'eux était le capitaine Rossel) s'étaient rendus auprès du général pour lui offrir le com-

mandement de l'armée, qui lui serait décerné par acclamation; mais il refusa, en rappelant ces officiers au sentiment de leurs devoirs militaires, et vint ensuite dire ou fit savoir au maréchal Bazaine la proposition qui lui avait été faite. Je suppose qu'il y eut à cette occasion des communications confidentielles qui déterminèrent le maréchal à appeler le général dans le conseil. Quoi qu'il en soit, après que les commandants des corps d'armée eurent parlé successivement et généralement en termes calmes et réservés, il fut facile de voir que la proposition inspirée par M. de Bismarck allait être repoussée comme dangereuse et n'ayant aucune chance d'être agréée par l'Impératrice. C'est alors que le général Changarnier, invité par le maréchal Bazaine à prendre de nouveau la parole, s'anima tout à coup et, dans un langage chevaleresque et des plus vifs, insista pour que la proposition fût approuvée. « Là seulement », dit-il, « est le salut de l'armée, celui de la France
« et de la société! L'Impératrice acceptera, parce
« que c'est le seul moyen de conserver le trône à
« son fils; l'armée suivra l'Impératrice, parce
« qu'elle sera profondément touchée de la confiance
« que lui témoignera une femme énergique et
« belle. » Il irait, s'il le fallait, la chercher lui-même, certain de réussir dans sa mission, ajouta-t-il; mais il ne voulait pas priver de cet honneur le général Boyer, qui avait déjà si bien préparé les choses et saurait les mener à bonne fin.

Ce discours, dans lequel le général Changarnier sut parler aussi de son âge avancé, de ses sentiments patriotiques et de son dévouement absolu aux intérêts de la France, modifia considérablement l'opinion du conseil. La proposition du maréchal Bazaine avait d'abord rencontré peu d'adhérents; mais lorsque le général Changarnier eut cessé de parler, elle fut votée par le conseil, qui ne tint aucun compte des observations contraires du général Coffinières. Dès lors, tout était résolu.

Mon étonnement était extrême à tous les points de vue; mais le conseil, tel qu'il était composé, pouvait-il prendre une autre décision, après ce qu'il venait d'entendre? Je compris alors pourquoi les membres qui auraient pu prendre la parole pour combattre le général Changarnier avaient gardé le silence. Ils n'avaient pas voulu tenter une lutte inutile, et ils se bornèrent à voter négativement (2 voix contre 7; les 2 voix opposantes furent celles du maréchal Le Bœuf et du général Coffinières). Ils avaient peut-être pensé que cette mise en scène avait été préparée d'avance. Je ne sais pas pour ma part ce qu'il en est, mais il est hors de doute pour moi que le maréchal Bazaine souhaitait cette solution, et qu'il a dirigé la délibération de manière à l'obtenir.

Le général Boyer n'a certainement pas répété devant le conseil tout ce qui a été dit à Versailles entre M. de Bismarck et lui, et il est bien difficile que, dans les deux entrevues qu'il a eues avec le chancelier fédéral, il n'ait pas été chargé de quelques paroles spécialement bienveillantes et flatteuses pour le maréchal. Le général Boyer a contribué lui-même à m'inspirer cette pensée. Je lui ai entendu dire après la séance que M. de Bismarck lui avait exprimé le regret que la maréchale Bazaine eût cru devoir quitter la ville de Versailles qu'elle habitait au moment où l'armée prussienne était arrivée autour de Paris, parce qu'elle y eût été mieux protégée que partout ailleurs.

Dans le courant de la délibération, le maréchal Bazaine fit remarquer que la proposition était dans l'ordre constitutionnel de la France, puisque le gouvernement impérial était le seul légal, et que l'armée ne pouvait et ne voulait tendre qu'à mettre les pouvoirs réguliers en mesure de fonctionner en s'appuyant sur une force nationale; que, d'ailleurs, le gouvernement de fait qui s'était imposé ne lui avait pas été notifié, et qu'il n'en avait reçu aucune communication, bien qu'il eût essayé de se mettre en rapport avec lui; qu'enfin, si l'Impératrice n'acceptait pas la proposition, son refus aurait pour conséquence de délier l'armée de son serment de fidélité à l'Empereur.

Le général Desvaux estimait que l'armée était liée par son serment et ne pouvait rien faire qui fût contraire aux intérêts de l'Empire tant qu'elle n'en aurait pas été déliée.

Le général de Ladmirault protestait de son

dévouement à ses devoirs et à l'Empereur, mais ne parlait que pour lui et ses généraux, et d'un ton assez triste pour laisser croire que ses propres sentiments n'étaient pas précisément partagés par tout son corps d'armée.

Le maréchal Canrobert et le général Soleille adhéraient sans longs commentaires.

Le maréchal Le Bœuf et le général Coffinières ne pensaient pas que l'Impératrice pût ou voulût accepter le rôle qu'il était question de lui proposer.

Le général Frossard appuyait la proposition. Il pensait que l'Impératrice devait se hâter de se rendre au milieu de l'armée pour y mettre à exécution le programme tracé par M. de Bismarck, mais il considérait aussi qu'une fois le pouvoir impérial rétabli et l'ordre avec lui, le traité de paix étant signé, la Régente devait faire appel au suffrage universel pour obtenir par un plébiscite l'approbation de ses actes, s'engageant, du reste, à se retirer avec son fils dans le cas où cette approbation ne serait pas donnée.

Pas plus que dans les précédents conseils et les suivants, je ne fus consulté. Je n'ai jamais eu la parole ni pour la délibération, ni pour le vote, et, aussi bien, je n'ai jamais eu à signer les procès-verbaux des séances que le maréchal faisait, je crois, rédiger.

Le conseil étant terminé, les conversations particulières s'engagèrent, et plusieurs membres s'empressèrent auprès du général Boyer, duquel ils désiraient savoir s'il espérait réussir dans sa nouvelle négociation. J'entendis alors très nettement celui-ci répondre au général Changarnier que M. de Bismarck lui avait indiqué avec soin la marche qu'il devait suivre, et qu'il avait tout lieu de concevoir de bonnes espérances. Un instant après, j'entendis le maréchal Canrobert lui demander communication de deux journaux qu'il avait apportés, et je ne fus pas peu surpris de la réponse affirmative qui fut faite, parce que le général m'avait dit, et le maréchal Bazaine m'avait tenu le même langage, qu'il ne lui avait pas été possible de rapporter un seul journal. J'avais perdu de vue cet incident, lorsque, quelques jours après, il me fut assuré que le général Boyer avait rapporté deux journaux officiels mentionnant des actes très modérés du gouvernement de la Défense nationale, et que le maréchal n'avait pas voulu les laisser mettre en circulation, dans la crainte qu'on ne remarquât la grande différence qui existait entre les appréciations qui avaient été faites des actes du gouvernement par M. de Bismarck et le langage du gouvernement lui-même. Mais les journaux avaient été lus par le médecin du maréchal, M. Maffre, et un peintre, M. Beaucé, qui avait fait la campagne à la suite du maréchal. L'un et l'autre, partisans de la révolution du 4 septembre, n'avaient pu s'empêcher de communiquer à quelques officiers ce qu'ils avaient lu et les motifs pour lesquels, selon eux, les journaux étaient restés sous le boisseau pour l'armée entière, à l'exception des confidents du maréchal.

Avant de se séparer, les commandants des corps d'armée convinrent de faire part à leurs généraux et chefs de corps de la décision qui venait d'être prise, dans l'espoir d'obtenir pour l'armée la liberté de ses mouvements. Bientôt, comme une conséquence naturelle de cette communication, le service se relâcha sur toute la ligne de nos avant-postes; les Prussiens en profitèrent pour attirer à eux nos soldats en leur offrant à manger, et le plus souvent les retinrent comme prisonniers de guerre. Cet état de choses favorisa un certain nombre de désertions.

Le même jour, le maréchal Bazaine écrivit au prince Frédéric-Charles pour lui demander d'autoriser le général Boyer à se rendre auprès de l'Impératrice en Angleterre. Le prince, contrairement à ce que l'on attendait, répondit qu'il ne pouvait pas accorder une semblable autorisation sans en référer au Roi. Cependant, quelques heures après, un officier d'état-major prussien vint chercher le général. On avait calculé que son absence ne durerait pas au delà de quatre jours, et qu'en tout cas, on recevrait dans trois jours un télégramme faisant connaître le résultat de sa mission.

L'impatience devenait de plus en plus grande à mesure que le temps marchait. Les vivres s'épuisaient, le moment décisif arrivait à grands pas. Le soldat n'avait pas encore sérieusement souffert de la faim, mais le temps était détestable; une pluie d'automne froide et continue faisait redouter des maladies pour nos braves gens, qui, couchés sur un sol humide, sinon dans la boue, ne pouvaient plus trouver de véritable repos sous leurs petites tentes. Ces préoccupations étaient celles de tout le monde et rendaient de plus en plus grande l'impatience de connaître la réponse de l'Impératrice. Cette réponse arriva le 23, dans l'après-midi. C'était une lettre du prince Frédéric-Charles, qui ne me fut pas montrée. Le maréchal me dit seulement à cinq heures du soir, au moment de notre troisième séance de travail journalier, que la mission du général Boyer n'avait pas abouti. Il m'ordonna en même temps de convoquer les commandants des corps d'armée pour le lendemain 24, à huit heures du matin.

La lettre reçue la veille fut lue au début de cette séance. C'était la transmission d'un télégramme de M. de Bismarck notifiant l'insuccès de la démarche faite auprès de l'Impératrice par le général Boyer et rappelant que, dès lors, l'armée n'avait plus rien à attendre de la diplomatie, et qu'elle ne pouvait sortir de sa situation que par les voies militaires. La question : *Que faut-il faire?* fut alors posée par le maréchal. Faut-il tenter de se faire jour les armes à la main, à travers les lignes ennemies, ou bien faut-il ouvrir des négociations avec le général en chef de l'armée prussienne ?

La discussion qui s'engagea s'égara d'abord sur des considérations d'un ordre secondaire que la situation présente justifiait dans une certaine mesure, mais qui ne pouvaient amener aucune conclusion. Des récriminations plus ou moins voilées surgissaient, et ce n'était qu'à grand'peine qu'on parvenait à ramener les interlocuteurs à la fatale question. C'était d'abord des vivres qu'il s'agissait. On ne pouvait pas croire qu'il n'en restât plus en ville. Les visites domiciliaires étaient représentées de nouveau comme n'ayant pas été faites avec une rigueur suffisante, et l'on blâmait plus que jamais le gouverneur de la place d'avoir trop ménagé les habitants. Le général Coffinières protestait avec son énergie habituelle, en s'appuyant sur ses devoirs de commandant supérieur d'une place qui allait être assiégée, et dont il devait autant que possible séparer le sort de celui de l'armée.

Vinrent ensuite les dissertations sur l'état moral et physique de l'armée. La réduction de la ration de vivres n'avait pas encore altéré sérieusement les forces des hommes ; bien qu'affaiblis, ils étaient en général, à ce point de vue, capables d'un certain effort ; mais depuis quelques jours on leur avait fait entrevoir la fin de la guerre, leur retour au sein de la France, si bien que, malgré les recommandations les plus pressantes d'avoir à se garder et à se défendre comme par le passé, une sorte d'armistice était pratiqué aux avant-postes. On signalait même des désertions, qui s'accomplissaient tantôt ouvertement, tantôt sous le prétexte qu'après avoir été attirés par l'ennemi à la faveur de cet armistice d'un nouveau genre, nos soldats étaient retenus comme prisonniers de guerre.

Tout cela ressemblait fort à de la démoralisation, mais ne concernait heureusement qu'un nombre relativement restreint d'hommes. Les officiers de tous grades, d'ailleurs, restaient animés d'un excellent esprit, en ce qui concernait l'honneur du drapeau et la guerre nationale contre la Prusse; cela n'était douteux pour personne, mais beaucoup d'entre eux s'étaient sentis troublés par ce qu'ils avaient appris des missions Bourbaki et Boyer. Bien que le but de ces missions ne leur fût pas exactement connu, ils restaient convaincus qu'on avait eu la pensée de les faire coopérer à une restauration de l'Empire, et ce projet n'était pas accepté par tous avec la même faveur. Certains d'entre eux avaient exprimé plus ou moins ouvertement leur répugnance à ce sujet, et il était facile de voir que les commandants des corps d'armée ne l'ignoraient pas.

La discussion se prolongea, et elle aurait duré longtemps encore si l'on n'eût senti l'impérieuse nécessité d'en finir.

Le général Desvaux, ayant à parler le premier,

déclara que la garde impériale ne connaissait que le serment prêté à l'Empereur, et qu'elle suivrait ses généraux et ses officiers, tous prêts à faire le sacrifice de leurs personnes.

Le général de Ladmirault alla droit au but. Lui et ses généraux obéiraient aux ordres qui leur seraient donnés, quels qu'ils fussent; on pouvait compter sur eux, et ils emploieraient tous les moyens en leur pouvoir pour entraîner les troupes ; mais celles-ci n'étaient plus en état de faire l'effort héroïque nécessaire pour percer les lignes ennemies. Si cette opération était tentée, il entrevoyait le plus grand désastre, suivi de l'anéantissement de l'armée, au milieu de l'indiscipline et des désordres qu'entraînent toujours ces affreuses catastrophes.

Le général Frossard, dans un langage plus voilé, exprima à peu près les mêmes pensées, et après lui le maréchal Canrobert, ainsi que le général Soleille, firent des déclarations semblables.

Le maréchal Le Bœuf, dont les troupes n'avaient pas cessé de recevoir la ration de vivres réglementaire, et qui, mieux approvisionné que ses collègues, par suite de circonstances particulières, était encore en mesure de les nourrir pendant quatre ou cinq jours, était d'avis qu'il fallait tenter une sortie désespérée, qu'il appela une héroïque folie.

Le général Coffinières, en sa qualité de gouverneur de Metz, rappela qu'on avait déjà pris la résolution de sortir les armes à la main, si la mission du général Boyer ne réussissait pas, et que le moment lui semblait venu de s'y conformer; qu'au surplus, il demandait avec instance que le sort de la place fût déclaré et reconnu distinct de celui de l'armée. Livrée à ses propres moyens, la place pouvait prolonger longtemps sa défense, dont la durée n'était limitée que par les approvisionnements qui lui restaient, auxquels l'armée ne touchait plus depuis quelques jours, et qu'il demandait instamment qu'on lui laissât intacts. Cette réclamation était en quelque sorte superflue, attendu que personne n'avait jamais demandé que la place fût privée au profit de l'armée des vivres qui lui étaient indispensables; mais on insinuait que, dans le cas où l'on serait forcé de traiter avec l'ennemi, celui-ci ne consentirait probablement pas à ce que le sort de la place fût séparé de celui de l'armée.

En résumé, aucun des commandants de corps ne croyait que ses troupes fussent en état de forcer les lignes ennemies. Toute la cavalerie était à pied; l'artillerie, dépourvue de chevaux, avait dû réintégrer la plupart de ses canons dans l'arsenal de Metz; à peine restait-il dans chaque division la batterie de mitrailleuses et une batterie de 12, pour le service desquelles on ne possédait qu'un nombre insuffisant de chevaux, ruinés par l'absence à peu près complète de nourriture. Pour comble de malheur, la terre détrempée par des pluies abondantes et persistantes rendait presque impossible la manœuvre de ces batteries. L'infanterie était donc la seule arme qui pût agir ; mais, seule, elle était impuissante contre l'artillerie allemande, dont la portée efficace s'étendait jusqu'à la distance de 6,000 mètres. Cette infanterie était donc condamnée à parcourir 5,000 mètres sous le feu d'un canon redouté, avant d'arriver à faire sentir en arrière des lignes fortifiées et défendues qu'il fallait enlever, le feu de ses chassepots. Pouvait-on attendre d'elle cet effort ? En admettant que les lignes prussiennes fussent forcées, nos troupes resteraient-elles assez compactes pour lutter avec avantage contre celles de toutes armes que l'ennemi ne pouvait manquer de leur opposer en 2e et en 3e ligne ?

Il y avait encore à se mettre d'accord sur la manière dont se ferait la sortie. On ne pouvait songer qu'à donner une direction unique à toute l'armée. Les renseignements recueillis avec soin et communiqués à tous les commandants des corps d'armée avaient indiqué quels étaient les travaux exécutés par l'ennemi depuis deux mois. Dans la dernière quinzaine, ces travaux avaient été complétés en vue d'une sortie désespérée de l'armée française.

On put donc ainsi reconnaître unanimement que la trouée n'était possible ni par la route d'Ars, ni par celle de Nancy et de Strasbourg, ni par celle de Sarrebruck et de Sarrelouis, ni enfin par celle de Thionville, sur laquelle une reconnaissance avait été faite le 7 octobre. C'était par l'ouest de Metz qu'en ce moment la tentative pouvait s'exécuter dans les conditions les moins défavorables; mais ce projet lui-même dut être abandonné, comme ne présentant pas des chances suffisantes de succès, eu égard aux difficultés du terrain et à l'état physique et moral de l'armée. D'ailleurs, en admettant un premier succès, une seconde bataille, fut-il dit, était inévitable, et, pour la livrer, nos troupes n'auraient plus une cohésion suffisante. On exprima même la crainte de les voir se débander et se répandre ensuite dans toute la France, donnant le spectacle déplorable de l'indiscipline et du désordre sous la pression de la faim.

C'est par ces considérations que le conseil fut amené à se soumettre à l'impérieuse nécessité d'entrer en pourparlers avec l'ennemi. Alors commença l'examen des propositions qui paraissaient pouvoir être faites.

Le maréchal Bazaine fit remarquer qu'il ne fallait pas s'attendre à obtenir des conditions meilleures que celles qu'avait dû subir l'armée de Sedan. L'armée du Rhin, qui n'avait été vaincue dans aucune rencontre, avait l'orgueil de mériter, disait-il, un meilleur sort; mais tout portait à croire que l'ennemi voudrait s'assurer tous les avantages que son succès pouvait lui procurer. Le maréchal ne croyait même pas pouvoir obtenir que le sort de la place fût séparé de celui de l'armée.

Toutes ces questions furent longuement discutées ; les commandants des corps d'armée, après avoir pris la parole tour à tour, avaient cessé de parler, et l'on ne pouvait se résoudre à conclure. Il le fallait cependant ; et enfin il fut décidé que l'on se mettrait le plus tôt possible en relation avec le prince Frédéric-Charles. Qui serait chargé de cette triste et délicate mission? Le général Soleille fut d'abord proposé. Il avait parlé à plusieurs reprises de manière à ranger à son avis presque tous les membres du conseil, et l'on pensait que, mieux qu'un autre, il pourrait, par son langage persuasif, décider l'ennemi à réduire ses exigences. Il se défendit cependant contre cette désignation, et c'est alors que le maréchal Canrobert exprima l'avis de confier la mission « au vénérable général Changarnier, notre maître à tous », dit-il.

Le général Changarnier accepta sans hésiter et sans fausse modestie. Il devait demander que le sort de l'armée fût réglé par une convention excluant toute idée de capitulation. Cette convention devait statuer pour l'armée seule, à l'exclusion de la place de Metz, et stipuler que cette armée se rendrait, avec armes et bagages, sur un point quelconque du territoire français ou en Algérie, sous la seule condition de ne pas combattre contre les troupes allemandes pendant la durée de la guerre, son action devant se borner à maintenir l'ordre sur le territoire.

Dans le courant de la délibération, on rappela les articles du règlement et du code pénal militaire, qui n'admettent sous aucun prétexte la capitulation d'une armée en campagne. Mais il fut objecté que l'armée de Metz était dans son camp retranché comme dans une place fortifiée, et que, dès lors, l'épuisement des vivres justifiait la capitulation. On s'obstinait, au reste, à ne pas prononcer ce mot de capitulation, et il ne devait être question, dans les négociations, que d'une convention honorable, telle, par exemple, que celle qui fut conclue par Kléber lorsqu'il se vit forcé de rendre Mayence.

CHAPITRE VII

Le général Changarnier se rend au château de Corny. — Le général de Cissey est envoyé à Frescaty. — Conseil de guerre du 26 octobre.— Je suis désigné pour signer la capitulation. — Ma première conférence avec le général de Stiehle au château de Frescaty le 26 octobre. — Ma deuxième conférence avec le général de Stiehle au château de Frescaty le 27 octobre. —Dernier conseil de guerre du 28 octobre. — Les drapeaux. — Les archives de l'état-major général.

Au sortir de la séance, le maréchal Bazaine écrivit au prince Frédéric-Charles pour lui demander de recevoir son envoyé, et le lendemain, 25, vers huit heures du matin, arriva une réponse très courtoise, à ce qu'il paraît, faisant connaître que le général Changarnier serait attendu aux avant-postes prussiens, le même jour, à onze heures du matin, pour être immédiatement conduit au château de Corny.

Vers deux ou trois heures de l'après-midi, le général rentrait au quartier général français, rapportant la réponse la plus accablante. Il avait été personnellement reçu avec les plus grands égards; mais le prince Frédéric-Charles, tout en déclarant qu'il ne pouvait pas accueillir les propositions dont le général Changarnier était porteur, n'avait pas cru devoir lui faire connaître d'une manière explicite les seules conditions que les ordres du Roi lui permissent de proposer à l'armée française. Son chef d'état-major se rendrait au château de Frescaty, le même soir à cinq heures, et dirait à l'officier général que le maréchal Bazaine était prié d'envoyer, quelles étaient les seules bases sur lesquelles pouvait être établie la convention destinée à régler les conditions de la reddition de l'armée et de la place de Metz.

Le maréchal Bazaine désigna le général de Cissey, commandant la 1re division du 4e corps d'armée, pour aller conférer avec le chef d'état-major de l'armée prussienne; le général rentra le même soir au quartier général du maréchal, porteur des clauses de la capitulation proposées par l'ennemi, et dont les principales étaient que l'armée sous Metz et la garnison de la place de Metz étaient prisonnières de guerre, que la place serait remise à l'armée prussienne, ainsi que le matériel de guerre, canons, fusils, armes et munitions de toute espèce, drapeaux, vivres, etc., appartenant à l'armée et à la place.

Le lendemain, 26, les commandants des corps d'armée, convoqués par le maréchal, étaient réunis à son quartier général à huit heures et demie du matin. Le général Changarnier assistait à cette séance, comme il avait assisté aux deux précédentes, et le général de Cissey avait également été appelé pour donner des explications au sujet de la mission dont il avait été chargé.

Après avoir dit sommairement que les généraux Changarnier et de Cissey, reçus personnellement avec les plus grands égards, avaient trouvé un ennemi inexorable et résolu à tirer le plus grand parti possible de la situation critique de l'armée, le maréchal Bazaine fit la lecture du protocole rapporté la veille par le général de Cissey, faisant connaître les conditions proposées par l'ennemi. Puis il invita cet officier général et le général Changarnier à rendre compte de leur mission.

Le général Changarnier avait trouvé le prince Frédéric-Charles plein de prévenances pour lui; mais, dans le courant de sa courte conférence, il lui avait été impossible de faire sortir Son Altesse Royale des généralités.

Au quartier général allemand, on professait une grande considération pour l'armée française; mais on avait des ordres dans les limites desquels on devait se maintenir, et ces ordres interdisaient de traiter si la place de Metz n'était pas rendue en même temps que l'armée. Celle-ci devait renoncer à rentrer en France avec armes et bagages. Le prince Frédéric-Charles avait, en outre, donné à entendre au général que les conditions qu'avait subies l'armée de Sedan seraient imposées à l'armée de Metz. Mais il ne pouvait pas les exposer en détail, et elles seraient notifiées, le soir même, par son chef d'état-major à l'officier général que le maréchal Bazaine pouvait envoyer au château de Frescaty.

Le général de Cissey, reçu aussi de la manière la plus courtoise par le général de Stiehle, chef d'état-major du prince Frédéric-Charles, n'avait eu avec lui qu'une très courte entrevue. La discussion avait été à peu près impossible, en présence du parti pris par le général de Stiehle de ne pas débattre les clauses de la capitulation qui nous était proposée, sous le prétexte que les ordres du Roi ne lui permettaient pas de les modifier. Le protocole que le général avait rapporté lui paraissait être le dernier mot de l'ennemi, et l'on ne devait pas s'attendre à ce qu'il fût modifié sérieusement. L'illusion pour lui n'était pas possible.

C'est alors que fut de nouveau posée la fatale question : *Que faut-il faire?* On reproduisit les observations qui, dans les séances précédentes, avaient été l'objet de la délibération. Certains corps ne recevaient plus de l'administration, depuis deux jours, ni pain ni vivres de campagne; la garde et le 3ᵉ corps avaient seuls reçu quelques distributions à des taux infiniment réduits; les autres corps, le 4ᵉ surtout, avaient pu à peine, au moyen d'expédients, obtenir pour leurs soldats, en très petites quantités d'ailleurs, quelque chose ayant l'apparence du pain. La viande de cheval formait donc à peu près exclusivement la nourriture de l'armée. Sous cette influence, et d'autres encore qu'il est facile d'imaginer, l'état physique et moral des troupes empirait à chaque minute. Tous les commandants des corps d'armée le reconnurent, même le général Desvaux, qui remplaçait dans le commandement de la garde impériale le général Bourbaki; mais aucun d'eux ne l'exprima d'une manière plus explicite que le général de Ladmirault.

Parlant le dernier, le général Soleille déclara qu'une sortie, si elle était tentée, ne pourrait aboutir qu'à un désastre. Il se disait en quelque sorte désintéressé dans la question, lui, commandant l'artillerie de l'armée, puisque le peu de canons restés auprès des troupes étaient dans l'impuissance la plus complète d'agir, faute de chevaux pour les traîner. Nos soldats, ajoutait-il, pourraient à peine sortir de leurs lignes et seraient immédiatement arrêtés par le canon ennemi, même sans pouvoir parvenir à se mettre en vue de ceux qu'ils iraient chercher. Cet acte de désespoir, dans de pareilles circonstances, serait un véritable suicide, où l'ennemi trouverait une victoire facile et l'armée succomberait sans gloire et sans profit, mais avec tous les inconvénients de la défaite la plus désastreuse. Il pensait que, dans de telles conditions, on n'avait pas le droit de commander aux troupes d'aller à l'ennemi, car les meilleurs soldats seraient tués, enlevés à leurs familles et à la France, qui, plus tard, en demanderaient compte. Les autres, pour la plupart, échapperaient à la mort; mais ce serait pour donner ensuite le pernicieux spectacle d'une armée française sans discipline, démoralisée, et dans laquelle se trouveraient peut-être des hommes capables des excès les plus regrettables. Le général finissait en adjurant le conseil d'épargner une pareille ignominie à cette armée, qui était justement fière de ce qu'elle avait fait depuis le commencement de la campagne.

Il fut alors reconnu unanimement par le conseil que l'armée se trouvant hors d'état de faire avec la moindre chance de succès une tentative désespérée, la capitulation était devenue une nécessité impérieuse, puisque les vivres faisaient complètement défaut, et les clauses du protocole, si dures qu'elles fussent, furent acceptées. Dès lors, la volonté implacable de l'ennemi confondant la place et l'armée dans le même sort, il fut décidé que les approvisionnements de vivres qui avaient été spécialement affectés à la place et réservés pour elle seule, seraient mis en commun avec ceux de l'armée, c'est-à-dire que l'armée prendrait sa part, au prorata des effectifs, des approvisionnements qui avaient été laissés dans les magasins de la place en prévision d'un siège.

Le protocole rapporté par le général de Cissey fut ensuite examiné plus en détail. On ne pouvait se résoudre à admettre qu'il ne fût pas possible d'obtenir des conditions meilleures que celles qui étaient proposées. Ce n'étaient là, disait-on, que les bases de la convention, et il était permis d'espérer quelques concessions de la part d'un ennemi qui professait la plus grande estime pour une armée qu'il n'avait pu battre dans aucune rencontre. On pensait que, si l'armée entière ne pouvait obtenir de rentrer en France avec armes et bagages, cet honneur ne serait pas refusé à une petite troupe composée de détachements de toutes armes qui serait acheminée vers l'Algérie.

Enfin, le protocole ne faisant mention en aucune manière des épées des officiers, un membre du conseil émit l'avis que ce n'était que le résultat d'une omission involontaire. Cette opinion fut contestée par un autre membre, et les généraux Changarnier et de Cissey déclarèrent que, sans pouvoir donner aucune affirmation, ils pensaient que l'omission était intentionnelle, d'où il fallait conclure que nos officiers ne seraient pas autorisés à conserver l'épée. Ils ajoutèrent qu'il n'y avait pas à se faire illusion sur la générosité d'un ennemi résolu à user avec une inflexible rigueur de tous les avantages que lui concédait la situation douloureuse où nous nous trouvions. Le général de Cissey déclara, en outre, que, dans sa conviction, il n'y aurait pas de discussion possible, et que le négociateur prussien, se retranchant derrière les ordres du Roi, maintiendrait toutes les clauses du protocole. Après ces observations, ce protocole fut de nouveau relu et commenté, sans qu'on pût trouver le moyen d'en rendre les clauses plus acceptables. Puis on chercha vainement à préciser les adoucissements qui pouvaient y être introduits.

Dans le cours de cette discussion, un des membres du conseil, dont il ne m'a pas été possible de me rappeler le nom, demanda, sans faire aucune proposition à ce sujet, s'il ne convenait pas, puisque la capitulation était résolue, de mettre hors de service les canons et les fusils, et de noyer les poudres. Le général Soleille fit alors observer que, par le seul fait de la proposition de capitulation qu'elle avait faite, l'armée française se trouvait engagée, et que la loyauté exigeait que toutes choses fussent laissées dans leur état actuel. Il craignait aussi, disait-il, que cette œuvre de destruction ne fût le signal d'une série d'actes d'indiscipline qui pouvaient conduire les soldats à de regrettables excès. Il finit en déclarant qu'il était plus digne pour l'armée française d'accepter son malheur dans toute son étendue, en se mettant à l'abri du reproche d'avoir agi d'une manière contraire à la loyauté.

Ces observations du général Soleille, écoutées avec la plus grande attention par tous les membres du conseil, ne furent l'objet d'aucune protestation ; elles furent, au contraire, acceptées comme étant l'expression judicieuse des cruelles obligations que nous imposaient les circonstances terribles où nous nous trouvions, et il fut décidé d'un commun accord que l'armement et les munitions seraient laissés dans leur état actuel pour être remis à l'ennemi comme il l'exigeait. Je vois encore, au moment où j'écris ces lignes, le général Changarnier, qui était assis en face de moi, approuvant énergiquement, du geste et de la voix, les paroles du général Soleille, particulièrement au moment où celui-ci insistait pour qu'on écartât toutes les mesures qui pouvaient conduire à l'indiscipline. Je ne fus donc nullement surpris, le lendemain, d'apprendre que le général Clinchant, commandant une brigade du 3e corps, avait dû, sur les violents reproches du général Changarnier, arrêter la destruction des armes qu'il avait fait commencer dans sa brigade. De même, dans le 6e corps d'armée, le général de Berckheim, ayant voulu faire mettre ses canons et ses mitrailleuses hors de service, reçut du maréchal Canrobert l'ordre de laisser son matériel dans l'état où il était.

Au moment où fut prise cette fatale décision qui maintenait dans un parfait état de conservation tous nos canons, tous nos fusils, toutes nos munitions, pour être remis à l'ennemi, je ne pouvais en croire mes oreilles. Assurément, pensais-je, parmi les membres du conseil, il n'en est aucun qui ne sache qu'en cas de capitulation, il est de devoir impérieux de détruire les armes et de noyer les munitions. La distinction subtile qui venait d'être faite n'avait pu me convaincre, mais elle avait été admise par tous sans discussion, et elle avait même été applaudie par la vieille expérience du général Changarnier. Je fus ainsi conduit à douter de mon jugement, ne pouvant pas croire sans témérité que les neuf généraux les plus haut placés de l'armée eussent été aveuglés tous ensemble et du même coup, comme s'ils avaient été frappés de la foudre. Néanmoins, j'ai eu le regret de ne pas avoir voix délibérative et de ne pouvoir pas exprimer mon avis (1), quoique je ne croie pas me tromper

---

(1) Je demande la permission de répondre, dès à présent, à ceux qui seraient tentés de critiquer le silence que j'ai gardé, et de dire ici quels sont les motifs qui m'ont déterminé à rester muet, sauf dans les circonstances où les questions m'étaient personnelles ou bien lorsque j'étais interpellé.

Le droit de prendre la parole m'était si peu reconnu que, dans aucune question, le maréchal n'a jugé à propos, dans aucun des conseils, de me demander mon avis, comme il le demandait successivement à tous les membres, et, par suite aussi, on n'a pas soumis à ma signature le seul procès-verbal que tous les membres du conseil aient signé. J'étais donc seulement assistant et nullement membre délibérant. Tel était le droit, c'est-à-dire telle était la situation qui m'était faite. Ma position dans l'armée, dira-t-on peut-être, me donnait le droit de rappeler les termes du règlement et d'en réclamer l'exécution, par exemple, dans cette question des armes et des munitions. Ce fut, en effet, mon premier sentiment, et j'ouvrais la bouche pour prendre la parole lorsque le cours de la discussion m'a réduit au silence. Il est facile de se rendre compte, en lisant le récit véridique, quoique très abrégé, de la séance du 26 octobre, qu'à peine la proposition de détruire les armes et de noyer les poudres avait-elle été faite, que le général Soleille s'y opposa avec calme, mais en termes éloquents, qui ont

en déclarant que, dans l'état où étaient les esprits et par suite de la marche qui avait été imprimée à la délibération, il n'était pas possible d'obtenir de la part des membres du conseil une résolution autre que celle qui fut adoptée.

La question des drapeaux ne fut pas agitée dans cette séance, bien que le protocole qui fut lu plusieurs fois exprimât qu'ils devaient aussi être livrés à l'ennemi. Après la décision qui venait d'être prise pour les armes et les munitions, je crus qu'aucun des membres du conseil n'avait jugé utile ou nécessaire de provoquer une délibération à ce sujet, et

enlevé l'approbation de tout le conseil ; puis le général Changarnier prit la parole pour appuyer à sa manière les conclusions du chef de service de l'artillerie. Dès lors, je ne pouvais pas espérer faire revenir le conseil de cette vive impression magiquement conquise sous le prétexte de ne pas manquer à la vieille loyauté française. Il m'était facile, en effet, de voir que l'opinion du conseil était faite, et que les considérations les plus solides ne parviendraient pas à la changer. D'ailleurs, les membres du conseil connaissaient les sentiments malveillants du maréchal Bazaine à mon égard, et je ne pouvais pas les croire disposés à adopter une opinion émise par moi et notoirement contraire à celle du général en chef de l'armée. Si j'avais pris la parole pour exprimer cette opinion, je n'aurais pas été écouté et je n'aurais obtenu d'autre résultat que de scandaliser le conseil pour avoir osé, moi, chef d'état-major général, me mettre en opposition avec le général en chef en présence des commandants de corps et des chefs de service de l'armée. Ces réflexions se sont présentées à mon esprit presque en même temps et comme groupées en un seul faisceau. J'en ai été frappé, et je me suis tu, mais non sans déplorer la fatale décision qui allait être prise, funeste résultat d'un aveuglement d'autant plus regrettable qu'il était lui-même la conséquence d'un sentiment honorable faussement appliqué.

que chacun d'eux se réservait de faire disparaître ces emblèmes, de manière qu'il n'en existât plus un seul à l'heure de la capitulation. On verra que mes prévisions ne se sont pas réalisées.

Il restait à désigner l'officier général qui devait être chargé par le maréchal commandant en chef et les commandants des corps d'armée, de la rédaction définitive et de la signature de la convention, de concert avec le chef d'état-major de l'armée prussienne. Le maréchal Bazaine m'avait dit, avant l'ouverture du conseil, qu'il avait l'intention de me désigner pour cet office. La position qu'il m'avait faite pendant toute la durée de la campagne m'avait persuadé que cette poignante mission serait donnée à un autre que moi. Je fus donc très surpris de la désignation dont j'étais menacé, et contre laquelle je m'élevai fortement, déclarant que je n'avais pas eu voix délibérative dans le conseil, et qu'en aucune manière je n'avais contribué à l'état présent des choses. Par ces motifs, je ne croyais pas devoir être chargé de cette mission. Il ne me fut répondu que ceci : « Cette tâche rentre dans les fonctions du « chef d'état-major général de l'armée ; c'est à « vous de la remplir. » Et le maréchal fit entrer immédiatement dans son cabinet les membres du conseil qui attendaient l'ouverture de la séance.

Le maréchal Bazaine, donnant donc suite à sa première pensée, exprima l'avis devant le conseil que la mission de rédiger et de signer en son nom la convention définitive, de concert avec le chef d'état-major de l'armée ennemie, rentrait dans les attributions du chef d'état-major général. Il ne s'agissait pas, disait-il, de fixer les conditions de cette convention, puisqu'elles avaient été rapportées par le général de Cissey, et qu'il ne paraissait pas possible d'en faire modifier le fond; il ne restait plus qu'à en régler les détails, en cherchant à obtenir les adoucissements dus à une vaillante armée, qui n'avait été vaincue que par la famine. Ce n'était donc plus, en quelque sorte, qu'un enregistrement à faire, lequel était dans les attributions du chef d'état-major général.

Le conseil, appelé par le maréchal à statuer sur cette proposition, se prononça dans le même sens que lui; mais je protestai hautement. Malgré mon émotion, je fis observer que, n'ayant pas pris part à la préparation des bases de la convention, je n'étais pas en mesure de la mener à bonne fin, et j'adjurai le conseil de fixer son choix sur un autre que moi.

A ce moment, le général Frossard, revenant sur un des articles du protocole proposé, présenta de nouveau avec véhémence quelques observations, et il me sembla disposé à se charger de la mission pour laquelle je venais d'être désigné. Placé à côté du maréchal Bazaine, je lui dis à voix basse, mais avec l'émotion facile à comprendre que me faisait éprouver la perspective d'échapper au douloureux

devoir qui venait de m'être imposé : « Le général
« Frossard acceptera la mission dont on veut me
« charger; veuillez la lui proposer ». Le maréchal
se rendit à mon désir, et le premier mouvement du
général Frossard fut d'accepter. Mais les autres
membres du conseil se récrièrent, sous le prétexte
qu'il n'y avait pas à revenir sur une désignation
faite. D'un autre côté, le général Frossard, se ravisant, retira son acceptation. Cependant, je ne voulus pas laisser la moindre place à l'équivoque, et
j'insistai énergiquement auprès du conseil pour
qu'il revînt sur sa première résolution, déclarant
en même temps que je lui aurais une profonde
reconnaissance s'il consentait à la modifier; mais je
ne fus pas assez heureux pour parvenir à le convaincre, et il persista dans sa détermination.

Alors le maréchal Bazaine précisa de nouveau le but de ma mission et ajouta que j'étais
le *fondé de pouvoir de tout le conseil* (1), qui venait
de me désigner, qui avait en moi la plus entière
confiance et approuvait d'avance tout ce que je
ferais, craignant seulement qu'il me fût impossible
d'obtenir des conditions meilleures que celles contenues dans le protocole qui était déjà connu. Ces
paroles furent approuvées par le conseil sans qu'aucune voix s'élevât pour protester, et reconnaissant
alors que mes instances étaient vaines, je n'eus

---

(1) Voir Pièces justificatives, n°ˢ II et III.

plus d'autre pensée que d'obéir aux ordres que j'avais reçus.

On me donna pour instructions, tout en acceptant les clauses du protocole, d'y faire apporter tous les adoucissements qu'on pouvait attendre d'un ennemi qui avait exprimé aux généraux Changarnier et de Cissey les sentiments de la plus haute estime pour l'armée française. Je devais particulièrement insister pour que les officiers conservassent l'épée pendant leur captivité, et qu'un détachement, composé de troupes de toutes armes, pût rentrer en France avec armes et bagages, sous la condition de ne pas servir contre l'Allemagne pendant toute la durée de la guerre. Cependant, je ne me rendais pas compte de la nature des adoucissements que je devais essayer d'obtenir en dehors de ceux que je viens d'énumérer. Dans le but de m'entourer d'autant de lumières que possible, je réclamai avec instance les avis de tous les membres du conseil dont je tenais ma mission, ainsi que les instructions auxquelles je devais me conformer. J'insistai même pour qu'ils m'envoyassent des notes indiquant ce que je pouvais et devais demander, et les meilleurs moyens d'obtenir les modifications qu'il y avait lieu de réclamer.

Aussitôt après la séparation du conseil, le maréchal écrivit au prince Frédéric-Charles pour lui demander le jour, l'heure et le lieu où, muni de ses pleins pouvoirs, je pourrais rencontrer son chef d'état-major pour signer la convention dont les bases avaient été communiquées au général de Cissey par le général de Stiehle.

La réponse du prince n'était attendue que le lendemain, mais elle arriva le même jour, 26 octobre, à quatre heures et demie du soir. Elle me donnait rendez-vous à six heures au château de Frescaty. Pour obéir aux ordres du maréchal, je fis immédiatement mes dispositions de départ, en regrettant de n'avoir pas eu plus de temps pour me préparer à l'accomplissement de ma mission, et de n'avoir pas encore reçu toutes les notes destinées à appeler mon attention sur les questions que je devais m'efforcer de faire prévaloir. Le maréchal Le Bœuf m'avait remis le matin quelques mots concernant la nécessité d'obtenir que les officiers fussent autorisés à conserver l'épée. Le général Coffinières venait de me faire parvenir une note indiquant avec quelques détails les engagements que je devais réclamer pour sauvegarder les intérêts individuels et collectifs des habitants de Metz, ainsi que ceux de la ville elle-même, contre l'avidité d'un vainqueur inexorable. Mais je n'avais encore rien reçu du général Frossard, qui m'avait annoncé une communication importante, et j'en étais préoccupé. J'espérais, en outre, que d'autres membres du conseil m'enverraient aussi des notes, bien qu'ils ne m'en eussent pas annoncé. Je dus partir néanmoins, et, avant de quitter le Ban-Saint-Martin, je me rendis auprès du maréchal Bazaine pour recevoir ses dernières instructions. Il me répondit qu'il n'avait rien à ajouter à celles que j'avais reçues du conseil.

Je me fis accompagner par MM. le lieutenant-colonel Fay et le chef d'escadron Samuel, faisant partie l'un et l'autre de l'état-major général de l'armée. Pendant le trajet, je fis connaître à ces deux officiers supérieurs, qui n'avaient personnellement aucun caractère officiel, le but de ma mission et le rôle que je leur demandais d'y remplir. Tous les deux, le commandant Samuel surtout, comprenaient, parlaient et écrivaient très bien la langue allemande ; rien ne devait leur échapper de ce qui serait dit autour de moi dans cette langue, et ils devaient appeler mon attention sur ce qu'ils entendraient ayant une certaine importance. D'un autre côté, ne croyant pas pouvoir prendre trop de précautions pour éviter d'omettre aucun point essentiel dans l'accomplissement de ma mission, je les priai de me rappeler, au besoin, ceux qui échapperaient à ma mémoire. Enfin, ils devaient aussi me venir en aide dans la discussion que je prévoyais devoir être longue et peut-être difficile, ne sachant pas jusqu'à quel point la langue française était familière au général de Stiehle.

Une tempête violente se déclara au moment où nous nous mettions en route. Les éléments, eux aussi, étaient déchaînés contre nous ; des barricades fermant la route des deux côtés, nous fûmes forcés de parcourir à pied la distance (un kilomètre) qui séparait les avant-postes des deux armées; nous eûmes donc à lutter contre un vent mêlé de pluie et de grêle, ce qui nous prédisposait peu à la calme discussion des questions si graves que nous étions appelés à traiter.

Il était un peu moins de huit heures lorsque nous arrivâmes au château de Frescaty, où nous fûmes reçus de la manière la plus courtoise par quatre ou cinq officiers qui, pour la plupart, appartenaient à l'état-major du général de Stiehle. Après avoir traversé un vestibule et déposé mon manteau dans un salon d'attente, je franchis une porte qui m'était montrée, et je me trouvai seul en présence d'un officier prussien de haute taille qui me parut jeune encore, et se présenta à moi comme étant le général de Stiehle, chef d'état-major du prince Frédéric-Charles, commandant en chef de l'armée prussienne. Aussitôt après commença notre première conférence en tête-à-tête.

Le général de Stiehle m'exprima d'abord, en termes et sur un ton d'une loyauté toute militaire, l'estime que le prince Frédéric-Charles et lui-même professaient pour l'armée française, et il ajouta que je le trouverais tout prêt à adoucir, dans la limite de ses pouvoirs, l'amertume du malheur dont elle était frappée. Encouragé par ce début, j'abordai la discussion des clauses principales du protocole,

mais je m'aperçus aussitôt de l'étonnement de mon interlocuteur. « Notre entrevue, me dit-il, n'avait
« pas pour but de discuter des questions déjà arrê-
« tées. Lorsque le général Changarnier avait été
« reçu par le prince Frédéric-Charles, Son Altesse
« Royale lui avait dit d'une manière générale à
« quelles conditions une convention était possible
« entre lui et le commandant en chef de l'armée
« française; lui-même avait remis au général de
« Cissey, écrit de sa main, un protocole conte-
« nant les clauses formelles de cette convention,
« auxquelles les ordres du Roi ne permettaient pas
« de faire le moindre changement quant au fond;
« nous n'étions donc réunis que pour régler les
« détails de cette convention, la rédiger et la
« signer. »

Je répondis que j'avais aussi des ordres dont « il
« ne m'était pas possible de me départir, et qu'il
« m'avait été prescrit de faire de nouveaux efforts
« en faveur d'une armée qui n'avait pas cessé,
« depuis trois mois, de combattre vaillamment, qui
« avait l'orgueil de n'avoir jamais été vaincue, et à
« laquelle son ennemi, de son propre aveu, accor-
« dait une grande considération. On voulait impo-
« ser à cette armée les mêmes conditions que celles
« qu'avait subies l'armée de Sedan, et elle avait la
« conscience d'avoir mérité un meilleur sort.
« D'ailleurs, rien n'était fait encore, et puisque,
« dès le début, nous ne pouvions pas nous entendre,

« chacun de nous pouvait retourner auprès de son
« chef pour recevoir de nouvelles instructions. »

Alors, le général de Stiehle me laissa parler sans m'interrompre. Après avoir examiné toutes les questions soulevées par le protocole pour en faire ressortir l'excessive rigueur, et avoir démontré combien était peu généreuse la clause qui liait le sort de la place à celui de l'armée, je demandai qu'un détachement de l'armée composé de troupes de toutes armes pût rentrer en France ou se rendre en Algérie avec armes et bagages, sous la seule condition de ne pas servir contre les armées allemandes pendant toute la durée de la guerre, et enfin que les officiers pussent tous conserver l'épée. Le général de Stiehle, refusant la discussion, n'opposa à mes demandes et aux arguments sur lesquels je les appuyais que les ordres du Roi qui ne pouvaient pas être enfreints. Les clauses de la capitulation, dit-il, étaient l'expression de la volonté souveraine, et non seulement il n'avait pas le pouvoir d'y apporter aucun changement, mais encore personne, pas même le prince Frédéric-Charles, ne pouvait se permettre de faire la moindre observation tendant à les modifier.

En ce qui concernait la place, l'armée française elle-même avait lié les destinées de l'une à celles de l'autre, car seule elle avait pu mettre en quelques jours les forts en état de défense. Ces forts étaient à peine ébauchés lorsque l'armée, le

14 août, passa la Moselle pour prendre la direction de l'ouest; ils étaient devenus quelques jours après, en même temps que la place, les points d'appui de l'armée, qui y avait trouvé assez de vivres et de munitions pour subvenir à ses besoins pendant plus de deux mois. Si elle n'était pas venue chercher cet appui, l'armée du Rhin, entourée comme elle l'était de tous côtés, aurait été depuis longtemps fortement entamée et peut-être aurait déjà succombé sous le nombre. Je répondis que la garnison de la place était suffisante, dès le 14 août, pour mettre les forts, à elle seule, dans un court délai, en bon état de défense; que l'armée, en déposant ses blessés et ses malades dans la place, en avait assurément diminué la puissance, et qu'elle n'y avait trouvé elle-même qu'une force très contestable.

Le général de Stiehle se montra plus sympathique, mais non moins inexorable, lorsque je lui demandai qu'un détachement composé de troupes de toutes armes pût rentrer en France ou en Algérie, sous la condition de ne pas servir contre l'armée allemande pendant toute la durée de la guerre. Après m'avoir déclaré que les ordres du Roi s'opposaient formellement à ce que cette faveur nous fût accordée, il m'exprima un regret qui me parut sincère; puis, comme j'insistais, il me répondit : « Nous avions pensé à honorer comme elle le « mérite cette armée pour laquelle nous professons

« la plus grande estime, et nous étions disposés à
« la laisser partir pour l'Algérie. Nous lui aurions
« même adjoint la garnison de la place. Mais quel
« n'eût pas été, sur les populations déjà surexcitées
« outre mesure, l'effet de cette colonne de troupes
« venant de Metz et traversant la France? Nous
« n'avons pas cru pouvoir assumer la responsabi-
« lité d'une détermination dont il n'était pas pos-
« sible de prévoir les conséquences, mais qui ne
« pouvait manquer de donner lieu à une agitation
« des plus périlleuses. »

Jusque-là, je n'avais obtenu aucune concession, et il me restait à faire résoudre la question de l'épée des officiers. Le protocole étant muet sur ce point, je demandai si c'était l'effet d'une omission involontaire, et je reçus la réponse que l'omission était intentionnelle, et qu'on n'entendait pas laisser l'épée aux officiers prisonniers de guerre. Je fis alors un nouvel appel aux sentiments de générosité et d'estime que le général de Stiehle m'avait témoignés au début de notre conférence, et il me répondit qu'en effet cette mesure lui paraissait rigoureuse, qu'il eût désiré qu'elle ne fût pas prise, mais qu'elle émanait du Roi, et que personne ne pouvait la modifier; que, bien plus, le prince Frédéric-Charles ne pouvait pas se permettre de demander au Roi de revenir sur sa décision, tant Sa Majesté était irritée contre les officiers, et notamment un général de l'armée de Sedan, qui avaient violé leur parole.

Je dis alors au général de Stiehle que les sentiments qu'il m'avait exprimés comme étant les siens propres étaient pour moi un sûr garant que ma demande était juste et fondée, et qu'elle serait certainement couronnée de succès, s'il voulait bien la transmettre et l'appuyer de toute l'autorité de ses convictions. Je ne mettais pas en doute que le prince Frédéric-Charles ne cédât à ses instances, de même que j'étais persuadé d'avance que le Roi obtempérerait à cette proposition, si elle lui était soumise par le prince son neveu. Je ne pouvais pas admettre, d'ailleurs, que dans une question de justice et d'honneur, le Roi ne s'inspirât que de sa colère. Au reste, je ne croyais pas qu'un officier général français eût manqué à sa parole, et j'étais convaincu qu'il y avait dans cette affaire une erreur ou un malentendu dont nous aurions plus tard l'explication; mais, même en supposant que cette faute eût été commise, je n'admettrais jamais que l'armée de Metz dût en porter la peine, car elle ne pouvait être rendue responsable que de ses propres actes. Il me parut alors que le général de Stiehle était ébranlé, et en effet il ne fit d'autre réponse que celle qu'il avait déjà faite : l'impossibilité où il était de concéder une faveur qui dépendait de la seule volonté du Roi. Je répondis que, moi aussi, j'étais lié par des ordres formels qui m'interdisaient de signer la convention, si elle ne contenait pas l'autorisation pour tous les officiers de conserver l'épée, et que, cette faveur n'étant pas accordée, il ne me restait qu'à rentrer dans Metz pour y recevoir de nouvelles instructions. Le langage que venait de tenir le général de Stiehle me faisait espérer, ajoutai-je, qu'il userait, pendant ce temps, de son influence auprès du prince Frédéric-Charles pour lui faire partager les bons sentiments qu'il avait lui-même pour l'armée de Metz et le décider à demander au Roi, par le télégraphe, d'adoucir la rigueur de ses premiers ordres. Nous devions donc attendre pour continuer notre œuvre le résultat de ces différentes démarches. Le général de Stiehle essaya de combattre ma résolution, mais je la maintins.

La discussion étant arrivée à ce point, j'allais me retirer, lorsque le général de Stiehle me fit remarquer que, nonobstant mon refus de signer le soir même, nous pouvions utilement procéder à la rédaction de la convention, sauf à y introduire plus tard les modifications qui pourraient être autorisées, et nous fîmes entrer nos officiers pour commencer ce travail. A ce moment, le général de Stiehle me présenta les pleins pouvoirs écrits qu'il avait reçus du prince Frédéric-Charles, et je ne pus mettre sous ses yeux une pièce semblable dont, tout préoccupé de l'objet de ma mission, je n'avais pas pensé à me munir pendant les quelques heures qui s'étaient écoulées entre le moment où j'avais été désigné et celui de mon départ pour Frescaty. Cette absence de pouvoirs écrits ne fut cependant pas la cause de l'ajournement de la signature du protocole. En effet, outre que cet ajournement était déjà convenu, comme je l'ai dit plus haut, au moment où je reconnus que je n'étais pas muni de mes pleins pouvoirs, il me fut facile de voir que les Prussiens étaient pressés d'en finir avec l'armée de Metz; je crois donc fermement que le général de Stiehle m'aurait volontiers considéré comme suffisamment accrédité par la lettre officielle du maréchal Bazaine, annonçant au prince Frédéric-Charles qu'il m'avait confié ses pleins pouvoirs pour signer avec le chef d'état-major de l'armée prussienne la convention à intervenir entre les commandants des deux armées. Au surplus, il m'était facile d'envoyer immédiatement au Ban-Saint-Martin un des deux officiers qui m'accompagnaient, pour me rapporter les pleins pouvoirs écrits avant l'achèvement de la rédaction de la convention, qui n'était même pas commencée. Mais cette signature était déjà ajournée par les motifs que j'ai fait connaître, et l'absence des pleins pouvoirs écrits n'était qu'une raison de plus pour maintenir cette détermination.

La rédaction de la convention fut donc commencée et suivit son cours. A l'article 3, le général de Stiehle proposait de dire que, « pour reconnaître le courage dont l'armée française a fait preuve, le Roi accorde l'autorisation de rentrer en France, en leur laissant l'épée et tout ce qui leur appartient, aux officiers qui s'engageront sur l'honneur à ne pas servir contre l'Allemagne pendant toute la durée de la guerre ». Le lieutenant-colonel Fay fit alors remarquer que la meilleure manière de reconnaître le courage dont l'armée avait fait preuve était d'accorder une faveur applicable à tous plutôt qu'à quelques individus seulement. Il pensait donc qu'il y avait lieu de demander les honneurs de la guerre, tels qu'ils étaient consacrés par les anciens usages, le vaincu défilant en armes devant le vainqueur et déposant ensuite ses armes avant de se constituer prisonnier de guerre. Le général de Stiehle refusa d'admettre cette demande, sous le prétexte que les instructions du prince Frédéric-Charles s'y opposaient.

A cette question des honneurs de la guerre se mêla bientôt naturellement celle de l'épée réclamée pour tous les officiers, de telle sorte que la discussion se reproduisit tout à fait semblable à celle qui avait eu lieu quelques instants auparavant dans la conférence que j'avais eue avec le général de Stiehle. On émit des deux côtés les mêmes arguments que j'avais échangés avec le général, le lieutenant-colonel Fay et le commandant Samuel, reproduisant, presque dans les mêmes termes, les observations que j'avais déjà faites moi-même, les répétant quelquefois, et le général de Stiehle ne pouvant appuyer son refus que sur la volonté expresse du Roi et les instructions qu'il avait reçues. Ce ne fut qu'après une longue et pénible discussion que, cédant à nos instances, le général de Stiehle proposa de rédiger de deux manières les articles de la convention pouvant se rapporter aux honneurs de la guerre, l'une les accordant et l'autre ne les accordant pas. Les deux commandants en chef devaient opter entre ces deux rédactions. En outre, le général de Stiehle, répétant les protestations d'estime qu'il m'avait faites pendant notre entretien particulier, ajouta que, dès son retour à Corny, il presserait le prince Frédéric-Charles d'insister, par voie télégraphique, auprès du Roi, pour que tous les officiers fussent autorisés à conserver l'épée. Il ne pouvait pas, disait-il, répondre que cette faveur serait accordée; il avait même lieu de craindre qu'elle ne fût refusée, alors même que le prince croirait pouvoir la soumettre au Roi, et c'était la raison pour laquelle il n'avait pas cru jusqu'à ce moment devoir céder à mes instances; mais au moins il aurait la satisfaction d'avoir agi d'une manière conforme à ses sentiments, et, s'il réussissait dans ses démarches, il en serait heureux.

Les derniers articles de la convention furent admis sans discussion, y compris le dernier dont je pris l'initiative, et stipulant que « toute clause de la convention qui pourrait présenter des doutes serait toujours interprétée en faveur de l'armée française ». L'appendice ne donna lieu à aucune observation sérieuse; il fut la reproduction presque textuelle de la note qui m'avait été envoyée par le général Coffinières.

Le général Frossard m'avait fait remettre, à mon passage à Montigny, la note qu'il m'avait annoncée. J'en avais pris connaissance à Frescaty, et je n'y avais trouvé qu'une question dont il n'avait pas été fait mention dans les premières discussions de la convention. Elle était relative à l'École d'application de l'artillerie et du génie, dont le général Frossard désirait conserver intacts la bibliothèque, les collections, les instruments d'étude, afin que la France pût sûrement les recouvrer à la paix. Je fis cette proposition au général de Stiehle avant de passer à l'article 4, mais sans aucun succès. Il me fut répondu que l'école d'application et tout ce qu'elle renfermait, étant choses militaires, devaient suivre le sort de la place de Metz elle-même. Cette amère rédaction était terminée vers deux heures du matin. Nous nous séparâmes en convenant que nous ne nous réunirions de nouveau qu'après avoir reçu la réponse du Roi et munis de nouvelles instructions de nos chefs respectifs.

Je rentrai au Ban-Saint-Martin à trois heures, mais je ne pus voir le maréchal qu'à neuf heures et demie. Je lui rendis compte de ma mission, en lui soumettant le projet de convention que nous avions rédigé, et il donna son approbation entière à ce que j'avais fait, en ajoutant qu'il adoptait la rédaction dite française de l'article en litige. Il se ravisa cependant sur cet article dans le courant de la journée, alléguant que les honneurs de la guerre qui y étaient stipulés comportaient un défilé dans lequel devaient figurer les commandants des corps d'armée et autres généraux auxquels il répugnait de se donner en spectacle dans cette circonstance. Je fis remarquer que les troupes seraient sensibles à ces honneurs de la guerre, mais le maréchal maintint sa résolution de n'accepter que la rédaction qui excluait le défilé.

Cependant, de son côté, le général de Stiehle avait soumis cette même question au prince Frédéric-Charles, qui s'était empressé d'adhérer à la rédaction dite française, et j'en fus informé vers deux heures par une lettre du général faisant connaître, en outre, que, sur les instances pressantes du prince Frédéric-Charles, le Roi avait décidé que tous les officiers de l'armée française, même ceux qui resteraient prisonniers de guerre, pourraient garder l'épée. Le général, en terminant cette lettre, exprimait l'espérance de me voir à Frescaty le soir de ce même jour, 27 octobre, à cinq heures. Je me préparais à me rendre à cette poignante invitation, lorsque le maréchal Bazaine me fit dire par un de ses officiers d'ordonnance qu'il désirait me voir avant mon départ, pour me donner ses dernières instructions. Je le trouvai seul, et ses premières paroles furent pour me rappeler que, sous aucun prétexte, il ne consentait au défilé, bien que les honneurs de la guerre y fussent attachés. Je reproduisis alors les observations que j'avais déjà faites, en insistant autant que cela m'était possible; mais le maréchal n'en persista pas moins dans sa résolution. Il ne refusait pas, disait-il, les honneurs de la guerre, mais il refusait le défilé, et il ajoutait qu'il fallait proposer au général de Stiehle d'adopter, pour la convention écrite, la rédaction dite française, mais à la condition que le défilé n'aurait pas lieu, et qu'en réalité les choses se passeraient ainsi qu'il était dit dans la rédaction prussienne. Je fis observer que les honneurs de la guerre et le défilé étaient inséparables, et qu'il ne fallait pas s'attendre à ce que les Prussiens consentissent à agir autrement qu'il serait dit dans la convention écrite, et c'est alors que, pour en finir sur cette question, le maréchal m'enjoignit impérativement de refuser le défilé et ses conséquences, et il ajouta qu'il avait vu dans la journée les maréchaux Canrobert et Le Bœuf, qui lui avaient déclaré qu'ils étaient formellement opposés aux honneurs de la guerre ainsi compris, et qu'ils n'admettaient pas le défilé (1).

Vint ensuite la question des drapeaux. Le maréchal m'ordonna de prévenir le général de Stiehle, pour qu'il en fît part au prince Frédéric-Charles, qu'il était d'usage, en France, après une révolution,

(1) Voir Pièces justificatives, n° IV.

de détruire les drapeaux et étendards qui avaient été remis aux troupes par les gouvernements déchus, et que cet usage avait déjà reçu un commencement d'exécution. Je crus devoir faire observer à ce sujet qu'il n'était pas sage d'appeler l'attention de l'ennemi sur les drapeaux. J'étais convaincu, en effet, que les commandants des corps d'armée qui n'avaient pas jugé à propos, dans le conseil de guerre de la veille, de délibérer sur cette question, s'étaient mis en devoir de les faire détruire. Je fis aussi remarquer que le prince Frédéric-Charles ne croirait pas à l'usage sur lequel j'avais ordre de m'appuyer, et qui n'était pas reconnu. Le maréchal me dit alors qu'il savait que des drapeaux avaient été détruits, et qu'il ne voulait pas que le prince Frédéric-Charles pût supposer qu'il avait manqué à ses engagements; qu'en tout cas, c'était ce qu'il me chargeait de dire. On verra bientôt la suite de cet incident, dont rien alors ne pouvait me faire supposer la portée. Puis, revenant sur le premier sujet de ses instructions, le maréchal ajouta : « N'oubliez pas que je ne veux pas de défilé. »

Le maréchal Bazaine me chargea aussi de faire remarquer que le général Changarnier était à l'armée en amateur; qu'il ne faisait même pas partie du cadre de réserve; qu'étant à la retraite, il ne pouvait pas être mis au nombre des belligérants et ne devait, par conséquent, nullement être prisonnier de guerre. En outre, j'étais chargé de transmettre une demande du prince Murat, général commandant une brigade de cavalerie, tendant à aller se constituer prisonnier à Cassel, auprès de l'Empereur. Enfin, le maréchal me chargea de demander pour lui-même l'autorisation de se rendre à Pont-à-Mousson le jour de la reddition, et l'heure à laquelle le prince Frédéric-Charles pourrait recevoir à Corny la visite qu'il avait l'intention de lui faire.

Muni de ces dernières instructions, je partis du Ban-Saint-Martin, à quatre heures et demie, ayant auprès de moi les mêmes officiers que le jour précédent. Nous arrivâmes au château de Frescaty à cinq heures et demie, et nous y fûmes reçus avec les mêmes égards cérémonieux que la veille. Dans la conférence que j'eus d'abord en tête-à-tête avec le général de Stiehle, il me témoigna combien il était heureux que le Roi, cédant aux instances du prince Frédéric-Charles, eût consenti à laisser l'épée à tous les officiers; il me fit remarquer en même temps avec quelle célérité, malgré les difficultés de toutes sortes et le fonctionnement imparfait du télégraphe, résultant de la tempête de la veille, la réponse était venue de Versailles. C'était à ses yeux un gage incontestable de l'estime et de la considération qu'on avait pour l'armée française sous Metz, et du désir d'adoucir, autant que possible, l'amertume de sa situation. J'exprimai un remerciement poli, mais froid, et je fis ensuite la communication dont j'étais chargé concernant les drapeaux. Le général de Stiehle manifesta son étonnement au sujet d'un usage qui lui était inconnu. Je répétai alors ce que j'avais reçu l'ordre de dire, en ajoutant, suivant la recommandation qui m'avait été faite, que le maréchal Bazaine avait voulu donner cet avis au prince afin de ne pas être soupçonné plus tard d'avoir manqué à ses engagements. Puis, quittant brusquement ce sujet, j'abordai la question du défilé, dont le maréchal ne voulait pas.

Grand fut l'étonnement du général de Stiehle ! Le prince Frédéric-Charles avait voulu honorer l'armée française tout entière en lui accordant les honneurs de la guerre que j'avais demandés la veille avec instance comme un honneur mérité, et maintenant nous refusions nous-mêmes cette faveur ! Quant à obtenir que la chose restât écrite dans la convention comme le désirait le maréchal, et qu'en réalité tout se passât comme l'avait indiqué la rédaction dite prussienne, il n'y fallait pas songer ; les écrits et les actes seraient entièrement conformes. Je ne fis qu'une réponse, la seule qu'il m'était possible de faire : je regrettais ce refus ; mais mon devoir, si pénible qu'il fût, était de le maintenir, attendu qu'il ne m'était pas permis de m'écarter des ordres que j'avais reçus. J'avais soin de faire remarquer, d'ailleurs, que le refus portait sur le défilé, et nullement sur les honneurs

CHAPITRE VII.

de la guerre; le général de Stiehle me fit alors l'objection prévue que les uns étaient la conséquence de l'autre, et qu'il n'était pas possible de les séparer. Cette discussion se prolongea jusqu'au moment où nous fîmes entrer nos officiers, afin de procéder à la rédaction définitive de la convention.

Cette fois, j'avais apporté des pouvoirs écrits, signés par le maréchal Bazaine, et je les communiquai au général de Stiehle en même temps qu'il me présentait ceux qu'il avait reçus du prince Frédéric-Charles. Alors commença cette rédaction définitive qui fut faite dans les deux langues française et allemande, les deux versions étant juxtaposées, sur une même page divisée en deux colonnes. Les discussions avaient été épuisées la veille et dans la conférence en tête-à-tête que je venais d'avoir avec le général de Stiehle; aussi la rédaction marcha-t-elle rapidement, malgré les changements qu'il était devenu nécessaire de faire à celle que nous avions préparée la nuit précédente. Toutefois, lorsqu'il fut question des aigles et des drapeaux, à l'article 3 de la convention, le général de Stiehle revint sur la communication que le maréchal Bazaine m'avait ordonné de lui faire, et m'adressa ensuite sur le nombre des drapeaux déjà détruits des questions auxquelles il me fut impossible de répondre. Je dus même déclarer que j'avais répété intégralement et à peu près littéralement ce que le maréchal m'avait chargé de dire, et que je n'avais pas un mot à y ajouter.

La discussion reprit aussi, lorsque vint l'article relatif au défilé et qui comportait les honneurs de la guerre. Le général de Stiehle ne pouvait pas comprendre que j'eusse à demander l'opposé de ce que j'avais réclamé la veille avec instance. Le lieutenant-colonel Fay et le commandant Samuel ne se rendaient pas compte davantage des motifs de ce changement, et insistaient pour qu'il n'eût pas lieu, afin que nos soldats pussent voir qu'on leur rendait, jusqu'à la fin, les honneurs qu'ils avaient su mériter par leur courage dans les combats et l'abnégation avec laquelle ils avaient supporté les privations et la misère. Tout ce qui était dit de part et d'autre était gravé dans mon cœur, et je souffrais toutes les tortures de n'y pouvoir pas accéder; mais les ordres que j'avais reçus étaient formels, il m'avait été prescrit d'exclure du protocole tout défilé, et je dus obéir.

Dans cette même séance, je reproduisis la demande que j'avais déjà faite la veille, dans mon entretien en tête-à-tête avec le général de Stiehle, d'autoriser une troupe composée d'infanterie, de cavalerie et d'artillerie à sortir des lignes avec armes et bagages, drapeau déployé, pour se rendre en France ou en Algérie, sous la condition de ne pas porter les armes contre l'Allemagne pendant la durée de la guerre. Je reçus en peu de mots la même réponse qui m'avait déjà été faite. C'était une faveur à laquelle nous devions renoncer.

Cependant, il fallait que le protocole contînt quelque part la pensée qu'il était rendu hommage au courage dont avait fait preuve l'armée française pendant toute la durée de la campagne. Le général de Stiehle proposa de nouveau de mettre ce membre de phrase au commencement de l'article autorisant à rentrer dans leurs foyers les officiers de tous grades qui donneraient leur parole d'honneur de ne pas servir contre l'Allemagne pendant la durée de la guerre. Je fis observer que cette faveur ne serait probablement acceptée que par un très petit nombre d'officiers, et, sur ma proposition, le membre de phrase dont il s'agit, afin de le rendre applicable à toute l'armée, fut placé au commencement du paragraphe qui autorisait tous les officiers, même ceux qui opteraient pour la captivité, à emporter leurs épées, ainsi que tout ce qui leur appartenait personnellement.

La minute du protocole étant arrêtée, il restait à en faire deux copies, ainsi que de l'appendice, auquel il n'y avait eu à faire aucun changement. Pendant que nos officiers se livraient à ce travail, je m'entretins avec le général de Stiehle des intérêts matériels des officiers et de la troupe, dont il n'avait pas été fait mention dans le protocole, par le motif, disait le général de Stiehle, que c'était une question d'humanité à laquelle l'armée allemande ne saurait manquer. Il me donna les assurances les plus formelles que, au moment même où nos soldats seraient constitués prisonniers de guerre, il leur serait fait des distributions de vivres et de paille de couchage dont ils étaient privés depuis longtemps. Les wagons qui apportaient ces denrées, ajoutait le général de Stiehle, sont à Ars depuis trois jours, et tout est prêt pour les distributions.

Afin de leur éviter les fatigues et les misères de la route par terre, dans cette saison pluvieuse et froide, nos soldats devaient, autant que possible, être transportés par chemins de fer jusqu'aux lieux de destination. Ils recevraient pendant la route comme en garnison les soins assidus que leur état sanitaire pourrait réclamer; des médecins allemands étaient spécialement chargés de ce service. En un mot, nos soldats prisonniers de guerre, qu'ils fussent malades dans les hôpitaux ou bien portants dans les forts et les casernes, devaient être traités comme les soldats allemands eux-mêmes. Quant aux officiers, tous ceux qui en exprimeraient le désir conserveraient leurs ordonnances, et chacun d'eux aurait la faculté de choisir sa résidence sur une liste de villes qui lui serait présentée. Partout, d'ailleurs, ils seraient traités avec les plus grands égards.

A mesure qu'avançait le travail de transcription et que le moment de la signature approchait, mon cœur battait avec plus de violence, les réflexions les plus poignantes se présentaient en foule à mon esprit et m'agitaient outre mesure. Ma pensée ne pouvait pas se détourner de cette pauvre France et de cette vaillante armée, l'une et l'autre dignes d'un meilleur sort que celui qui leur était fait. Qui pourra donc se rendre compte de l'horrible torture que je subissais alors, obligé que j'étais, par devoir et en vertu d'un ordre formel, de signer un acte consacrant un état de choses qu'à aucun moment il n'avait dépendu de moi d'écarter? Dès le début de la campagne, j'avais été systématiquement tenu à l'écart par le maréchal Bazaine, et j'avais dû me renfermer dans le rôle passif qu'il m'avait imposé. Ma responsabilité était à couvert, assurément, puisqu'elle n'avait pas été engagée, et que, d'ailleurs, je n'avais jamais reçu aucune confidence du maréchal; mais était-il possible que je n'eusse pas le cœur brisé?

La mission Bourbaki, bien que je n'en eusse jamais connu la portée et le but précis, avait été pour moi une première occasion d'inquiétude sérieuse; les missions Boyer, en me révélant une invasion malsaine de la politique dans le rôle selon moi si simple que les événements avaient imposé à l'armée, m'avaient ouvert les yeux et fait entrevoir l'abime où l'on se précipitait. Dès lors, mon inquiétude était devenue un affreux tourment. A l'heure où j'étais, la triste et accablante vérité se dressait devant moi, tous les faits passés avaient leur explication comme leurs conséquences, et, pour comble de malheur, c'était moi qui, forcément et *par ordre*, étais appelé à signer l'acte abhorré qui allait consacrer toute l'immensité de notre désastre ! C'est au milieu de ces réflexions plus brûlantes que le fer rouge que je fus averti que j'avais à donner ma signature. A ce moment, mon cœur battait à se rompre ; ma main, pouvant à peine tenir la plume, se refusait à tracer les lettres de mon nom ; j'étais anéanti, et cependant je fis sur moi un effort suprême, et ces deux fatales signatures furent apposées. Je sortis immédiatement après de ce château maudit pour moi. Il était dix heures et demie du soir, et une heure après j'étais rentré au Ban-Saint-Martin.

Le lendemain 28, les commandants des corps d'armée furent convoqués à huit heures et demie chez le maréchal Bazaine, pour recevoir communication des documents que j'avais signés en me conformant aux instructions que le commandant en chef m'avait données, tant en leur nom qu'au sien propre. Après en avoir fait la lecture, je rendis compte de ma triste mission, des incidents qui s'étaient produits et des demandes que j'avais faites sans qu'il m'eût été possible de les faire accueillir. Des explications me furent demandées sur la portée de quelques articles, et je les donnai. Un membre exprima le regret qu'on n'eût pas pu obtenir qu'un détachement composé de troupes de toutes armes fût autorisé à rentrer en France avec armes et bagages. Je fis connaître la réponse que j'avais reçue du général de Stiehle au sujet de cette question, à laquelle le conseil ne parut pas attacher d'importance. Un membre fit même remarquer que si cette faveur eût été accordée, il eût été très embarrassant de désigner les troupes qui auraient eu à en profiter.

Après une courte séance, le conseil donna son approbation verbale et non équivoque à la manière dont j'avais rempli ma mission. Il fut déclaré notamment que j'avais obtenu tout ce qu'il était possible d'obtenir dans la situation critique où se trouvait l'armée. Le conseil se sépara après m'avoir donné ce témoignage de satisfaction. Chacun de ses membres avait hâte de retourner auprès de ses troupes, afin de préparer les détails de la capitulation, qui devait recevoir son exécution le lendemain 29, à midi. Au moment de cette séparation, une émotion vive, mais difficilement contenue, se lisait sur les visages, et des larmes jaillirent des yeux. Navrant spectacle que je ne puis oublier!

A ma sortie du conseil, le colonel Nugues me rendit compte que la veille, après mon départ pour Frescaty, le maréchal Bazaine lui avait prescrit de rédiger pour les commandants des corps d'armée une circulaire les invitant à ordonner que les drapeaux fussent envoyés à l'arsenal dans des voitures fermées pour y être détruits, et à prévenir les colonels de ces dispositions. Au moment où il présentait cette circulaire à la signature du maréchal, le colonel Nugues lui avait fait remarquer qu'il restait une lettre à écrire pour assurer, de la part du directeur de l'arsenal, l'exécution finale des ordres donnés, et le maréchal avait répondu qu'il se chargeait lui-même de donner cet ordre. Comme je ne pouvais douter que la communication que j'avais faite la veille, par ordre du maréchal, au général de Stiehle, n'eût eu pour conséquence d'attirer l'attention de l'ennemi sur les drapeaux, je crus devoir, sans retard, en faire l'observation au maréchal et lui rappeler en même temps les termes de la réponse qui m'avait été faite par le général. Je fis remarquer qu'un des premiers soins du prince Frédéric-Charles à l'heure de l'exécution de la capitulation, serait probablement de s'assurer de l'existence des drapeaux qui devaient lui être remis, et j'ajoutai que le maréchal jugerait sans doute utile de se préparer à cette éventualité.

Le maréchal me demanda alors si sa lettre aux commandants de corps d'armée avait été inscrite sur le registre de correspondance, et, sur ma réponse affirmative, il me donna l'ordre de faire enlever et détruire la page sur laquelle se trouvait cette transcription. Je fis observer que cette lacération ne laisserait pas moins subsister les lettres signées du maréchal qui avaient été adressées aux commandants de corps d'armée, et que l'irrégularité qu'il m'ordonnait de commettre était alors parfaitement inutile. Le maréchal maintint son ordre, en le renouvelant et en insistant pour qu'il fût exécuté, afin, dit-il, que l'ennemi, si nos archives tombaient entre ses mains, ne pût pas avoir en sa possession la preuve écrite de ce qui avait été fait. J'étais convaincu alors que, suivant les ordres donnés, tous les drapeaux avaient été apportés à l'arsenal, et qu'on s'était empressé de les y brûler, et j'allai faire exécuter par l'officier de service l'ordre itératif et pressant du maréchal que je venais de recevoir.

Je me livrais à mes réflexions à ce sujet, lorsqu'on m'apporta, vers une heure après midi, une lettre du général de Stiehle, que je mis sans retard sous les yeux du maréchal Bazaine, en lui demandant comment je devais y répondre. Cette lettre exprimait les sentiments du prince Frédéric-Charles au sujet de la communication que j'avais faite la veille concernant les drapeaux, et qui lui avait été transmise. Le prince, y était-il dit, avait la conviction que le maréchal ne pouvait pas, après la signature de la convention, laisser détruire les aigles, et il ne croyait pas que l'usage existât en France de brûler, après chaque révolution, les drapeaux qui avaient été remis aux troupes par les gouvernements déchus. Le général de Stiehle finissait en demandant, de la part du prince, qu'on lui fit connaître le nombre de drapeaux existant encore et le lieu où ils se trouvaient.

Cette lettre hautaine faisait sentir, même avant l'heure fatale, toute l'humiliation imposée à notre pauvre armée. J'en étais accablé, et j'attendais avec anxiété que le maréchal m'indiquât la réponse que je devais faire, toujours convaincu, d'ailleurs, que les ordres donnés la veille avaient reçu leur exécution, et qu'il ne restait plus un seul drapeau. Je savais, du reste, que, pour être plus exactement renseigné sur ce sujet, le commandant en chef avait fait appeler le général Soleille. Bientôt après, en effet, le maréchal me prescrivit de répondre que l'usage de brûler les drapeaux après la disparition des gouvernements qui les avaient remis aux troupes existait bien réellement en France, et qu'aucun d'eux n'avait été détruit depuis la signature de la convention. Puis, il m'ordonna de dire qu'il restait encore environ quarante et un drapeaux qui étaient déposés dans l'arsenal de Metz. Je rédigeai la minute de cette lettre sans sortir du cabinet du maréchal, en me servant de la première feuille de papier qui se trouva sous ma main et qui, par hasard, portait le timbre du cabinet du commandant en chef. Je m'attachai, comme j'avais l'habitude de le faire, à rendre avec précision la pensée du maréchal et à reproduire autant que possible les expressions dont il s'était servi. En outre, et pour être bien assuré que cette minute ne contenait rien qui ne fût entièrement conforme à ses intentions, je la lui soumis, et, après l'avoir lue, le maréchal y fit de sa main deux ou trois ratures et une surcharge au crayon. Puis, sur son indication, je fis moi-même une autre correction. C'est la reproduction de cette minute ainsi rectifiée qui fut envoyée au général de Stiehle.

Je suis entré dans des détails circonstanciés au sujet de cette lettre, parce que, devant le conseil d'enquête présidé par le maréchal Baraguey d'Hilliers, le maréchal Bazaine a d'abord nié qu'il m'eût donné aucun ordre m'autorisant à l'écrire. Le président du conseil d'enquête m'ayant fait connaître cette dénégation du maréchal, je dus remettre au conseil la minute même dont je viens de parler et qui, par hasard, était restée entre mes mains. Cette pièce fut ensuite mise sous les yeux du maréchal Bazaine, qui, forcé de se rendre à l'évidence, répondit qu'il avait complètement *oublié tout cela* (1).

Cette douloureuse affaire des drapeaux a eu un grand et juste retentissement. Si le maréchal eût laissé ces emblèmes dans les corps, chacun eût agi suivant son inspiration, et je suis convaincu qu'en définitive tous les drapeaux auraient été anéantis avant la signature de la convention. C'est, je crois, ce qui est arrivé à Sedan, sans qu'il en soit résulté aucune conséquence aggravante pour l'armée. En

---

(1) Voir Pièces justificatives, n° V.

tout cas, le maréchal s'abstenant de toute intervention, sa bonne foi ne pouvait pas être incriminée. Mais il fallait aussi se garder d'appeler l'attention de l'ennemi sur cette question, et, par conséquent, éviter de faire la communication inopportune dont j'avais été chargé, qui avait le double tort d'invoquer un usage non reconnu et de donner à penser que le maréchal doutait de son droit de détruire les drapeaux avant la signature de la convention. Le maréchal a sans doute cru être habile en agissant autrement que je viens de l'indiquer, mais il a obtenu un résultat entièrement opposé à celui qu'il recherchait. L'ennemi a vu dans la communication qui lui était faite un expédient pour ne pas livrer les drapeaux sans manquer à l'engagement qui avait été pris envers lui par la signature de la convention, et l'armée, dont la plupart des drapeaux n'ont pas été brûlés malgré la promesse faite, a justement crié à la trahison.

Qu'il me soit permis d'ajouter, toutefois, qu'il y avait mieux à faire que de compter sur le bon esprit de chacun et de tous. C'était de prescrire ouvertement et formellement de détruire les drapeaux, de mettre hors de service les armes de toutes sortes et de noyer les munitions. Cet ordre pouvait être donné et être mis à exécution sans scrupule et sans entacher la loyauté du maréchal; il suffisait que tout fût terminé avant la signature de la convention pour que l'ennemi ne pût pas en faire un sujet d'incrimination. Ce triste épisode est un exemple de plus des dangers auxquels on s'expose en dédaignant les prescriptions du règlement sur le service en campagne, qui est le meilleur conseiller que puissent écouter les hommes de guerre, puisqu'il est le résultat de l'expérience accumulée de toutes les guerres passées.

Faut-il croire maintenant, comme l'affirment certaines personnes, qu'en faisant apporter les drapeaux dans l'arsenal, le maréchal n'avait d'autre but que d'en empêcher la destruction dans les corps, afin d'en assurer la livraison à l'ennemi? Pour répondre à cette question, il faudrait avoir lu dans le cœur du maréchal, et je n'ai jamais été en position pour cela. C'est en mon absence, je le répète, et sans que j'en aie été informé, que le maréchal a ordonné aux commandants des corps d'armée de faire envoyer les drapeaux à l'arsenal, en assurant qu'ils y seraient brûlés. L'heure où cet ordre a été donné étant rapprochée de celle où je devais signer la capitulation, après avoir fait au général de Stiehle la communication dont j'avais été chargé, il est impossible de découvrir le but que le maréchal Bazaine a pu se proposer. En effet, après avoir pris solennellement deux engagements diamétralement opposés, il se trouvait fatalement condamné à manquer à l'un ou à l'autre, et l'on ne peut imaginer comment il espérait sortir de cette situation à la satisfaction de tous.

Ayant pris la résolution de ne dire que ce que j'ai vu, entendu ou appris par moi-même, je me suis abstenu de reproduire les détails affligeants qui ont été donnés dans le cours du procès de Trianon sur ce douloureux épisode. Je crois cependant devoir dire que ma surprise fut extrême lorsque le maréchal Bazaine m'ordonna de faire savoir au général de Stiehle qu'il restait dans l'arsenal quarante et un drapeaux. Le maréchal, il est vrai, en a rejeté la faute sur le général Soleille, qui n'aurait pas exécuté ses ordres ; mais je ne puis pas oublier qu'avant le procès, il a été dit dans quelques journaux, probablement sous l'inspiration du maréchal, que j'avais aussi mal compris et mal exécuté ses ordres (1). Il est vrai que cette fausse imputation, contre laquelle j'ai dû protester publiquement, n'a pas été reproduite au procès ; mais je n'y vois pas moins la preuve qu'il a été fait bien des récits, émis bien des appréciations qui ont besoin d'être contrôlés.

La journée du 28 octobre fut calme dans l'armée, mais il y eut en ville une certaine agitation ; quelques officiers s'y trouvèrent mêlés à un nombre relativement restreint d'habitants. On cita particulièrement un officier de carabiniers qui se fit remarquer par son exaltation, et qui, disait-on, dans aucune occasion, pendant toute la durée de la

(1) *Journal des Débats* en date du 25 mars 1873.

campagne, ne s'était trouvé à sa place de bataille dans son escadron. Le général Coffinières demanda des troupes pour arrêter ce commencement de désordre; deux bataillons de la garde impériale lui furent envoyés, et l'apaisement s'ensuivit, autant que les circonstances le permettaient.

Dans la soirée, une lettre du général de Cissey au maréchal Bazaine lui faisait connaître que des officiers, dont quelques-uns appartenaient à l'artillerie, au génie et au corps d'état-major, parcouraient les camps afin d'entraîner les plus exaltés de l'armée à faire, pendant la nuit, une sortie désespérée et à se frayer un passage à travers les lignes de l'ennemi. Le général de Cissey ajoutait qu'il prenait des mesures pour que les troupes de sa division ne pussent pas participer à ce mouvement, et qu'il croyait utile que les généraux, dans toute l'armée, fussent invités à faire vigilance. Le maréchal Bazaine écrivit, en effet, dans ce sens à tous les commandants de corps d'armée, et, sur un seul point excepté, le calme le plus complet ne cessa de régner sur la ligne des avant-postes.

Le maréchal Bazaine apprit, dans la matinée du 29, par un rapport du maréchal Le Bœuf, que pendant la nuit quelques officiers, parmi lesquels figurait le commandant Leperche, aide de camp du général Bourbaki, s'étaient présentés à la ferme Bellecroix avec l'intention d'entraîner les troupes à faire une irruption à travers les lignes ennemies.

Le général de Potier, qui commandait sur ce point, avait fait pour calmer les esprits des efforts qui n'avaient eu qu'un succès incomplet; on en était venu aux menaces, et un adjudant-major avait même été blessé. Bref, quelques-uns seulement étaient partis avec la résolution de s'ouvrir violemment un passage, et on n'en avait plus entendu parler.

Il était huit heures et demie du matin, lorsque le maréchal Bazaine me fit lire ce rapport du maréchal Le Bœuf. Il m'annonça ensuite qu'il allait partir à l'instant même pour se rendre dans le village de Longeville, où il se proposait d'attendre, avec sa garde, l'autorisation de faire sa visite au prince Frédéric-Charles, et depuis ce moment je ne l'ai plus revu. Un peu avant midi, il me fit remettre une lettre du général de Stiehle annonçant que le prince accordait les demandes qui lui avaient été faites, et qu'il recevrait le maréchal Bazaine le soir même à cinq heures ou le lendemain à midi. J'ignore ce qu'a fait le maréchal.

Je n'ai pas appris que la reddition de l'armée et de la place de Metz ait donné lieu le 29 à une agitation active, et j'ai quitté le Ban-Saint-Martin, sous Metz, le lendemain 30 octobre, à huit heures et demie du matin, pour me rendre à Francfort-sur-le-Mein, qui m'avait été assigné pour résidence comme prisonnier de guerre. La veille, dans la soirée, j'avais réuni les officiers de l'état-major général pour les remercier de leur collaboration dévouée et leur faire mes adieux. Ils se rendirent à mon appel, à l'exception de quatre ou cinq (sur vingt-cinq), dont je ne veux pas me rappeler les noms. Je n'oublie pas cependant que, sur ces quatre ou cinq, deux sont venus avant l'heure fixée pour la réunion me demander l'autorisation de s'absenter et recevoir individuellement mes adieux avec des démonstrations de dévouement qui me parurent sincères. Lorsque je me trouvai pour la dernière fois en présence de mes officiers réunis en cercle autour de moi, et dont j'allais être séparé, j'avais l'intention de leur dire en quelques mots toute la douleur que je ressentais à cette pensée; mais mon émotion fut trop forte, la parole s'arrêta sur mes lèvres, et il me fut impossible de prononcer un seul mot. J'ai la conviction cependant que j'ai été compris de tous, car je pus au moins serrer la main de chacun d'eux, et il me fut facile de sentir à leur chaleureuse étreinte que ce n'était pas un geste banal.

Dans la journée du 28 et jusqu'au 29 à midi, heure fixée pour l'exécution de la capitulation, je continuai à transmettre, après les avoir signés, les ordres qu'il y eut lieu de donner. Je n'aurais pas relevé cette circonstance s'il n'avait été dit au procès de Trianon que, dès le 28, le commandement avait en quelque sorte disparu. Cette déposition m'a surpris d'autant plus que le témoin dont la mémoire infidèle lui a permis de tenir ce langage, est celui-là même qui, pendant toute la journée du 28, est venu soumettre à ma signature les nombreuses lettres écrites à cette date, et que, dans plusieurs cas, il est venu me demander des instructions sur certains ordres à donner ; en outre, ce même témoin est précisément un des deux officiers qui sont venus, le soir, me demander l'autorisation de s'absenter. Aussitôt après avoir lu dans les journaux cette déposition inattendue, le matin même du jour où le conseil de guerre devait entendre les derniers témoins, je me rendis immédiatement à Trianon, où je demandai par écrit, et ensuite verbalement, au président du conseil d'être appelé une fois de plus pour faire entendre ma protestation et exposer en détail ce qui s'était passé dans les journées des 28 et 29 octobre. Le duc d'Aumale me répondit que cela était inutile, en me faisant observer qu'un autre témoin, qui avait été de service à l'état-major général depuis le matin du 28 jusqu'à l'heure de la capitulation, le 29, était venu déclarer devant le conseil de guerre que le service de l'état-major général avait continué et avait été assuré comme à l'ordinaire, le 28 et le 29, jusqu'à midi, heure fixée pour la capitulation (1). J'ai cru, néanmoins, devoir protester ici contre cette imputation erronée, à laquelle je n'avais aucune raison de m'attendre, et qui se rattache, d'ailleurs, à une autre qui est tout

(1) Procès du maréchal Bazaine, compte rendu du *Moniteur universel*, p. 673 ; audience du 29 novembre.

aussi mal fondée. On a dit, en effet, que les troupes n'avaient pas reçu de distributions de vivres pour la journée du 29 octobre, bien qu'il en restât en magasin, et on a voulu en faire retomber la responsabilité, je veux dire la faute, au moins en partie, sur l'état-major général, qui n'aurait pas fonctionné à partir du 28.

Je viens de démontrer que je n'ai cessé mon service que le 29 à midi, et j'affirme que, jusqu'à cette heure et même jusqu'au lendemain, 30, dans la matinée, moment de mon départ, il ne m'est parvenu aucune réclamation pouvant me faire supposer que les distributions de vivres n'avaient pas été faites, ainsi que cela aurait dû être. Conformément à la décision qui avait été prise en conseil de guerre le 26 octobre, des ordres furent donnés, ce même jour, pour mettre en commun les vivres qui, jusqu'alors, avaient été réservés pour la place seule en vue du siège, et en faire la répartition, au prorata des effectifs de toutes les troupes de l'armée et de la place. L'initiative de cette décision avait été prise par l'intendant général de l'armée, et tous les membres du conseil y avaient adhéré avec un vif empressement. On ne peut donc mettre en doute le zèle de l'intendance à faire exécuter cette mesure, et, d'ailleurs, si elle n'eût pas reçu son effet, les chefs des corps d'armée se seraient hâtés de réclamer. Or, comme je viens de le dire, jusqu'au 30 au matin, aucune communication à ce sujet ne m'a été adressée, et je crois pouvoir affirmer que si des plaintes étaient parvenues au maréchal Bazaine, il m'en aurait averti, en m'invitant à y faire droit. Il est donc permis de croire que les ordres donnés le 26 ont été exécutés sans retard, comme ils devaient l'être, la distribution se faisant, suivant l'usage, la veille pour le lendemain; d'où il résulte que les troupes ont dû recevoir le 28 la ration du 29; et si cette distribution n'a pas été faite, les commandants de corps d'armée devaient en aviser immédiatement le commandement; ce qui n'a pas eu lieu. Je pus donc quitter le Ban-Saint-Martin le 30, avec la conviction que l'armée avait touché jusqu'à l'heure de la capitulation tous les vivres qu'il était possible de lui donner. Au reste, toutes ces questions ont été longuement discutées au conseil de guerre de Trianon, et les déclarations faites par les membres de l'intendance et plusieurs autres témoins ont été concluantes.

Néanmoins, il résulte des renseignements que j'ai recueillis depuis cette époque que si la plus grande partie des vivres formant la réserve de la place ont été distribués, il y en a eu une certaine quantité, peu considérable probablement, surtout si on la compare à l'effectif total des troupes, qui a pu échapper à la répartition par des motifs divers, et même être gaspillée. Il suffit de se rendre compte de l'état des esprits à cette époque pour excuser les imperfections qui se sont produites dans les détails du service. C'est probablement ainsi que l'ont compris les commandants des corps d'armée, puisqu'ils n'ont transmis aucune plainte au commandant en chef, si, toutefois, ils en ont reçu eux-mêmes.

Je crois devoir rappeler ici que le général de Stiehle m'avait donné l'assurance que des vivres de toute nature et même de la paille de couchage seraient distribués à nos pauvres soldats aussitôt qu'ils se seraient constitués prisonniers de guerre, c'est-à-dire dans l'après-midi du 29. Les wagons chargés de ces denrées, disait-il, étaient à Ars. J'ai eu foi dans la promesse qui m'avait été faite, et je reste convaincu, malgré ce qui s'est passé, que si les distributions n'ont pas eu lieu comme l'engagement en avait été pris, la volonté des autorités allemandes n'y est pour rien. La négligence des agents inférieurs seule suffit pour expliquer ce qui est arrivé. Il reste à la charge des autorités supérieures de n'avoir pas exercé une surveillance efficace sur des subalternes qui sont susceptibles de faillir, même lorsqu'ils appartiennent aux armées les mieux disciplinées.

Encore un mot pour finir.

A la fin de l'interrogatoire qu'il a eu à subir devant le conseil de guerre de Trianon, le maréchal Bazaine, voulant démontrer que rien de ce qu'il avait écrit ou publié ne pouvait avoir le caractère d'un mémoire justificatif, a fait remarquer, ce qui était exact, qu'il n'avait pas eu en sa possession les archives de l'état-major général. Puis, il a ajouté que j'avais emporté ces archives avec moi, lorsque je suis parti pour l'Allemagne, et que j'avais refusé de les lui communiquer. Cette dernière déclaration renferme une grosse erreur, qui prouve une fois de plus combien la mémoire du maréchal Bazaine est facilement en défaut. Voici ce qui s'est passé.

Les archives de l'état-major général étaient enfermées dans douze cantines au moins, et je ne pouvais pas songer à les emporter ; je n'avais donc qu'à les laisser à Metz, et, au moment de la capitulation, je chargeai le colonel Lamy, de l'état-major général, qui avait résidé pendant quelques années à Metz en qualité de chef d'état-major de la 5ᵉ division militaire, de rechercher en ville une personne assez dévouée et inspirant assez de confiance pour recevoir ce dépôt et le cacher de manière à le soustraire aux recherches de l'ennemi. Le directeur du collège des Jésuites voulut bien accepter cette charge, et je ne saurais trop l'en remercier. Nos archives furent donc apportées dans son établissement et n'en sont sorties qu'après la guerre, pour revenir intactes au ministère.

Avant de quitter le Ban-Saint-Martin, le maréchal Bazaine s'était, lui aussi, préoccupé des archives, et je lui rendis compte de ce que j'avais fait, en lui faisant connaître la personne qui avait accepté le dépôt et l'établissement où il se trouvait.

Ces détails auraient dû rester présents à la mémoire du maréchal, car je ne puis oublier que je les lui ai donnés au moins à deux reprises, et en dernier lieu le 29 octobre au matin, lorsqu'il m'annonça qu'il allait partir. Quoi qu'il en soit, dans le courant du mois de décembre suivant, il me fit écrire deux fois par son officier d'ordonnance, le capitaine de Mornay-Soult, et il m'écrivit ensuite lui-même pour me demander de mettre à sa disposition la partie des archives, disait-il, qui était restée entre mes mains, et de lui faire connaître le lieu où le reste était déposé. Je répondis successivement à ces trois lettres, en termes à peu près identiques, disant que je n'avais conservé aucune partie des archives, et qu'il ne m'était pas possible de donner le renseignement qui m'était demandé. Je ne pouvais pas dire en même temps quels étaient les motifs de cette impossibilité, mais ils étaient faciles à comprendre, et les voici :

Toutes les lettres que recevaient et envoyaient les officiers prisonniers de guerre étaient décachetées et lues par l'autorité militaire prussienne, et je suppose que le maréchal Bazaine était assujetti, comme nous tous, à cette règle. Si j'avais envoyé par la poste le renseignement qui m'était demandé par le maréchal, l'état-major prussien n'aurait pas manqué de s'en emparer et aurait, sans aucun doute, fait saisir nos archives. Je sais, en effet, qu'il les a fait rechercher longtemps et avec beaucoup de soin, dans toute la ville de Metz, heureusement sans succès. Ces archives seraient donc tombées entre les mains de l'ennemi, qui ne les aurait pas rendues. En outre, cette découverte aurait compromis l'établissement détenteur et surtout son directeur. Je ne pouvais donc pas donner au maréchal le renseignement qu'il me demandait, puisque je n'avais d'autre moyen que la poste pour le lui faire parvenir. Mais, puisque le maréchal tenait tant à ses archives, pourquoi ne m'a-t-il pas fait demander de vive voix, par une personne sûre, le lieu où elles étaient déposées? J'avais précisément répondu à sa lettre depuis quelques jours lorsque j'appris que son frère, venant de Cassel, où il était allé le voir, s'était arrêté toute une journée à Francfort-sur-le-Mein, qui m'avait été assigné comme résidence. Le maréchal aurait été satisfait immédiatement, s'il avait jugé à propos de se servir de cet intermédiaire.

Dans le récit que je viens de terminer, je n'ai pas eu l'intention de faire l'historique de l'armée de Metz et de raconter tous les événements qui sont survenus dans cette armée depuis sa formation jusqu'au 29 octobre 1870. Je me suis borné à exposer, avec la loyauté la plus scrupuleuse, tout ce que j'ai vu, entendu et appris dans cette période de temps, en laissant à d'autres le soin de remplir les lacunes qui se trouvent forcément dans mon travail. Je me suis abstenu également, autant que je l'ai pu, de toutes réflexions qui n'étaient pas, en quelque sorte, commandées par le récit lui-même. Je n'ai admis que celles qui ont été faites pendant le cours des choses, et qui, reproduisant la physionomie morale de l'armée au fur et à mesure que les événements se déroulaient, faisaient partie intégrante de mon récit tel que je l'ai conçu.

APPENDICES

Il me reste à examiner d'une manière spéciale quelques-unes des questions qui ont été soulevées par les événements que j'ai racontés. Ce ne sera plus une appréciation au jour le jour comme celles qui figurent dans certaines parties de mon récit, susceptible d'être modifiée sans cesse par les événements des jours suivants ; ce sera le résultat d'un examen semblable à celui que chacun peut faire, en tenant compte des événements qui ont suivi la capitulation de Metz jusqu'à ce jour, et même des discussions dont ces événements ont été l'objet dans la presse et ailleurs.

Au sujet de la désignation du commandant en chef de l'armée, le 12 août.

Le 12 août, à l'heure où le maréchal Bazaine fut investi du commandement en chef, l'armée était déjà dans la situation la plus critique. L'Empereur, flottant entre les avis divers qui lui avaient été donnés, avait laissé passer le moment où la retraite sur Châlons pouvait se faire dans de bonnes conditions, et, bien qu'il commençât à s'en rendre compte, il ne détermina pas, ce jour-là, le nouveau commandant en chef à réparer sa faute en mettant son armée en mouvement sans aucun retard. En effet, ce fut seulement le lendemain que la retraite fut définitivement résolue. Il n'est pas impossible que, dès les premiers moments, l'Empereur, en allant au fond des choses, au cours de l'entretien qu'il eut avec le maréchal Bazaine, ait reconnu l'insuffisance de celui auquel il venait de confier le sort de la France. En effet, dans une brochure qu'il a inspirée, s'il ne l'a pas écrite lui-même, l'Empereur s'excuse d'avoir élevé le maréchal Bazaine au commandement en chef par l'unique raison que celui-ci était désigné par l'opinion publique. L'opinion publique, plus ou moins dirigée par des hommes bien ou mal intentionnés, imposait, en effet, cette désignation au gouvernement; mais, aveugle comme elle l'est le plus souvent, elle s'était engouée du plus jeune des maréchaux de France sans avoir eu aucune occasion d'apprécier ni ses véritables talents stratégiques, ni sa force d'âme, ni son énergie dans le commandement. Elle savait qu'il était doué d'une bravoure réelle, incontestable et incontestée; que, en Crimée comme général de brigade, en Italie comme divisionnaire, au Mexique comme commandant en chef, il avait fait preuve d'une certaine intelligence de la guerre, et elle avait été ainsi entraînée à grandir outre mesure son favori. Aujourd'hui, on ne s'explique pas cet engouement, mais en même temps on ne peut, sans ressentir une certaine anxiété, se demander quel était en France, le 12 août 1870, l'homme qui, mieux que le maréchal Bazaine, était en état de saisir les rênes du commandement d'une main assez ferme, assez résolue et surtout assez intelligente pour ramener l'armée sur Paris. A mes yeux, la tâche était d'une difficulté excessive, peut-être insurmontable, et je n'ai jamais regretté pour mes meilleurs amis la haute situation qui était faite au maréchal Bazaine. Je l'ai dit dès le 12 août, je l'ai souvent répété depuis, je n'ai aucune raison pour le taire en ce moment. Certes, l'Empereur aurait trouvé sans peine parmi les hommes illustres qui, par les services rendus à la France pendant une longue carrière, s'étaient élevés aux plus hautes positions, des caractères présentant toutes les conditions de force d'âme, de dignité morale et de dévouement patriotique que réclamaient les circonstances; mais la situation était alors tellement aggravée qu'elle ne pouvait être efficacement améliorée que par l'apparition soudaine d'un de ces hommes de génie dont l'histoire n'offre que de rares exemples, et qui, par des conceptions merveilleuses et inattendues, transfigurent comme par magie les armées et les nations.

Les convois.

En effet, la grande difficulté était de porter l'armée sur le plateau de Gravelotte avant que l'ennemi pût y arriver lui-même; et quand je dis l'armée, je n'entends pas parler seulement des 178,000 hommes qu'elle comptait alors dans son effectif, j'y comprends aussi ces innombrables voitures de toute espèce qui l'encombraient et devaient nécessairement paralyser ses mouvements. A mes yeux, il était d'une impossibilité absolue que l'immense convoi de l'armée du Rhin, composé en très grande partie de voitures civiles dont les conducteurs, retenus à l'armée malgré eux et nullement façonnés à la discipline, échappaient de mille manières aux chefs trop rares qu'on leur avait donnés, ne fût une cause sérieuse d'encombrement et de retard dans la marche, sur le petit nombre de routes et de chemins qui conduisent de Metz au plateau de Gravelotte. Ma conviction à cet égard est que, même en admettant que le maréchal eût utilisé les routes et les chemins dont il a eu le grand tort de ne pas vouloir se servir le 15 août, l'encombrement dont on s'est plaint se serait produit, non plus aussi grand, mais dans des proportions suffisantes encore pour que l'armée ne pût être réunie tout entière sur le plateau de Gravelotte ni le 14 ni le 15 au soir.

Les inconvénients inhérents aux convois n'apparaissent que d'une manière incomplète dans les marches en avant; ils sont alors couverts par l'armée qui les précède; ils marchent en toute sécurité, et s'il se produit parmi eux quelques désordres et des retards, les opérations de l'armée n'en souffrent pas sérieusement. C'est tout le contraire dans une marche en retraite. Les convois, dans cette conjoncture, doivent subordonner tous leurs mouvements à ceux des troupes, car les moindres désordres, les moindres retards, produisent dans les colonnes des temps d'arrêt toujours préjudiciables, et dont les conséquences sont souvent fatales. Dans ce cas, le moins qui puisse en résulter, c'est que les voitures soient jetées dans les fossés pour devenir la proie de l'ennemi. Il n'en faut pas davantage pour qu'une armée se désagrège et devienne bientôt incapable de résistance.

Je ne crains pas d'exagérer en affirmant que cette question des convois est aussi peu comprise que possible en France, et que, à moins d'une réforme radicale dans nos habitudes, elle fera courir les plus grands dangers à nos armées toutes les fois qu'elles seront arrêtées dans leur marche en avant pour revenir sur leurs pas. Je sais bien qu'en Crimée et en Italie nos *impedimenta* n'étaient pas moins considérables qu'à l'armée du Rhin, et je n'hésite pas à dire qu'en 1870 nous avons été victimes de cette expérience non moins que de celle que nous avions acquise en Algérie et au Mexique. Mais en Crimée l'armée est restée stationnaire, et en Italie nos interminables convois, qui n'ont pas cessé d'être couverts par l'armée, ont cependant été des obstacles sérieux et nuisibles dans plus d'une occasion que je pourrais citer. Heureusement, dans cette campagne, l'armée a sans cesse marché en avant, jusqu'au jour de l'acceptation de la paix par l'empereur d'Autriche. Mais qui peut dire ce qui serait advenu si, par suite d'un insuccès passager, l'armée eût été contrainte de revenir momentanément sur ses pas? J'ai entendu faire cette supposition pendant la bataille de Solferino, au moment où je rendais compte à l'Empereur de ce que le maréchal Baraguey-d'Hilliers m'avait chargé de lui dire : toutes ses troupes étaient engagées sans qu'il lui restât la moindre réserve sous la main, et il ne pouvait pas répondre d'enlever la position principale, celle où se trouvaient les fameux cyprès. La bataille à cette heure n'était pas gagnée, tant s'en faut, et il n'était que trop certain que toutes les routes en arrière étaient obstruées par les voitures de toute espèce qui, jusque-là, n'avaient qu'alourdi nos mouvements, mais qui menaçaient de les paralyser si la fortune cessait de nous être favorable.

La conclusion de ce que je viens de dire, c'est la nécessité de réduire les convois de toute nature au strict nécessaire. En outre, les convois auxiliaires, je veux dire les voitures civiles réquisitionnées ou simplement louées, dont il est impossible de ne pas se servir en campagne, ne doivent pas être attachés à l'armée proprement dite, dans les rangs de laquelle ne doivent se trouver que les voitures militaires. Celles-ci même ont besoin d'être soumises à un contrôle sévère. Il ne faut pas que les officiers, les fonctionnaires et agents ayant rang d'officiers, quels que soient leurs grades, s'attribuent des moyens de transport supérieurs à ceux qui leur sont accordés par le règlement, et il est même désirable que ce tarif soit revisé et réduit pour le général en chef comme pour le sous-lieutenant. On sait que, pendant les campagnes glorieuses du commencement de ce siècle, la plupart des officiers portaient eux-mêmes, ou peu s'en faut, leur bagage. Aussi, quelle n'était pas la mobilité des armées à cette époque !

Pour résumer ces observations au sujet des convois, je ne saurais mieux faire que de reproduire textuellement les lignes suivantes, tirées du grand ouvrage publié sous la direction de M. de Moltke et intitulé : *La guerre franco-allemande, 1870-1871.*

On lit, page 423 :

« Toutes les dispositions avaient été prises pour pré-
« venir les irrégularités. — Les corps se mettaient en
« marche le matin; il avait été prescrit aux convois de
« ne suivre le mouvement qu'à midi, de céder le pas
« aux troupes en toutes circonstances, de ne jamais sta-
« tionner sur les routes. — Ordre avait été donné de ren-
« voyer *sans rémission* les voitures en excédent du chiffre
« réglementaire. — On tenait rigoureusement la main à
« l'exécution de ces mesures; mais la gendarmerie de
« campagne chargée de ce soin n'y suffisait pas toujours,
« car elle était distraite, parfois, de ses fonctions spé-
« ciales. — En maintes occasions, il fallait donc l'inter-
« vention la plus énergique des autorités supérieures
« pour faire cesser des infractions constatées. — Il im-

« portait de ne pas leur laisser prendre pied, car le dés-
« ordre, quand on ne l'étouffe pas en germe, se propage
« comme une contagion. »

Des prescriptions analogues ont été édictées de tout temps dans l'armée française, pour la guerre de 1870 comme pour les précédentes, et il ne pouvait pas en être autrement, puisqu'elles ne sont, pour ainsi dire, que la reproduction du règlement sur le service en campagne. Mais, en France comme en Allemagne, et peut-être plus qu'en Allemagne, les prescriptions rigoureuses, les ordres formels ne suffisent pas toujours. Il faut, en outre, une main assez ferme pour les faire exécuter, et je considère que l'absence de cette main a été pour nous, en 1870, une des grandes causes de nos malheurs.

L'énergie dans le commandement est une qualité indispensable au général en chef.

Selon moi, la qualité première du général en chef, celle sans laquelle l'autorité du commandement n'est qu'une arme impuissante entre ses mains, c'est la volonté de se faire obéir et l'énergie morale qui, seule, inspire les grandes conceptions et les fait réussir. L'absence de cette énergie a été fatale au maréchal Bazaine pendant toute la durée de son commandement et s'est révélée, dès les premiers jours, dans des circonstances qui sont restées inaperçues peut-être, mais qui n'en ont pas moins eu des résultats fâcheux, sans qu'il soit possible de dire dans quelle mesure. J'ai dit que le 14 août, après la bataille de Borny, le maréchal avait fait donner l'ordre aux 3e et 4e corps de reprendre le mouvement qui avait été suspendu par le combat. Le lendemain matin, le maréchal ayant appris que cet ordre n'avait pas été exécuté, et que les 3e et 4e corps avaient passé la nuit sur le champ de bataille, en témoigna devant moi de la mauvaise humeur, mais il n'en fit aucune observation aux commandants de ces corps d'armée. S'il eût, au contraire, parlé avec l'autorité qui appartenait à sa haute position, je ne doute pas que les corps n'eussent mis, à partir de ce moment, plus d'activité dans leurs mouvements, et qu'après avoir passé sur la rive gauche de la Moselle, ils ne fussent parvenus en très grande partie, peut-être en totalité, sur le plateau de Gravelotte, dans la journée du 15 et au plus tard dans la nuit du 15 au 16. En admettant même que l'encombrement des routes et la défense regrettable faite par le maréchal Bazaine de se servir de la route de Woippy se soient opposés à tout mouvement pendant la journée du 15, la grande route par Longeville et Moulins ayant été libre toute la nuit suivante, j'ai la conviction que ces corps en auraient profité pour faire arriver sur le plateau au moins quelques divisions, tandis que le 4e corps entier et deux divisions du 3e ont passé tranquillement cette nuit au bivouac sous Metz, d'où ils ne sont partis que le 16 dans la matinée.

D'autre part, la garde impériale, qui, dans la nuit du 14 au 15, s'était rendue de Borny à Longeville, reçut l'ordre de se trouver dans la journée du 15 à Gravelotte. En traversant le village de Moulins, les régiments passaient devant l'habitation où le maréchal avait établi son quartier général, et, comme je l'ai déjà dit, il ne tarda pas à remarquer que cette marche ne se faisait pas dans la formation qu'il avait prescrite.

Cette fois encore, le maréchal fit observer aux officiers qui étaient auprès de lui combien on tenait peu de compte de ses ordres, et il s'en plaignit amèrement; mais il s'abstint d'en parler au général Bourbaki. Il en est résulté que la garde impériale, qui aurait dû parcourir la route de Longeville à Gravelotte en quelques heures, l'a occupée pendant un temps notablement plus long, et qu'on a ainsi inutilement perdu, sans prétexte plausible, plusieurs heures sur cette route si précieuse pendant cette importante journée ; ces quelques heures étaient plus que suffisantes pour donner passage au moins à deux divisions d'infanterie bien conduites.

En résumé, si le maréchal Bazaine avait su ou voulu faire acte d'autorité, je veux dire se faire obéir, pendant cette journée du 15 août, il y a tout lieu de croire que toutes ses troupes se seraient trouvées, le 16 au matin, sur les positions qui leur avaient été assignées. Je considère comme certain que la division Metman, du 3º corps, et la division Lorencez, du 4º corps, qui n'ont même pas paru sur le champ de bataille du 16, se seraient trouvées en situation de prendre une part active au combat, et, aujourd'hui que toutes les circonstances de la journée de Rezonville sont connues, n'est-il pas permis de penser que, par cela seul qu'il n'a pas su se faire obéir, le maréchal s'est privé de deux divisions au moins dont le concours aurait probablement assuré un brillant succès et changé entièrement la face des choses? Dans ces conditions, en effet, le 4º corps, au lieu d'arriver sur le champ de bataille à deux ou trois heures du soir seulement, aurait pu, dès le début, prendre part à l'action ; il aurait occupé Mars-la-Tour sans coup férir; toute l'armée française, pivotant sur son aile gauche, aurait pris sa ligne de bataille parallèlement à la route et, se portant en avant, aurait rejeté dans la Moselle la portion de l'armée prussienne, à ce moment relativement peu considérable, qui avait passé la rivière. Pour moi, il est hors de doute que le résultat de la bataille de Rezonville eût été tout différent.

Au sujet de l'ordre de mouvement donné le 13 août pour le 14.

Le maréchal Bazaine ayant à se défendre devant le conseil de guerre de Trianon de n'avoir pas utilisé, le 14 et le 15 août, la grande route de Woippy, ainsi que les chemins de Lessy-Châtel-Amanvilliers et de Lorry-Amanvilliers, pour accélérer la marche de son armée, a répondu qu'il s'était borné à indiquer la grande route passant par Longeville et Moulins, convaincu que le chef d'état-major général compléterait son ordre.

Il a été produit à ce sujet deux ordres : le premier, qui fut donné au général Manèque et transmis par cet officier général aux 2e, 3e, 4e corps et à la garde impériale; le second, qui me fut envoyé le 13 août, et qui, en me faisant connaître ce que j'avais à faire, me prévenait que les 2e, 3e, 4e corps et la garde impériale recevant les instructions qui leur étaient destinées du maréchal lui-même, je n'avais à transmettre les ordres de mouvement qu'à la cavalerie du général de Forton, au 6e corps, aux généraux commandants en chef de l'artillerie et du génie de l'armée, et à l'intendant en chef. Je n'ai vu le premier de ces deux ordres que pendant le procès, et comme il m'a été seulement permis d'y jeter rapidement les yeux, je ne puis dire qu'il me soit connu. Quant au second, je m'y suis conformé en tout point de la manière la plus scrupuleuse. Était-il de mon devoir de faire davantage, comme l'a prétendu le maréchal Bazaine? Je ne le pense pas, et je crois même que, si j'eusse agi de la sorte, je me serais exposé à m'entendre reprocher par le commandant en chef d'avoir usurpé son autorité. La conduite étrange du maréchal à mon égard, depuis les vingt-quatre heures qu'il exerçait le commandement en chef, n'avait pas manqué de me frapper. Je ne pouvais pas me rendre compte des motifs qui l'avaient déterminé à me tenir éloigné de lui au moment où les services de son chef d'état-major général devaient lui être le plus utiles, et je me livrais, sur ce sujet, à des réflexions qui, on le comprendra sans peine, ne pouvaient être que pénibles, lorsque je reçus l'ordre de mouvement que j'ai mentionné plus haut. Cet ordre était, à mes yeux, la constatation évidente du bien fondé de mes appréhensions, puisque le commandant en chef n'avait pas cru devoir m'appeler auprès de lui, je ne dis point pour me consulter, mais pour m'initier à sa pensée et me mettre ainsi à même de la mieux faire pénétrer dans toute l'armée. Dans cette situation délicate, je devais m'abstenir avec le plus grand soin de tout acte qui pût éveiller la susceptibilité du maréchal et lui faire supposer que j'étais homme à empiéter sur son autorité. Je considérai même que c'était le moyen le plus efficace de me montrer digne de sa confiance. Le maréchal, assurément, ne pouvait pas avoir l'intention de modifier les fonctions du chef d'état-major général. Tout ce qu'il pouvait vouloir, c'était de me maintenir dans ces fonctions telles qu'elles sont définies par le règlement.

Je voulus alors relire l'article 8 du règlement sur le service en campagne, qui détermine les attributions du chef d'état-major, et que voici :

« Les fonctions du chef d'état - major consistent : à
« transmettre les ordres du général et à exécuter ceux
« qu'il en reçoit personnellement pour les travaux exté-

« rieurs, l'établissement des camps, les reconnaissances,
« les visites des postes et toutes les autres parties du ser-
« vice. »

Le règlement ne distinguant pas le chef d'état-major général d'une armée du chef d'état-major d'un corps d'armée, ni même d'un chef d'état-major de division, je restai convaincu que cet article 8 s'appliquait à tous les chefs d'état-major indistinctement, quelle que soit l'importance du commandement dont est revêtu le général auprès duquel il est placé. Dans ces conditions, je n'avais donc qu'à transmettre au général de Forton, au maréchal Canrobert et aux grands chefs de service de l'armée les ordres du commandant en chef, sans y faire la moindre addition, et, en ce qui me concernait personnellement, je n'avais qu'à exécuter les ordres spéciaux que j'avais reçus. Tel était mon devoir, et je m'y conformai scrupuleusement. Mais si je n'avais pas un mot à ajouter aux ordres que le commandant en chef m'avait chargé de transmettre, à plus forte raison il ne m'appartenait pas de modifier ceux qui avaient été donnés directement par lui-même, et que, dans ma conviction, il avait donnés après mûre réflexion. En effet, les 2º, 3º et 4º corps et la garde impériale avaient reçu directement des ordres que je ne connaissais que d'une manière générale, et qui pouvaient se trouver en contradiction avec les instructions de détail que j'aurais données pour les compléter. Ainsi je n'aurais pas cru, bien certainement, pouvoir diriger une troupe ou un convoi par la route de Woippy, qui, d'après mon appréciation, avait été affectée par le maréchal aux 3º et 4º corps, et au moins à l'un d'eux. Quant aux chemins de traverse de Lessy-Châtel-Amanvilliers et de Lorry-Amanvilliers, ils étaient en quelque sorte le complément de la route de Woippy, attendu qu'ils ne conduisaient qu'au nord de Gravelotte et ne pouvaient, par conséquent, être utilement suivis que par les troupes destinées à s'engager sur la route de Doncourt-Jarny ou par leurs convois. J'étais ainsi amené par la réflexion, comme par le règlement lui-même, à m'abstenir de donner un développement, quel qu'il fût, aux ordres que le commandant en chef m'avait chargé de transmettre, ainsi qu'à ceux qu'il avait envoyés directement. Ces ordres étaient d'ailleurs conçus de telle manière que je ne pouvais pas avoir la pensée d'y faire la moindre addition. Je m'arrêtai, en effet, à cette détermination, et j'eus lieu de reconnaître, le 15 août, que j'avais agi sagement, lorsque le maréchal Bazaine me déclara qu'il s'était abstenu, avec une intention préméditée, d'utiliser la route de Woippy. Il avait voulu éviter un engagement avec l'ennemi, dont la présence dans ces parages avait été signalée par le sous-préfet de Briey. C'était alors l'occasion et le moment de se plaindre de ce que les chemins de Lessy-Châtel-Amanvilliers et de Lorry-Amanvilliers n'avaient pas été utilisés, et de me blâmer de n'avoir pas complété ses ordres dans ce sens; mais il n'en fit rien et n'en eut pas même la pensée, si je ne me trompe. J'ai donc lieu de croire que je m'étais exactement conformé à ses intentions, et, s'il a dit le contraire devant le conseil de guerre, je ne puis l'attribuer qu'au besoin qu'il a éprouvé, pour se disculper, de rejeter sur son chef d'état-major une responsabilité qui n'appartient qu'à lui seul.

Au sujet de la bataille de Rezonville.

La bataille de Rezonville nous surprit le 16 août, à dix

heures du matin, au moment où l'armée commençait à sortir de l'état de confusion que j'ai essayé d'exposer et d'expliquer. Je dis qu'elle nous surprit, parce qu'il n'est que trop certain que l'ennemi est venu jusque sur nos avant-postes sans qu'on se soit douté de son approche, et que c'est son canon seul qui a fait prendre les armes à nos troupes. Les prescriptions réglementaires sont cependant précises à cet égard, et il n'est aucun officier qui ne sache par quels moyens il doit se garder à longue distance. En outre, le commandant en chef avait fait les recommandations les plus pressantes à ce sujet, et ses ordres prescrivaient d'adjoindre aux grand'gardes des postes de cavalerie, afin que l'on pût envoyer les reconnaissances plus au loin, et que, le cas échéant, le commandement fût promptement averti de l'approche de l'ennemi. Les recommandations furent, ce jour-là, aussi inutiles que le règlement, et l'on sait quelles en ont été les conséquences. Depuis lors, j'ai souvent entendu critiquer très vivement le général de Forton, qui, bien que formant avec sa division l'extrême avant-garde de l'armée, ne s'était pas mieux éclairé, disait-on, que s'il eût été dans un camp de plaisance, et le général Frossard, dont le corps d'armée, établi dans une position dominée par les collines environnantes, avait cru pouvoir se borner à faire observer le débouché de la route de Gorze, situé à quelques pas de lui, sans paraître attacher une importance suffisante à l'avis que lui avait donné le maire de cette ville; en effet, celui-ci était venu, pendant la nuit, lui dire que l'ennemi était dans les environs, et que ses têtes de colonnes avaient déjà passé la Moselle.

Dès le lendemain de la bataille, le maréchal Bazaine jugeait avec une grande sévérité les capacités militaires de ces deux officiers généraux, et ne se rendait pas compte que les choses se seraient passées tout autrement s'il avait exercé le commandement avec la fermeté qui impose l'obéissance.

A cette occasion, je ne pus m'empêcher de me demander ce qui serait advenu si le maréchal Pélissier avait eu à formuler de semblables reproches.

La réponse était facile.

Le maréchal Pélissier n'avait pas à redouter une omission de cette gravité dans le service, parce qu'on le savait incapable de la tolérer, et si, par impossible, un fait aussi déplorable s'était produit dans son armée, il se serait certainement abstenu d'en gémir en petit comité, mais il aurait rappelé à tous, par un exemple sévère, que l'obéissance et la discipline, inséparables de l'observation rigoureuse des règlements, font la principale force des armées.

Aussitôt qu'il entendit le canon de Rezonville, le général de Ladmirault, qui, à ce moment, se trouvait encore au Sansonnet, sur la rive gauche de la Moselle, se mit en marche avec son 4ᵉ corps d'armée, moins la division de Lorencez. Sans tenir compte de l'interdiction prononcée par le commandant en chef et maintenue obstinément malgré les observations qu'il lui avait fait présenter la veille, il se dirigea par la route de Woippy et arriva aussi promptement qu'il le put sur la droite de notre ligne, où il contint l'ennemi et le rejeta même dans Mars-la-Tour. Il ne pénétra cependant pas dans cette ville, et le soir, la bataille finie, il prit position à la ferme de Greyère. En apprenant la marche rapide du 4ᵉ corps, on avait espéré un instant qu'il parviendrait à chasser l'ennemi de Mars-la-Tour et à le rejeter dans la Moselle par les ravins ; c'eût été un grand succès, et la route de Verdun eût été libre. Malheureusement, le général de Ladmirault ne put s'emparer de Mars-la-Tour ou s'y maintenir. Appelé à déposer devant le conseil de guerre de Trianon, le général de Ladmirault a déclaré que, rallié pendant la nuit par la division de Lorencez, il était prêt à tenter, le 17 au matin, l'opération qu'il n'avait pu exécuter la veille, lorsqu'il reçut l'ordre de se replier en arrière. Toutefois, le général de Ladmirault n'alla pas jusqu'à assurer qu'il aurait réussi. Il est regrettable qu'il n'ait pas dit dans sa déposition si, dans la soirée du 16, il avait rendu compte au commandant en chef de son appréciation à cet égard; c'est ce qu'avait fait, quoique avec une grande réserve, le maréchal Le Bœuf, qui s'était borné à déclarer qu'il était prêt à marcher en avant. Il est juste de dire que ces deux commandants de corps ne savaient, le 16 au soir, que ce qui s'était passé de leur côté, et, Mars-la-Tour étant resté au pouvoir des Prussiens, c'est à Rezonville que s'était livrée la véritable bataille. Là seulement, on pouvait en connaître les résultats et apprécier ce qu'il convenait de faire le lendemain. A Rezonville, trois corps avaient combattu, le 2e, le 6e et la garde. Le général Frossard et le général Bourbaki n'ont pas eu à déposer sur ce sujet. Le maréchal Canrobert seul a eu à faire connaître son appréciation, que je résume en ces termes :

« Assurément, nous aurions eu un magnifique succès
« si nous avions rejeté l'armée ennemie dans la Moselle
« au moyen d'une conversion à gauche; mais il fallait
« pour cela chasser les Allemands de Mars-la-Tour et des
« autres positions sur la grande route de Verdun, et cette
« opération ne paraissait pas facile. »

L'opinion du maréchal Canrobert n'est pas précisément opposée à celle du général de Ladmirault et du maréchal Le Bœuf, mais elle est encore moins identique, et, si je ne me trompe, on y voit percer une pointe d'ironie qui donne à réfléchir. J'estime que les généraux Frossard et Bourbaki, s'ils avaient eu à donner leur avis, l'auraient exprimé avec la même réserve et dans le même sens que le maréchal Canrobert. Aucun d'eux, assurément, ne pensait, le 16 au soir, au mouvement rétrograde que fit l'armée le lendemain matin, mais je crois fermement qu'ils appréciaient autrement que le général de Ladmirault et le maréchal Le Bœuf les difficultés de la situation. D'ailleurs, en ne s'inspirant que du simple bon sens, on doit admettre que ce qu'il a été impossible aux troupes du 4e corps de faire le 16 devait leur être bien plus difficile le 17. Elles se seraient certainement trouvées, ce jour-là, en présence de troupes ennemies considérablement renforcées. Cela ressort, au reste, de l'ouvrage du grand état-major allemand. Il y est constaté avec une satisfaction marquée que la ville de Mars-la-Tour n'a pas cessé d'être au pouvoir de l'armée prussienne, et que le corps du général de Ladmirault a fait de vains efforts pour s'en emparer. A en croire cet ouvrage, les troupes allemandes, moins nombreuses que les troupes françaises qui leur étaient opposées, y ont combattu avec un succès inespéré ou peu s'en faut, et il ne manque pas de faire remarquer que la résistance sur ce point eût été plus grande le lendemain par suite de l'arrivée de nouvelles troupes qui avait eu lieu dans l'intervalle.

Au reste, le maréchal Bazaine a vu le maréchal Canrobert, le maréchal Le Bœuf et le général Bourbaki pendant l'heure qui a précédé la fin de la bataille; il n'est pas impossible qu'il leur ait demandé leur sentiment, et il serait intéressant de savoir ce qui a été dit de part et d'autre dans cette circonstance. Je l'ignore pour ma part, et je le regrette; mais je n'hésite pas à répéter ici ce que j'ai dit dans le courant de mon récit, qu'après la bataille de Rezonville, le meilleur parti à prendre était de se diriger, par une marche rapide, sur Briey et Longuyon, pour gagner ensuite Montmédy, Sedan et Mézières.

De la responsabilité du général en chef et de celle de ses sous-ordres.

C'est à juste titre qu'un commandant en chef est responsable de tout ce qui se fait dans son armée, parce que, seul, il donne l'impulsion aux divers éléments qui la composent. Cette responsabilité n'est elle-même que la compensation ou le correctif des pouvoirs, en quelque sorte illimités, dont il dispose. Cependant, il ne lui est pas possible d'être présent partout à la fois, de manière à tout voir, tout entendre, et à diriger la plus petite fraction de troupe. Aussi les commandants de corps d'armée, de division, de brigade sont-ils à leur tour responsables, chacun devant son supérieur hiérarchique direct, et, pour les aider dans l'accomplissement de leur tâche, ceux-ci ont à leur disposition des états-majors, des aides de camp et des officiers d'ordonnance. Ces états-majors, aides de camp et officiers d'ordonnance sont sans autorité personnelle, et le règlement ne leur reconnaît que des devoirs à remplir, devoirs qui peuvent se résumer par un seul mot : obéir.

Les états-majors ne peuvent donc pas avoir d'initiative. Ils sont les yeux, les oreilles, la voix de leur général ; de sorte que, dans tout ce qu'ils font et disent en matière de service, leur devoir est de s'identifier avec lui. Ayant à chaque instant à transmettre la pensée de son général, le chef d'état-major a besoin de posséder toute sa confiance, et comme la confiance ne s'impose pas, il est désirable que le général fasse lui-même le choix de son chef d'état-major, afin qu'il existe entre eux une entente complète pour tout ce qui regarde le service.

Ce principe semble d'une logique rigoureuse, et l'on pourrait à peine supposer qu'il n'en a pas toujours été tenu compte, si l'on n'avait pas de nombreux exemples du contraire. Le commandant de corps d'armée étant responsable vis-à-vis du commandant en chef de l'exécution des ordres qu'il en a reçus, il faut que celui-ci maintienne fermement, comme donné directement par lui-même, tout ordre qui est seulement transmis en son nom, soit par écrit, soit de vive voix ; ceci touche à la responsabilité qui ne saurait se partager. Il est incontestable, de plus, que si le commandant en chef discrédite son état-major, les ordres qu'il donne par l'intermédiaire des officiers qui le composent, étant paralysés d'avance, ne sont pas exécutés ou le sont mal, et c'est encore le commandant en chef qui est justement responsable des irrégularités qui se produisent. Je sais bien ce qu'il y a de rigoureux dans ces principes, mais je ne pense pas qu'il soit possible d'en nier ni la nécessité ni l'efficacité, et il me serait facile de citer plusieurs circonstances où l'on a eu à regretter de ne pas les avoir observés.

Le commandant en chef, ai-je dit, est responsable à juste titre de tout ce qui se fait dans son armée, et tous les ordres émanent de lui. Ces ordres ne parviennent jusqu'au soldat que par la voie hiérarchique, et, certes, il est facile de comprendre qu'ils ne sauraient être assez détaillés pour que, à tous les degrés de cette hiérarchie, on puisse se borner à les transmettre par des copies conformes. Cette observation s'applique particulièrement aux ordres de mouvement par lesquels la direction générale seule est donnée à chaque corps d'armée; celui-ci indique à chacune de ses divisions les chemins dont elle doit se servir, et les brigades, puis les régiments reçoivent à leur tour, par leur chef direct, les ordres qui les concernent. De là résulte pour les états-majors des corps d'armée et des divisions l'obligation d'étudier non seulement le terrain occupé par les troupes qui les composent, mais encore celui sur lequel ils peuvent être appelés à agir, de manière à tirer le meilleur parti possible des routes et chemins qui le sillonnent, ainsi que des accidents de terrain, des cours d'eau et des constructions de toute espèce qui se trouvent sur sa surface. De là aussi résulte pour ces mêmes états-majors le devoir de surveiller l'exécution des ordres donnés. Ce que je viens de dire est si simple, si vrai, j'ajoute même si généralement admis, qu'on me reprochera peut-être de l'avoir rappelé. J'insiste cependant, au risque de prêter à la critique, parce que trop souvent j'ai entendu rejeter sur le commandement en chef des négligences et des fautes qu'il eût été plus juste d'imputer aux commandants des corps d'armée et des divisions. Quelles que soient l'étendue de son intelligence et son activité physique, le commandant en chef, même aidé de son état-major général, ne saurait avoir la prétention de diriger son armée jusque dans les détails. Ceux qui l'ont essayé, car il y en a eu, hélas! ont été forcés d'en reconnaître l'impossibilité et n'ont obtenu d'autre résultat que d'amoindrir leurs lieutenants au grand détriment du service. En effet, ceux-ci, étant privés d'initiative, sont trop souvent réduits à attendre vainement des ordres ; l'incertitude paralyse les mieux intentionnés d'entre eux, et l'heure propice s'écoule, ne laissant après elle que des sujets de récrimination.

Sentiments politiques dans l'armée de Metz.

J'ai dit dans le courant de mon récit que la nouvelle des événements du 4 septembre, bien qu'elle ait préoccupé l'armée sous Metz, n'avait porté aucune atteinte à son moral. Je n'ai entendu parler, on l'a certainement compris, que du moral au point de vue militaire ou, pour mieux préciser, exclusivement patriotique et national. L'armée était en présence d'un ennemi vainqueur et déjà maître d'une partie importante du territoire. Elle ne perdit pas un seul instant de vue la mission dont elle était chargée, et les nouvelles politiques ne lui firent pas oublier qu'elle était l'espoir du pays. Elle continua donc à se préparer à faire de nouveaux efforts pour rompre le cercle de fer qui l'entourait, mais on ne pouvait pas s'attendre à ce que la question gouvernementale restât absente de sa pensée. Il était de notoriété publique que tous les partis étaient représentés dans son sein, et le plébiscite du mois de mai 1870 avait fait connaître dans quelle proportion se trouvaient les opposants à l'empire. Il n'était même pas déraisonnable de penser que cette proportion avait dû se modifier au détriment du principe impérial par le seul fait de l'avènement du gouvernement du 4 septembre. Mais il fallait se garder d'amoindrir en aucune manière la force de cohésion, l'unité patriotique qui a, de tout temps, rendu nos armées redoutables. C'est sans doute pour ce motif que le maréchal Bazaine, après avoir fait connaître à son armée, par l'ordre général du 16 septembre, la composition du nouveau gouvernement, ajouta que l'armée n'avait à se préoccuper que de la défense du pays contre l'étranger et les ennemis de l'ordre social. Dès ce moment, en effet, il eût été imprudent de s'appuyer sur un mode quelconque de gouvernement, et l'intérêt national, aussi bien que le devoir patriotique et moral, commandait de ne rien dire et de ne rien faire qui pût contribuer à dissoudre ou même à affaiblir l'unité de pensée nationale dans laquelle, à d'autres époques de notre histoire, la France a trouvé le salut. Dès lors, le maréchal Bazaine n'avait qu'à laisser toutes choses dans son armée dans l'état où elles étaient en attendant la notification officielle et les ordres du nouveau gouvernement. Ce sentiment fut compris, et d'aucun côté il ne s'éleva une seule voix pour le contredire. Officiers et soldats ne songèrent plus qu'à la patrie envahie, réservant l'expression de leurs opinions politiques personnelles pour le jour où ils seraient appelés régulièrement à les faire connaître. Cette espèce d'état de neutralité patriotique ne fut troublé en aucune manière jusqu'au 25 septembre, jour du départ du général Bourbaki pour se rendre auprès de l'Impératrice. Cet événement, bientôt connu, mit promptement les imaginations en travail, et les commentaires ne tardèrent pas à se faire jour, surtout par la voie des journaux. On n'avait, certes, jamais pensé que le maréchal Bazaine fût partisan de la république ; mais l'ordre du 16 septembre avait été considéré comme un gage de son intention de ne rien demander à l'armée qui fût contraire aux volontés du pays, et l'on commença à craindre que cette intention n'eût été modifiée.

Le mystère qui avait accompagné et suivi le départ du général Bourbaki rendait même cette crainte plus vive. Puis vinrent les communications aux journaux et la suppression de certains articles en vertu de l'état de siège. L'armée, comme la population de Metz, ne vit dans ces mesures que des dispositions préliminaires en attendant le moment de restaurer l'empire, et elle s'en émut. La mission du général Boyer à Versailles, du 12 au 18 octobre, ne fit que rendre plus vive cette émotion, et, comme je l'ai dit dans mon récit, j'ai lieu de croire que si cette mission eût réussi, il en serait résulté de grands malheurs pour la France. Il était facile de voir que les partisans de l'empire devenaient de plus en plus rares, et que le gouvernement de la Défense nationale avait conquis bien des adhérents depuis un mois, de telle sorte que le moyen le plus assuré de dissoudre l'armée, c'était de lui confier la mission, non plus de défendre le gouvernement impérial, mais de le rétablir, malgré les manifestations qui s'étaient produites dans toute la France depuis six semaines. Mais ce fut bien autre chose lorsque le général Boyer, recevant sa seconde mission, dut se rendre auprès de l'Impératrice à Hastings. Cette fois, on n'en était plus réduit à présumer l'objet de la mission, on savait d'une manière précise quel en était le but : le maréchal Bazaine avait chargé les commandants de corps d'armée de le faire connaître à leurs généraux et chefs de corps, afin que toute l'armée en fût informée. Aussi des protestations s'élevèrent-elles, d'abord en termes voilés, puis d'une manière plus ouverte. C'est alors que les commandants de corps d'armée commencèrent à ouvrir les yeux. Jusqu'à ce moment, ils avaient été en quelque sorte aveuglés par leur dévouement au gouvernement impérial, et il était bien difficile qu'il en fût autrement. D'ailleurs, les circonstances favorisaient cet aveuglement, puisque l'armée n'avait reçu aucune notification officielle de la proclamation de la République en France. Ils pouvaient donc penser que leurs troupes les suivraient partout où ils jugeraient utile de les conduire, et ils eurent, en effet, cette conviction. Mais le moment vint où ils durent reconnaître l'extrême danger auquel ils s'étaient exposés, et, subitement éclairés sur le véritable état moral de l'armée, ils cessèrent de désirer le succès de la mission du général Boyer auprès de l'Impératrice. Au reste, les esprits froids et qui n'étaient influencés par aucune passion politique, se rendaient facilement compte que cette mission ne pouvait pas donner le résultat qu'on avait espéré. Ils sentaient que restaurer le gouvernement impérial avec l'appui, même seulement moral, de l'ennemi et au prix d'une cession de territoire si minime qu'elle fût, c'était le moyen de ruiner à tout jamais les espérances impériales. Il ne pouvait être que l'Impératrice ne vît pas cet écueil et qu'elle ne repoussât pas comme un fatal présent l'offre qui lui était faite par M. de Bismarck, mais par voie indirecte, de lui rendre l'armée de Metz et, avec elle, les rênes du gouvernement. C'est, en effet, ce qui arriva, et l'on peut affirmer aujourd'hui que si le régime impérial a conservé en France des sympathies plus ou moins vives, c'est, en partie, à cette détermination qu'il le doit.

Il est facile, en effet, de se rendre compte de ce qui serait advenu si les propositions que le général Boyer était chargé de soumettre à l'Impératrice avaient été agréées. Une portion au moins de l'armée de Metz rendue à la liberté n'aurait pas tardé à partager les sentiments que manifestait alors la plus grande partie de la France, et au crime d'avoir suscité la guerre civile le gouvernement impérial aurait ajouté la honte de ne pouvoir tenir ses engagements vis-à-vis de l'ennemi vainqueur. Les commandants des corps d'armée réunis autour de leur commandant en chef, le 18 octobre, avaient entrevu cette perspective, et ce n'est que par un revirement subit, amené par l'intervention chevaleresque et juvénile, mais inopportune, du général Changarnier, qu'ils avaient été conduits à la décision qui prévalut dans le conseil. On se demandera sans doute comment ils ont pu être entraînés dans cette voie. Je ne puis, pour ma part, expliquer ce phénomène que par l'idée fixe de sauver l'armée de la capitulation. Quant au général Changarnier, sa haine invétérée et ardente de la république suffisait pour l'aveugler entièrement et lui faire admettre qu'il ne pouvait être douteux que l'armée de Metz, rendue à elle-même, ne se chargeât de mettre la république à la raison.

Responsabilité morale assumée par les membres des conseils de guerre.

On sait avec quel art le maréchal Bazaine a associé ses lieutenants à certains actes du commandement suprême dont les conséquences ont été désastreuses. Il n'en a pas moins conservé seul la responsabilité effective de toutes les décisions qui ont été prises au conseil. Toutefois, je ne pense pas qu'il soit inutile d'examiner jusqu'à quel point les membres du conseil qu'il s'était donné sont restés *moralement* solidaires de ces décisions. Je n'oublie pas que le président du conseil de guerre de Trianon a résolu virtuellement cette question en la laissant de côté. Il s'est borné à dire que ce qu'on avait appelé des conseils de guerre n'étaient par le fait que des conférences sans autorité, attendu que le règlement ne reconnaît rien de semblable. En faisant retomber sur le commandant en chef de l'armée de Metz la juste responsabilité qui lui appartenait, l'impartialité du président ne lui imposait-elle pas le devoir de rechercher jusqu'à quel point la responsabilité morale des membres du conseil ou de la conférence avait été engagée? Je m'abstiendrai de discuter la différence que le président du conseil de guerre a entendu établir entre les deux mots conseil et conférence, appliqués aux réunions dont il s'agit. Sans insister sur cette subtilité, il me suffira de faire remarquer qu'en changeant l'expression on n'a pas moins laissé subsister les choses telles qu'elles étaient, et qu'on s'est seulement abstenu de les exposer au grand jour. J'imagine cependant que le public, qui s'est montré si avide de connaître en détail tout ce qui se rattachait à ce dramatique procès, eût été bien aise de savoir tout ce qui a été dit et fait dans ces conseils, désormais historiques, d'où sont sorties les résolutions qui ont achevé de perdre l'armée de Metz. J'ai essayé de soulever un coin du voile dans mon récit; je crois utile d'ajouter quelques réflexions à celles que j'ai déjà faites à ce sujet.

Ni le 26 août ni dans aucun des conseils qui ont suivi et auxquels j'ai assisté sans y avoir voix délibérative, le maréchal Bazaine n'a prévenu les membres de la réunion qu'il les associait au commandement en chef, et que chacun d'eux allait assumer une part de responsabilité dans les décisions qu'il leur demandait de prendre. La tactique qu'il n'a cessé d'employer a été plus habile : il demandait, non pas les avis, mais la *décision* du conseil ; chaque membre répondait par oui et par non, et le maréchal avait soin d'ajouter, avec une intention qui m'a toujours paru significative, qu'il ne serait fait que ce qui serait décidé par le conseil. Puis, les votes étaient comptés. De leur côté, les membres du conseil se conformaient aux désirs du maréchal, sans qu'aucun d'eux parût s'apercevoir du rôle qui lui était assigné, et comme s'il ne s'agissait que d'exercer une des fonctions qui lui étaient attribuées par le règlement.

Certes, il est indubitable que cette manière d'exercer le commandement en chef était insolite, et que la décision du conseil disparaissait dès le moment que le commandant en chef se l'était appropriée et en poursuivait l'exécution. Mais comment expliquer que les membres du conseil n'aient pas une seule fois protesté contre les attributions antiréglementaires que le maréchal leur reconnaissait? Comment ne pas voir dans cette absence de protestation un acquiescement tacite à l'étrange théorie qui était professée et appliquée séance tenante? Ainsi, le 4 octobre, le commandant en chef soumet au conseil un projet de sortie qui n'est pas approuvé; il ajoute qu'il n'en connaît pas de meilleur, il déclare qu'il ne poursuivra l'exécution d'un projet d'opération, quel qu'il soit, qu'autant qu'il aura été approuvé par le conseil; personne ne dit mot, pas une voix ne s'élève pour décliner la responsabilité dont le maréchal Bazaine tente évidemment de se dégager en la rejetant sur tout le conseil. Je ne crois pas me tromper en disant que ce silence est une adhésion muette à la théorie qui a été subrepticement, mais clairement exposée ce jour-là, et reproduite itérativement dans les conseils ultérieurs. C'est ainsi que l'a compris le maréchal Bazaine, il n'en faut pas douter. On le voit plus clairement encore dans les conseils des 10, 18, 24 et 26 octobre, qu'il convoque non point pour se concerter avec ses lieutenants sur un projet d'opération militaire, mais pour leur faire prendre des décisions ayant un caractère autant politique que militaire, et, de plus, il a soin de leur répéter par des déclarations réitérées qu'il ne les exécutera que parce qu'il les considère comme obligatoires pour lui. Dès la séance du 10 octobre, en effet, le but que se propose le maréchal Bazaine se dessine avec netteté. Il avait formé le projet, je ne sais sous quelle inspiration, d'entamer avec l'ennemi des négociations qui n'ont jamais été bien définies. A ce moment, l'armée était presque parvenue à la limite de ses forces physiques et morales; mais, en faisant appel à l'énergie du désespoir, on pouvait peut-être obtenir d'elle un coup de vigueur capable de la soustraire, au moins en partie, à la captivité. D'ailleurs, ni le règlement, ni le code pénal militaire n'admettent sous aucun prétexte les négociations avec l'ennemi et la capitulation d'une armée en rase campagne.

Le maréchal veut donc mettre à l'abri sa responsabilité, et, après avoir réclamé et obtenu les avis écrits de ses lieutenants, il les réunit en conseil et les invite à décider s'il y a lieu ou non de recourir à la générosité du roi Guillaume. Aucun des membres du conseil n'ignore que cette négociation, en ajournant la lutte suprême, la rendra impossible. Témoins de la misère et des souffrances de leurs soldats, ils savent tous que peu de jours doivent suffire pour réduire à l'impuissance la plus complète cette armée qui, naguère encore, inspirait un juste respect à l'ennemi. Ils connaissent les obligations de leur devoir militaire, et, après une longue délibération dont j'ai essayé d'exposer les incidents les plus saillants, ils se rendent à l'avis du général en chef (1). Bien plus encore : celui-ci qualifie cet avis de *décision obligatoire* pour lui, et aucun d'eux ne proteste. Ils pouvaient répondre que, n'ayant pas été consultés lorsque l'armée était capable d'agir, ils n'avaient pas d'opinion à émettre alors qu'elle était réduite à l'impuissance, et qu'en tout cas ce n'était pas à eux à prendre une décision. Ils préfèrent adopter la proposition qui leur est faite. Qui donc pourrait nier qu'il y a là un cas de responsabilité morale librement acceptée ?

Les séances des 18 (2) et 24 octobre inspirent de semblables réflexions et les rendent plus saisissantes si c'est possible. Mais c'est dans le conseil du 26 octobre que la tactique du maréchal Bazaine devient encore plus évidente.

Ce jour-là, la capitulation ayant été résolue le 24, il s'agissait d'examiner et de discuter les conditions proposées par le vainqueur, afin de déterminer les instructions à donner pour la rédaction et la signature de la capitulation. Ces conditions sont mises en délibération, et le

(1) *L'armée du Rhin,* par le maréchal BAZAINE, page 166.
(2) *L'armée du Rhin,* par le maréchal BAZAINE, page 180.

conseil est obligé de reconnaître qu'il ne peut éviter de se soumettre aux dures exigences de l'ennemi. Il cherche des adoucissements sans pouvoir en trouver, et enfin, sur la proposition du maréchal Bazaine, il désigne l'officier général qui doit être chargé de la signature de la capitulation. Quel est le langage qu'à cette occasion le commandant en chef tient à cet officier général? « Vous êtes le *délégué du conseil*(1), lui dit-il, vous avez assisté à ses délibérations, vous avez entendu les décisions qu'il a prises : ce sont là vos instructions ; le conseil a la plus entière confiance en vous. » Et ce n'est pas seulement une fois que ce discours a été tenu ; il a été répété à plusieurs reprises. On comprendra que tous les détails de cette douloureuse séance soient restés gravés dans ma mémoire en caractères de feu, puisque j'étais moi-même ce délégué, et qu'il m'importait au plus haut point, non seulement de connaître le but de ma mission et les instructions auxquelles je devais me conformer, mais aussi de savoir de quelle autorité je tenais cette mission (2). Je puis le dire aujourd'hui : si j'avais été désigné par le maréchal Bazaine seul, usant de son autorité, j'aurais obstinément et catégoriquement refusé cette mission, qui, quoi qu'on en ait dit, ne rentrait pas dans les fonctions du chef d'état-major général. Le règlement, d'accord avec le bon sens, veut qu'en pareil cas le commandant en chef s'adresse à celui qui possède le plus complètement sa confiance. Or, jusqu'à ce moment, le maréchal m'avait donné des témoignages tout opposés. Je n'ai donc cédé qu'à la pression du conseil tout entier, puisque, loin de protester contre

(1) *L'armée du Rhin*, par le maréchal BAZAINE, page 192. Voir Pièces justificatives, n° II.
(2) *L'armée du Rhin*, par le maréchal BAZAINE, page 198. Voir Pièces justificatives, n° III.

le langage du maréchal Bazaine, il n'a fait que l'approuver, me donnant, par cela même, la conviction qu'il l'acceptait avec toutes ses conséquences, et qu'il couvrait de sa responsabilité morale mes actes, dans la mission aussi pénible que difficile que j'allais remplir. Aussi ai-je mis le plus grand soin à me conformer aux instructions du conseil; comme je n'ai rien fait qui ne m'ait été en quelque sorte dicté par ces instructions, et que le conseil a approuvé tous mes actes dans la séance du 28 octobre, ma conscience me disait qu'au jour des débats, devant le conseil de guerre de Trianon, les membres du conseil déclareraient tous de la manière la plus nette que les conditions du traité de capitulation étaient connues et arrêtées lorsque je reçus mission de les signer (comme l'a dit à la tribune le général Changarnier, dans la séance du 29 mai 1871); que toutes les décisions avaient été prises par eux après réflexion et délibération; que je n'avais eu qu'à les signer par délégation, et qu'enfin ils revendiquaient hautement la responsabilité morale qu'ils avaient assumée. Je regrette que rien de semblable n'ait été dit, et c'est cette lacune que j'ai cru devoir combler.

Je fais, d'ailleurs, remarquer encore une fois qu'il ne peut être question ici que de responsabilité morale, la responsabilité effective restant tout entière au maréchal Bazaine, qui seul devait avoir à répondre des décisions que j'avais mission d'appliquer. Ces décisions émanaient des hommes qui occupaient dans l'armée les positions les plus élevées; et lorsque ces mêmes hommes firent appel à mon dévouement, je cédai à leurs instances, qui ne furent pas même exemptes d'une certaine violence morale, sans examiner si ces décisions étaient en tout conformes à mes sentiments personnels. Au reste, tout cela se passa dans un temps si court que je n'eusse pu coordonner toutes les réflexions qui surgirent dans mon esprit et encore moins les exprimer.

Mais j'ai la conviction qu'un jour viendra où, les passions s'étant refroidies, les événements de 1870 seront pesés à leur juste valeur; il sera alors avéré que le général Changarnier et le général de Cissey ont seuls pu discuter avec l'ennemi les clauses de la capitulation, particulièrement le général de Cissey, dont l'entrevue avec le général de Stiehle n'avait pas d'autre but, et qu'après leurs missions remplies, il ne restait plus rien à faire sous ce rapport. Pourquoi donc l'un de ces deux généraux n'a-t-il pas été chargé de signer la capitulation?

Je n'oublie pas que, dans sa déposition devant le conseil de guerre de Trianon, le général Changarnier a pris soin de dire qu'en acceptant la mission qu'il eut à remplir auprès du prince Frédéric-Charles, il demanda qu'il fût bien convenu que s'il trouvait devant lui un adversaire résolu à user de tous ses avantages, et que nous fussions réduits à une convention douloureuse, ce n'était pas lui qui en traiterait et qui signerait cette convention. Ici, sa mémoire est en défaut; il a peut-être eu l'intention de faire cette déclaration, peut-être même l'a-t-il faite après coup; mais il n'a rien dit de pareil en séance du conseil du 24 octobre où il a été investi de sa mission. Quant au général de Cissey, qui a rapporté, *par écrit*, les conditions proposées par l'ennemi, sur lesquelles le conseil a délibéré, et qui ont été acceptées par lui, il est regrettable, à mon avis, qu'il n'ait pas été appelé devant le conseil de guerre de Trianon pour faire connaître ce qui s'est passé entre lui et le général de Stiehle, le 25 octobre, à Frescaty.

Il aurait répété sans aucun doute que le chef d'état-major de l'armée allemande avait, pour ainsi dire, refusé toute discussion, objectant les ordres formels qu'il avait reçus, et déclarant être dans l'impossibilité d'admettre aucune modification, si minime qu'elle fût, aux conditions qu'il était chargé de proposer.

Dans la séance du 26 octobre, le conseil avait donc reconnu qu'il fallait subir les rigoureuses conditions imposées par l'ennemi ; mais, comme je l'ai dit, il avait gardé le silence le plus complet sur la clause relative aux drapeaux. A mon sens, ce silence signifiait que chacun se réservait de faire disparaître ces emblèmes dans son corps d'armée ; ce qui était de droit incontestable (1). Quant aux armes et aux poudres, le conseil, en se considérant comme engagé d'honneur à les livrer dans l'état où elles se trouvaient au moment des premières négociations, c'est-à-dire le 25, s'est trompé bien certainement ; chacun de ses membres le reconnaît, si je ne me fais pas illusion ; mais l'erreur leur appartient, et il n'est aucun d'eux qui ne l'ait partagée ; les suffrages ont été en quelque sorte enlevés par ces mots qui retentissent encore à mon oreille : « Cette manière de finir est plus digne. »

Il ne m'est pas possible, à propos des clauses de la capitulation, de passer sous silence une déclaration double, mais non identique, faite par M. le général Changarnier sur un point qui me semble être désormais hors de toute contestation. Le 29 mai 1871, il a dit à la tribune de la Chambre des députés que le prince Frédéric-Charles,

---

(1) Le général de Stiehle, dans la lettre que je reçus de lui, le 28 octobre, prenait soin de dire que le prince Frédéric-Charles ne reconnaissait pas le droit au maréchal Bazaine de faire détruire *les drapeaux après la signature de la capitulation*, c'est-à-dire que cette destruction, dans son opinion, était de plein droit jusqu'au moment de cette signature. Je ne pense pas que les juristes les plus consommés puissent admettre une autre interprétation du droit international en ce qui touche les belligérants.

en souvenir de sa négociation, avait offert de neutraliser un bataillon, de le faire sortir avec armes et bagages, drapeau déployé, et de l'envoyer en Algérie. « Sous pré-
« texte, ajouta le général, qu'il serait difficile de choisir
« ce bataillon, de le faire voyager et embarquer, on
« refusa cette clause glorieuse qui aurait vengé d'avance
« notre armée de Metz des indignes calomnies dont elle
« a été longtemps poursuivie. » Cette assertion répétée par tous les journaux ne pouvait me laisser indifférent, et je protestai le 8 juin par une lettre insérée dans le *Journal des Débats*, lettre qui fut aussi reproduite par la presque totalité des journaux, et qui établissait que le prince Frédéric-Charles n'avait nullement fait la proposition qui lui était attribuée par le général Changarnier ; que c'était moi, au contraire, qui, conformément aux ordres que j'avais reçus, avais proposé la neutralisation, non seulement d'un bataillon, mais d'un détachement composé de troupes de toutes armes, et que le prince Frédéric-Charles avait péremptoirement refusé d'accueillir ma proposition. Le général n'a jamais répondu à cette lettre, et, appelé au conseil de guerre de Trianon, il n'y a pas renouvelé la déclaration inexacte qu'il avait faite à la Chambre des députés ; mais, revenant sur cette question de la neutralisation d'un bataillon, il a dit que si cette idée avait été poursuivie avec la passion qu'il y avait mise, on aurait pu aboutir à un résultat ; puis il a ajouté : « Je n'en sais rien, c'est peut-être une erreur (1). » Cette fois encore, je me dois à moi-même de ne pas laisser subsister une aussi étrange déposition sans la contredire. Et tout d'abord, comment, dans un moment aussi grave, où rien ne doit être avancé qui ne soit précis, le général Changarnier peut-il émettre une opinion

(1) Voir Pièces justificatives, n° VI.

qui, de son propre aveu, renferme peut-être une erreur? Puis, comment lui, qui n'a pas assisté aux conférences de Frescaty, s'est-il rendu suffisamment compte, pour en parler, du degré d'insistance et de la passion que j'ai pu mettre dans la discussion de cette clause? Si le général Changarnier appuie son assertion sur une communication du général de Stiehle qui a été, le 26 octobre, mon seul interlocuteur, je ne saurais trop m'élever contre une imputation si contraire à la vérité. Que, le 29 octobre, après la capitulation, lorsque le général Changarnier est allé remercier le prince de ne pas l'avoir compris parmi les belligérants et de lui avoir ainsi épargné la captivité, il ait entendu affirmer des faits inexacts, ou, plutôt, que sa mémoire ait mal retenu des récits plus ou moins fondés, cela peut être; qu'à ce même moment le général de Stiehle se soit défendu de s'être montré implacable sur cette question très secondaire, qui ne compromettait ni le présent ni l'avenir et ne pouvait avoir d'autre résultat que de donner une certaine satisfaction au légitime amour-propre de l'armée, je puis l'admettre; mais je ne dois pas moins protester contre l'inexactitude flagrante des paroles du général Changarnier. Je ne puis oublier que la discussion avec le général de Stiehle sur ce pénible sujet s'est prolongée longtemps, que j'y ai usé vainement tous les arguments tirés d'un cœur non moins passionné pour les intérêts de l'armée que celui du général Changarnier, et que je me suis constamment heurté contre cette froide réponse, la seule qui ait été opposée à toutes mes demandes : « La volonté du Roi est précise, je ne puis rien accorder au delà de ce qui est stipulé dans le protocole. »

Le général Changarnier ne pouvait cependant pas ignorer que les choses avaient dû se passer ainsi, lui qui, dans le conseil du 26 octobre, déclarait, comme le général de Cissey, qu'on ne pourrait rien obtenir au delà de ce qui était contenu dans ce protocole.

D'ailleurs, si le prince Frédéric-Charles était aussi favorablement disposé pour l'armée française que veut bien le dire le général Changarnier, pourquoi lui, le premier négociateur de la capitulation, n'a-t-il pas cherché à engager à cet égard la parole de son royal interlocuteur et fait préparer le protocole en conséquence? La réponse est facile : il n'a pu y songer parce que, lorsqu'il a été reçu à Corny le 25 octobre, malgré les égards dont on a honoré son grand âge, on lui a fait promptement comprendre qu'il n'y avait rien à débattre, qu'il n'y avait que des volontés à subir.

Au reste, lorsque le général Changarnier a été appelé à témoigner devant le conseil de guerre de Trianon, pourquoi lui, qui avait déclaré à la Chambre des députés, le 29 mai 1871, que la lumière devait nécessairement être faite sur tout ce qui s'était passé à Metz, a-t-il gardé le silence sur ce qu'il a vu, entendu et dit dans les conseils des 18, 24 et 26 octobre, auxquels il a assisté? Ses paroles sur les diverses questions qui ont été soulevées dans ces conseils auraient été écoutées avec d'autant plus d'intérêt que, ayant pris part aux délibérations et exercé une influence regrettable sur les votes, il ne peut manquer aujourd'hui de se dire qu'il a une large part de responsabilité morale dans toutes les décisions qui ont été prises et qui ont été scrupuleusement exécutées.

Je ne pousserai pas plus loin les réflexions qui m'ont été suggérées par les délibérations du conseil auquel le maréchal Bazaine a demandé de lui dicter la conduite qu'il devait tenir en sa qualité de commandant en chef de l'armée du Rhin. Je crois en avoir assez dit pour établir que, si la responsabilité effective est justement retombée sur le maréchal Bazaine seul, il y a une responsabilité morale qui a été encourue et acceptée par les membres du conseil.

Au sujet des soldats malades restés à Metz après la capitulation.

Je pourrais m'arrêter ici, si je n'avais quelques mots à ajouter au sujet d'une question qui a été étrangement soulevée dans le conseil de guerre de Trianon par le commissaire du gouvernement. Cet officier général, se basant sur des réclamations sans doute fondées, faites par ceux de nos pauvres soldats qui, restés dans les hôpitaux de Metz après la capitulation, ont eu à se plaindre de n'avoir pas reçu tous les soins qui leur étaient dus, s'est étonné de ce que la convention n'avait pas stipulé, dans un article catégorique et détaillé, le traitement auquel nos malades, prisonniers de guerre, devaient être soumis. J'ai fait connaître alors que le général de Stiehle, avec lequel j'avais agité cette question, s'était obstinément refusé à en faire mention, en déclarant qu'il s'agissait d'une question d'humanité à laquelle l'Allemagne ne saurait manquer, et qu'une stipulation écrite à ce sujet serait une espèce d'injure qu'il était de son devoir de repousser. Je dus ajouter que le général de Stiehle m'avait, d'ailleurs, donné l'assurance que nos malades, dans toutes les situations où ils pourraient se trouver, recevraient les mêmes soins que les malades allemands. Le défenseur du maréchal, corroborant mon assertion, fit remarquer que, d'après l'article 5 du protocole, tous nos médecins et tout notre personnel des hôpitaux avaient été retenus à Metz pour prendre soin des blessés et des malades, et qu'en outre l'article 3 de l'appendice stipulait que « les malades recevraient tous les soins que leur état comportait ». Le commissaire du gouvernement déclara que ces conventions n'étaient pas suffisantes; qu'il aurait fallu contraindre l'ennemi à prendre un engagement plus explicite. A cela, il n'y a qu'une chose à répondre : c'est que tous les termes de la convention nous ont été imposés, et que nous n'étions plus en mesure de prolonger les négociations; d'ailleurs, ne convient-il pas d'examiner si ces plaintes, quelque fondées, quelque légitimes qu'elles fussent, étaient la conséquence d'un ordre, d'un parti pris de l'autorité supérieure allemande, ou bien de la négligence ou, si on le veut, du mauvais vouloir d'un agent subalterne? J'inclinerais, pour ma part, vers cette dernière supposition, par la seule raison qu'il a suffi qu'une seule observation fût faite, non pas à l'autorité supérieure, mais à une autorité un peu élevée, pour qu'il y fût fait droit.

La conspiration.

Le travail que je me suis imposé est fini. On s'étonnera peut-être que je n'aie rien dit de la conspiration qui se forma dans l'armée de Metz, dans le but de déposer le maréchal Bazaine, et dont il a été question un peu dans les journaux, beaucoup dans les conversations. Mon silence, à ce sujet, tient à ce que je n'ai rien su de cette conspiration tant que l'armée de Metz a existé. J'en ai eu la première notion en lisant dans l'*Indépendance belge* du 22 décembre 1870 la lettre monstrueuse du colonel d'Andlau (1), par laquelle cet officier revendique comme un honneur d'avoir été un de ses auteurs. Mon premier sentiment fut de ne pas ajouter foi à ce qui était alors une révélation et n'est plus aujourd'hui qu'une dénonciation. Ce n'est pas que je crusse le colonel d'Andlau incapable de prendre part à un complot dans lequel son ambition espérait trouver une satisfaction quelconque ; mais, dans cette lettre, le colonel d'Andlau désignait nominativement comme ses complices des officiers généraux et supérieurs qui m'étaient presque tous personnellement connus, et auxquels j'aurais cru faire injure en admettant la complicité qui leur était attribuée. J'ai donc pensé d'abord que le colonel d'Andlau, qui avait été l'un des courtisans les plus favorisés de l'Empire, avait voulu se préparer des avantages semblables auprès du gouvernement naissant.

Depuis lors, j'ai cherché à connaître la vérité, j'ai voulu savoir si le complot a réellement existé, quel en était le but et la portée, quels en étaient les véritables chefs. Il m'a été impossible de rien découvrir de précis. Le ministre de la guerre, dont c'était le devoir, a-t-il fait des investigations à ce sujet ? Je l'ignore. Il est regrettable qu'un fait aussi considérable et qui intéresse à un si haut degré la discipline de l'armée, n'ait pas été éclairci. On peut aussi déplorer, peut-être, que le conseil de guerre de Trianon n'ait pas ajouté cet épisode à tant d'autres qui n'avaient pas la même importance et ne se rattachaient pas plus directement au procès.

Il y a donc de très fortes présomptions pour croire que la lumière a été mise systématiquement sous le boisseau. Dans ce cas, on aura voulu éviter un scandale de plus, et par conséquent la conspiration a existé. Je manquerais

---

(1) Voir Pièces justificatives, n° VII.

de sincérité si je ne disais pas que c'est là ce que je pense, et je puis ajouter que je ne suis pas le seul à penser ainsi. Rien ne m'empêche même de dire qu'un officier général, homme d'honneur s'il en fut, auquel le portefeuille du ministère de la guerre a été offert, a déclaré que, s'il l'acceptait, il considérerait comme son premier devoir de faire instruire judiciairement cette triste affaire de conspiration, et que, cette condition ayant paru inacceptable, les instances faites auprès de lui ont cessé par cela même.

La conspiration ayant existé, c'est un crime qualifié et puni par le Code pénal militaire, et il est facile de comprendre que tous ceux qui y ont pris part, de près ou de loin, s'abstiennent, avec le plus grand soin, de toute parole qui pourrait trahir leur complicité. De là vient, sans aucun doute, la difficulté d'en connaître les détails. Cependant, lorsque le complot s'est ourdi, il a fallu mettre dans la confidence un certain nombre de personnes, ne serait-ce que celles auxquelles des propositions ont été faites et qui les ont repoussées. Le secret n'a donc pas été complètement gardé, et quelques révélations ont été faites. Il serait intéressant de les connaître. Je ne puis reproduire que celles qui sont venues jusqu'à moi, et je vais le faire, en déclarant, à l'avance, que si je ne puis pas affirmer qu'elles soient l'expression exacte de la vérité, elles renferment, à mon avis, au moins une partie essentielle de cette vérité.

De même que dans toutes les conspirations, les noms des chefs de celle-ci n'ont pas été livrés aux affiliés, et il est possible qu'il n'y en ait jamais eu. Il semble donc qu'on ne pourrait donner ce titre qu'à ceux qui en furent seulement les auteurs, et parmi lesquels le colonel d'Andlau tient à honneur d'être compté. Je n'ai pas entendu dire que cet honneur ait été revendiqué par un autre que

lui, et quant aux noms qu'il a cités, je ne connais aucun fait qui les compromette. Il paraît, du reste, que les auteurs, gens prudents, avaient le plus grand soin de se tenir à l'écart. Ils s'adressaient à des jeunes gens dont ils connaissaient les opinions exaltées, et, après les avoir endoctrinés, ils les lançaient d'abord dans les cafés et les brasseries de Metz, puis dans les camps, avec mission de préparer les esprits et de faire des prosélytes. C'est, dit-on, par ces jeunes gens que des tentatives ont été faites auprès de quelques généraux qu'on aurait voulu se donner pour chefs en déposant le maréchal Bazaine. Les généraux de Ladmirault et Changarnier ont été l'objet de ces propositions et les ont repoussées avec indignation. Je crois, sans pouvoir l'affirmer, que le général de Ladmirault s'est empressé de rendre compte au maréchal Bazaine des avances qui lui ont été faites. Quant au général Changarnier, il a certainement fait savoir ou dit lui-même au maréchal qu'il avait reçu des propositions par l'intermédiaire des capitaines du génie Rossel et Boyenval, et c'est à la suite de cette révélation que, dans la soirée du 16 octobre, le maréchal Bazaine fit venir ces deux officiers dans son cabinet. Après les avoir interrogés, il fit mettre le capitaine Boyenval en prison dans le fort Saint-Quentin et renvoya chez lui le capitaine Rossel. A cette occasion, le maréchal me dit d'un ton léger que ces deux officiers étaient au nombre des têtes chaudes de la place, et qu'ils s'étaient donné la mission d'aller offrir au général Changarnier le commandement de la garde nationale de Metz, qui n'attendait que son acceptation pour le proclamer. « Les réponses franches et pleines de
« conviction du capitaine Rossel, ajouta le maréchal,
« m'ont désarmé, et je l'ai renvoyé chez lui, après l'avoir
« admonesté. Quant au capitaine Boyenval, il a nié
« d'abord, puis il a balbutié quelques excuses mauvaises

« et inadmissibles. Je l'envoie faire ses réflexions dans le
« fort Saint-Quentin. »

Je dois faire remarquer ici que le maréchal Bazaine,
qui, dès le 16 au plus tard, connaissait la conspiration,
a voulu me la laisser ignorer, en me présentant la démarche des capitaines Boyenval et Rossel comme un fait
isolé et ayant un but différent de celui qu'elle avait réellement (1). Aussi n'y ai-je pas attaché une importance
sérieuse et l'ai-je considérée comme une des conséquences
de l'agitation que l'on savait exister dans Metz, sans présenter un danger véritable. Mais, à cette date, l'agitation
se faisait sentir aussi dans les camps, et je l'ignorais entièrement, parce que le maréchal n'a jamais laissé arriver
jusqu'à moi les rapports qu'il a dû recevoir à ce sujet.
C'est l'ignorance où j'étais de l'état moral des troupes qui
m'a empêché d'attribuer leur sens réel à certains discours
des commandants en chef qui ont été tenus dans les conseils à cette époque. Cette lacune est remplie dans mon
esprit maintenant que les faits me sont un peu connus.
Quoi qu'il en soit, la fermentation des esprits continua à
se développer chaque jour davantage dans la ville et dans
l'armée, à partir du moment que je viens d'indiquer,
sans même que les auteurs de la conspiration eussent à
s'en occuper. Ils avaient allumé l'incendie; les flammes
gagnaient d'autant plus de terrain qu'elles ne rencon-
traient aucun obstacle; et il faut assurément que cette
armée ait été bien fortement tenue par le sentiment de
la discipline pour avoir résisté à cette épreuve. Mais,
chose cruelle à dire, il n'est pas moins vrai que, dans

(1) Comme je l'ai dit déjà, les capitaines Rossel et Boyenval pro-
posèrent au général Changarnier le commandement en chef de
l'armée, et non pas seulement le commandement de la garde nationale. La même offre fut faite au général de Ladmirault.

l'état où elle était, sa confiance dans son commandant en chef s'étant évanouie, il était impossible d'attendre d'elle l'abnégation patriotique et le dévouement à ses devoirs sans lesquels il ne pouvait y avoir aucun espoir de vaincre. C'est probablement ce qu'ont pensé, le 18 octobre, les commandants des corps d'armée, lorsque, dans le conseil qui eut lieu ce jour-là, ils s'abstinrent de tenir compte de l'engagement qu'ils avaient pris de se faire jour les armes à la main à travers les lignes ennemies, si le général Boyer ne réussissait pas dans la mission qu'il avait été chargé de remplir à Versailles. Mais que dire d'un général en chef qui sait que l'on conspire contre son autorité, qui ne peut plus ignorer qu'à cette heure un acte de vigueur peut seul relever le prestige du commandement qu'il a laissé péricliter entre ses mains, et qui, dans son insouciance aveugle ou pour d'autres motifs peut-être, attend les événements dans l'inaction la plus complète?

Au reste, on sait que la conspiration n'éclata pas. S'il faut en croire le colonel d'Andlau, elle n'avorta que faute d'un chef, et, à cette occasion, il ne craint pas d'accuser les généraux haut placés d'avoir manqué de cœur.

Août 1874.

PIÈCES JUSTIFICATIVES

I

Composition de l'armée du Rhin, à la date du 13 août 1870, jour où le maréchal Bazaine en prit le commandement en chef.

2e corps : général Frossard.
3e corps : général Decaen, blessé à Borny, remplacé par le maréchal Le Boeuf.
4e corps : général de Ladmirault.
6e corps : maréchal Canrobert.
Garde impériale : général Bourbaki.
3e division de réserve de cavalerie : général de Forton.
1re division de réserve de cavalerie : général du Barrail.
Artillerie : général Canu.

II

L'Armée du Rhin, par le maréchal Bazaine (page 192).

« En conséquence, le conseil, réuni dans la matinée du 26, décida à l'unanimité que M. le général Jarras, chef d'état-major général, serait envoyé au quartier général du prince Frédéric-Charles, comme délégué muni de pleins pouvoirs pour arrêter et signer une convention militaire, par laquelle l'armée française, vaincue par la famine, se constituerait prisonnière de guerre. »

III

L'Armée du Rhin, par le maréchal Bazaine (page 198).

« *Le conseil* décide enfin que M. le général Jarras, comme chef d'état-major de l'armée, se rendra auprès du chef d'état-major de l'armée allemande pour y régler avec lui les conditions définitives qui devront être acceptées par tous les membres présents. »

Ban-Saint-Martin, 26 octobre 1870.

IV

Copie de la lettre qui m'a été adressée le 27 octobre 1870 par le général de Stiehle. (L'original de cette lettre a été remis le 29 juin 1872 à M. le général de Rivière, rapporteur du 1er conseil de guerre, par moi-même.)

Quartier général devant Metz, le 27 *octobre* 1870.

Excellence (1),

J'ai l'honneur de vous communiquer que S. A. R. le

---

(1) La partie de la lettre en *caractères italiques* est en français dans la lettre originale.

prince Frédéric-Charles a adopté la rédaction de l'article 3 de la manière suivante :

Pour reconnaître le courage dont ont fait preuve, pendant la durée de la campagne, les troupes de l'armée et de la garnison, les honneurs de la guerre leur seront accordés. En conséquence, chaque corps d'armée sous la conduite de ses officiers quittera le bivouac à 1 heure de l'après-midi, se portera sur la route qui sera désignée ultérieurement et, après avoir défilé, déposera les armes, les drapeaux (aigles), etc., à un endroit qui sera également indiqué. Après avoir fait déposer les armes, les officiers rentreront librement dans l'intérieur du camp retranché ou à Metz, sous la condition de s'engager sur l'honneur à ne pas quitter la place sans l'ordre du commandant prussien. Les troupes sans armes seront conduites par leurs officiers aux emplacements qui seront indiqués pour chaque corps.

Les soldats conserveront leurs sacs, leurs effets et les objets de campement (tentes, couvertures, marmites, etc.).

Les munitions de tout genre, ainsi que les canons, chevaux, caisses de guerre, équipages de l'armée, etc., seront livrés à Metz ou dans les forts à des commissions militaires instituées par M. le maréchal Bazaine, pour être remis immédiatement à des commissions prussiennes.

En outre, je puis, à ma grande joie, vous annoncer que S. M. le Roi a décidé, par voie télégraphique, sur les instances pressantes de S. A. R. le prince Frédéric-Charles de Prusse, que *tous* les officiers de l'armée impériale française à Metz, même ceux qui choisiront la captivité de guerre, pourront garder leurs armes.

Dans l'espoir de vous voir ce soir à 5 heures au château de Frescaty, je saisis l'occasion de me dire, avec la plus parfaite considération,

Votre tout dévoué,

Signé : STIEHLE,

Général-major, général à la suite de S. M. le Roi,
chef d'état-major de la 2e armée.

V

Minute de la lettre relative à la question de la destruction des drapeaux.

IIIe CORPS
CABINET DU MARÉCHAL
Commandant en chef (1).

MONSIEUR LE GÉNÉRAL,

Je me suis empressé de mettre sous les yeux de S. E. M. le maréchal Bazaine la lettre que je viens de recevoir de vous, datée de ce matin 11 heures 1/2. Je suis chargé par M. le maréchal de vous dire de nouveau qu'il est d'usage en France de (2) *livrer à l'artillerie pour être détruits les drapeaux* après la disparition des gouvernements qui les avaient remis aux troupes. Notre histoire présente à cet

(1) La mention IIIe corps en tête de la lettre s'explique par ce fait qu'avant d'être investi du commandement en chef, le maréchal avait commandé le IIIe corps d'armée.

(2) Ce qui est en *italique* est, sur la minute, au crayon et de la main même du maréchal Bazaine.

égard des exemples qui sont malheureusement trop nombreux.

Pour satisfaire, du reste, au désir exprimé par Son Altesse Royale, M. le maréchal Bazaine m'ordonne de vous faire connaître (1) *qu'aucun drapeau n'a été brûlé après la signature de la convention, et que ceux qui ont été déposés* à l'arsenal, au nombre de 41 au moins, seront remis à la commission prussienne. Je dois ajouter que la cavalerie légère et l'artillerie n'emportent jamais leurs étendards en campagne; quant à la grosse cavalerie, elle les avait déposés, par ordre, dans les premiers jours d'août, à l'arsenal, d'où ils ont été expédiés sur Paris avant le blocus.

Agréez, etc.

VI

Procès du maréchal Bazaine, compte rendu sténographique *in extenso*. Librairie du *Moniteur universel*, Paris.
Audience du 26 novembre 1873, page 642.

M. LE PRÉSIDENT. — N'êtes-vous pas revenu avec l'impression qu'on n'obtiendrait pas même le départ d'un détachement pour l'Algérie?

M. LE GÉNÉRAL CHANGARNIER. — Le prince fut très ébranlé là-dessus. J'ai vu ses yeux mouillés de larmes. Il m'a comblé des attentions les plus respectueuses. Il fut très ému, il ne me donna pas d'espérance. Mais, — je ne veux attaquer personne, — *si nos négociateurs avaient*

(1) Sur la minute, cette rectification est de ma main, mais sur les indications du maréchal

poursuivi cette idée avec la passion que j'y avais mise moi-même, on aurait pu aboutir à un résultat; je n'en sais rien, c'est peut-être une erreur.

J'ai vu le prince tellement ému, tellement touché, sans prendre aucun engagement, sans me faire espérer qu'il transmettrait à Versailles mes propositions; mais je l'ai vu très ému et me parlant constamment dans les termes les plus respectueux de l'armée du Rhin.

VII

Lettre publiée dans le numéro du 22 décembre 1870 de l'*Indépendance belge*.

Hambourg, 27 novembre 1870.

Votre lettre du 4 novembre m'arrive à l'instant, et vous voyez que je ne perds pas de temps de mon côté à vous écrire, à vous remercier de votre bon intérêt et à vous dire que je vais aussi bien qu'on peut aller dans la triste situation où l'incapacité et la trahison ont jeté notre malheureux pays. En présence de semblables infortunes, la nôtre disparaîtrait presque si elle ne devait pas avoir pour conséquence l'extension de l'envahissement, et, par suite, l'aggravation du mal pour cette France déjà si terriblement atteinte.

Vous rappelez-vous ma ou mes lettres de Metz, ce que je vous y disais de ce qui se passait alors, et ce que je prévoyais déjà en face des imbécillités et des faiblesses dont j'avais le triste spectacle? Mais, hélas! il y avait une chose que je n'avais pas prévue et que la Providence réservait comme dernier châtiment de notre orgueil et de notre décrépitude morale, c'était la trahison ! Eh bien, cette douleur-là ne nous a même pas été épargnée, et nous avons assisté au honteux spectacle d'un maréchal de France voulant faire de sa honte le marchepied de sa grandeur, de notre infamie la base de sa dictature, livrant ses soldats sans armes, comme un troupeau qu'on mène à l'abattoir et qu'on remet au boucher, donnant ses armes, ses canons, ses drapeaux pour sauver sa caisse et son argenterie, oubliant à la fois tous ses devoirs d'homme, de général, de Français, et se sauvant furtivement au petit jour pour échapper aux insultes qui l'attendaient ou peut-être à la fureur qui l'aurait frappé !... Voilà ce que j'ai vu pendant deux longs mois, voilà ce que j'ai écrit du reste, ce que j'ai dit bien haut, à tel point qu'il m'a menacé de me faire arrêter, ainsi que mon ami S... ; mais il n'en a même pas eu le courage, il m'a refusé cette satisfaction !... Nous avons assisté à une trame ourdie de longue main, dont les fils ont été aussi multiples que les motifs, et cet homme a obéi à des pensées si diverses, qu'on en est à se demander aujourd'hui s'il n'était pas tombé dans cette imbécillité qui semblait être devenue l'apanage de cette honteuse dynastie et de ses créatures. Il a d'abord trahi l'Empereur pour rester seul et se faire gloire à lui-même ; puis il a manqué à ses devoirs de soldat, en ne voulant pas aller au secours de l'armée qui marchait sur Sedan, par haine de Mac Mahon, et pour ne pas servir à un accroissement d'illustration pour celui qu'il appelait son rival. La catastrophe arrive, le trône est renversé, et il allait se rallier à la République, quand Trochu apparaît avec la grande position que la situation lui avait faite ; il ne voit plus pour lui la première place, celle qui peut seule lui assurer les gros traitements dont il s'est habitué à jouir, et il trahit alors la République et la France, pour chercher je ne sais quelle combinaison politique qui fera de lui le dictateur du pays, sous la protection des baïonnettes prussiennes; cette combinaison lui échappe, et il se retourne alors vers la pensée impie d'une restauration impériale qui conviendrait à la Prusse et lui assurerait toujours ce premier rôle auquel il aspire, sans souci de son honneur, pas plus que de celui de son armée. Mais l'ennemi ne veut plus rien entendre, car il le sait actuellement sans ressource, et il n'a pas même alors le courage de nous faire tuer, il préfère nous déshonorer et noyer sa honte dans celle de son armée. Voilà ce qu'a fait cet homme; quelle leçon pour les popularités mal acquises! quel réveil pour ceux qui ont pu croire un instant aux hommes de cette triste époque!... Bien des esprits sagaces ont deviné le mal au début, bien de braves cœurs ont voulu le prévenir, et je vous dirai que ce sera pour moi un honneur d'avoir été un des auteurs de la conspiration qui se formait, aux premiers jours d'octobre, pour forcer Bazaine à marcher ou le déposer; les généraux Aymard, Courcy, Clinchant, Péchot, les colonels Boissonnet, Lewal, Davout d'Auerstædt et d'Andlau, nous voulions à toute force sortir de l'impasse vers laquelle on nous précipitait, et que les autres ne voyaient pas ou ne voulaient pas voir. Mais il nous fallait un chef, un général de division, dont le nom et l'ancienneté eussent pu rallier l'armée dont nous aurions arrêté les chefs.

Eh bien, pas un n'a voulu prendre cette responsabilité, pas un n'a eu le cœur de se mettre en avant pour sauver du même coup et l'armée et la France. Ah! ils sont bien coupables aussi, ces généraux et ces maréchaux, et ils auront des comptes sévères à rendre devant l'histoire et peut-être devant les tribunaux; car, voyez-vous, de pareilles infamies rendent féroce, et j'en suis arrivé aujourd'hui à demander du sang pour laver l'injure que l'on m'a faite ! Je ne sais pas si mon caractère a changé ; mais ce qu'il y a de certain, c'est que mes idées sont singulièrement modifiées. D'abord le nom seul de Napoléon me fait horreur, et il ne me reste du souvenir de cette dynastie que l'affection que je portais à la femme, qui, elle du moins, s'est conduite avec cœur et honneur jusqu'à ces derniers jours. Je me jetterais aujourd'hui dans les bras des Rochefort, des Flourens, des Dorian, n'importe qui, pourvu qu'il me donnât un fusil et qu'il pût me dire : Frappez ! frappez ! vengez-vous ! Aujourd'hui, j'en suis arrivé presque à comprendre les massacres de 92, les horreurs de la Révolution, et j'ai regretté hautement à Metz de ne pas voir arriver ces anciens commissaires de la Convention aux armées, qui faisaient tomber les têtes des généraux et ne leur laissaient d'autre alternative que de vaincre ou de mourir !... Faut-il que j'aie passé par d'assez horribles épreuves pour en arriver là ! Le pensez-vous, vous qui m'avez pu si bien connaître dans des temps meilleurs et déjà si loin ?

Mais je ne parle que de moi ! Pardon ! C'est que je suis dans une telle exaspération, je gémis tellement chaque jour de la position que cet infâme nous a faite, qu'il m'est impossible de m'en distraire absolument.

TABLE DES MATIÈRES

Le général Jarras a Madame Jarras.................. i
Avant-Propos.. v

CHAPITRE PREMIER

Ce que j'ai fait au dépôt de la guerre. — Renseignements, chemins de fer, itinéraires. — Les cartes. — Quelles sont les cartes que le ministre, en cas de guerre, croyait devoir fournir aux officiers généraux. — Travaux d'étude sur l'Allemagne. — Service télégraphique de l'armée en campagne. — Commission des chemins de fer. — Les conférences. — Le maréchal Niel........ 1

CHAPITRE II

Le général Le Bœuf ministre de la guerre. — L'archiduc Albert à Paris. — Plan d'opérations proposé par ce prince. — La guerre est déclarée. — Le major général se rend à l'armée. — L'Empereur arrive à l'armée. — Opération sur Sarrebruck. — Bataille de Forbach. — Bataille de Reischoffen. — Mes attributions et mon service à l'armée........................ 35

CHAPITRE III

Nomination du maréchal Bazaine au commandement en chef de l'armée. — L'armée reçoit l'ordre de commencer son mouvement de retraite sur Verdun. — Bataille de Borny. — L'Empereur se rend au camp de Châlons. — Bataille de Rezonville. — L'armée prend la position défensive de Rozerieulles à Amanvilliers. — Bataille des lignes d'Amanvilliers à Saint-Privat.   74

CHAPITRE IV

Prise d'armes du 26 août. — Conseil de guerre de Grimont. — Prise d'armes du 31 août. — Bataille de Noisseville.....   154

CHAPITRE V

L'armée apprend la catastrophe de Sedan. — L'armée apprend la révolution du 4 septembre. — Mission du général Bourbaki. — Opérations sur Peltre, Ladonchamps et Colombey. — Conseil de guerre du 4 octobre. — Opérations sur les grandes et petites Tapes. — Conseil de guerre du 10 octobre..............   202

CHAPITRE VI

Départ du général Boyer pour Versailles. — Conseil de guerre du 12 octobre. — Conseil de guerre du 16 octobre. — Le général Boyer revient de Versailles. — Conseil de guerre du 18 octobre. — Conseil de guerre du 19 octobre. — Le général Boyer part pour Hastings. — Conseil de guerre du 24 octobre.......   257

CHAPITRE VII

Le général Changarnier se rend au château de Corny. — Le général de Cissey est envoyé à Frescaty. — Conseil de guerre du 26 octobre. — Je suis désigné pour signer la capitulation. — Ma première conférence avec le général de Stiehle, au château de Frescaty, le 26 octobre. — Ma deuxième conférence avec le général de Stichle, au château de Frescaty, le 27 octobre. — Dernier conseil de guerre le 28 octobre. — Les drapeaux. — Les archives de l'état-major général......................... 290

Appendices.. 349

Pièces justificatives............................. 391

PARIS

TYPOGRAPHIE DE E. PLON, NOURRIT ET Cie
Rue Garancière, 8.

CARTE D'ENSEMBLE DES ENVIRONS DE METZ.

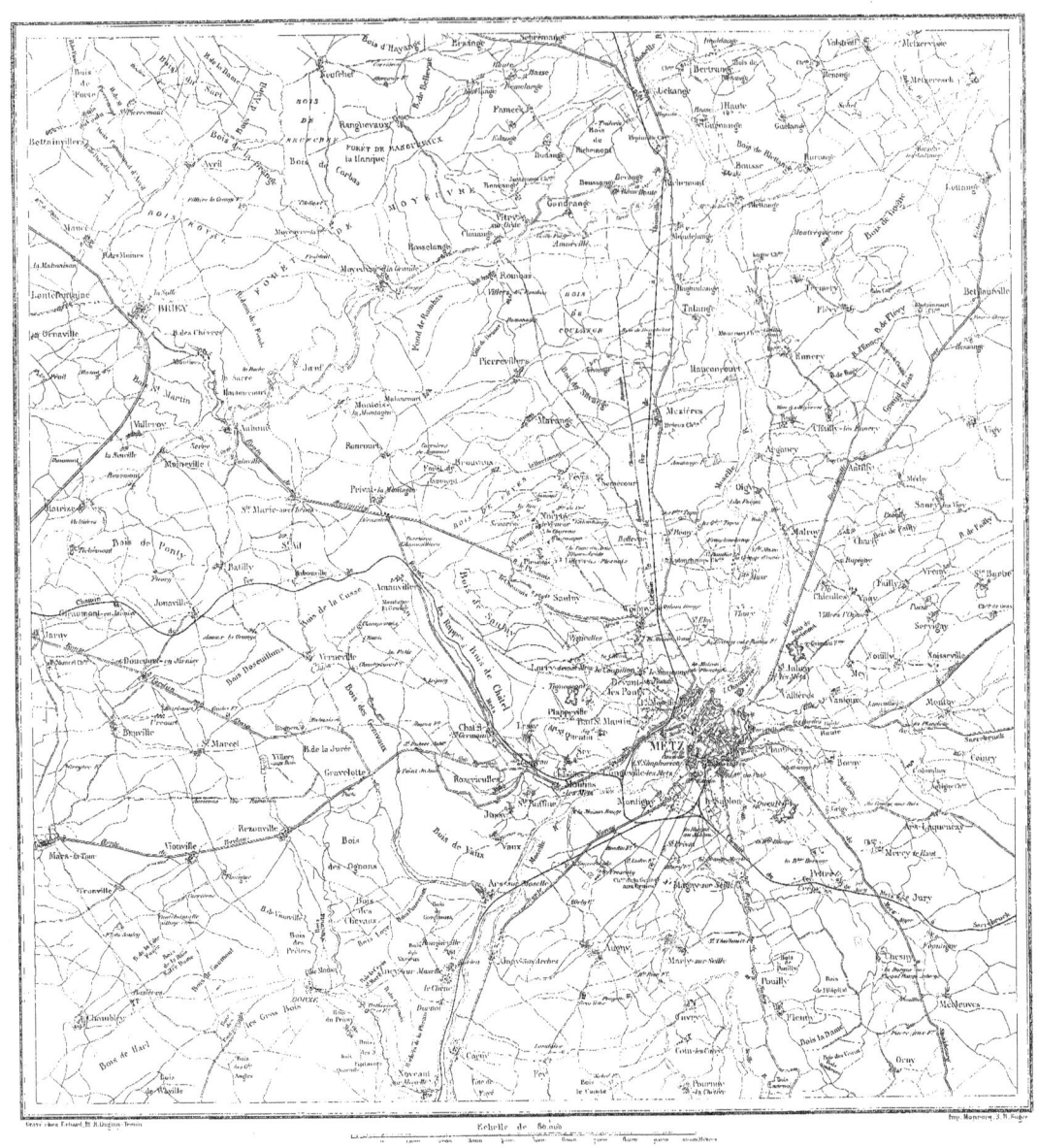

A LA MÊME LIBRAIRIE :

Mémoires du général baron de Marbot.

Tome I. *Gênes, Austerlitz, Eylau.* 20e édition. Un vol. in-8o avec portrait. Prix.................... 7 fr. 50

Tome II. *Madrid, Essling, Torrès-Védras.* 20e édition. Un vol. in-8o avec portrait. Prix................. 7 fr. 50

Tome III. *Polotsk, la Bérésina, Leipzig, Waterloo.* 19e édition. Un vol. in-8o avec héliogravure et fac-simile. Prix.......... 7 fr. 50

Souvenirs du maréchal Macdonald, duc de Tarente, publiés par M. Camille Rousset, de l'Académie française. 5e édition. Un vol. in-8o, avec portraits. Prix................ 7 fr. 50

L'Armée du Rhin, depuis le 12 août jusqu'au 29 octobre 1870, par le maréchal Bazaine. Un beau volume in-8o cavalier, renfermant onze cartes et plans. Prix................... 8 fr.

La Première Armée de la Loire. Campagne de 1870-1871, par le général d'Aurelle de Paladines. 4e édit. Un vol. in-18...... 4 fr.

La Deuxième Armée de la Loire. Campagne de 1870-71, par le général Chanzy. 9e édition. Un vol. in-18. Prix.......... 4 fr.

Belfort, Reims, Sedan, — Campagne de 1870, par le prince Bibesco. Le 7e corps de l'armée du Rhin. 5e édition. Un vol. in-8o accompagné de trois cartes. Prix................. 8 fr.

Précis de la guerre franco-allemande, par H. Fabre de Navacelle, colonel d'artillerie. 8e édition. Un vol. in-18, renfermant 13 cartes stratégiques. Prix.................. 4 fr.

Précis des guerres de la France de 1848 à 1885, par Fabre de Navacelle. Nouvelle édition. Un vol. in-18 avec cartes. Prix. 4 fr.

La Guerre de France (1870-1871), par Ch. de Mazade, de l'Académie française. Deux vol. in-8o avec carte. Prix....... 16 fr.

Campagne de 1870-1871 : Orléans, par le général Martin des Pallières, commandant en chef le 15e corps d'armée. Un beau volume in-8o cavalier, enrichi de trois grandes cartes stratégiques et de *fac-simile* d'autographes. 2e édition. Prix................ 8 fr.

Causeries militaires (Deuxième série), par le général Thoumas. Un vol. in-18. Prix..................... 3 fr. 50

Causeries militaires (Troisième série), par le général Thoumas. Un vol. in-18....................... 3 fr. 50

www.ingramcontent.com/pod-product-compliance
Lightning Source LLC
Chambersburg PA
CBHW052118230426
43671CB00009B/1025